U0871018

CHONGWENGUAN

读古人书　友天下士

百余年前，崇文书局于武昌正觉寺开馆刻书，成晚清四大书局之一。所刻经籍，镌工精雅，数量众多，流布甚广，影响巨大。为赓续前贤，昌明国学，弘扬文化，本社现致力于传统典籍的出版。既专事文献整理，效力学术，亦重文化普及，面向大众。或经学，或史论，或诸子，或诗词，各成系列，统一标识，名之为“崇文馆”。

崇文馆

教育部人文社会科学重点研究基地山东师范大学
齐鲁文化研究院重点项目
国家社科基金后期资助项目（编号：19FSSB007）
阶段性成果

CHONGWENGUAN

中华经典全本译注评

孙子兵法

译注评

阎盛国　译注

长江出版传媒｜崇文书局

中华经典全本译注评丛书
编委会

主　　编　冯天瑜

编　　委　（以姓氏笔画为序）

阮　忠　杨　华　杨合鸣　杨逢彬

何晓明　陈文新　周国林

前　言

史书对孙子的记载极其有限，可以说是神龙见首不见尾。《史记·孙子吴起列传》记录孙子的生平事迹最为详实，太史公以精彩之笔记述了孙子出世一幕，刻画了“吴宫教战”这一传奇历史故事。《汉书·艺文志》将孙子列入“兵权谋家”，《越绝书》《吴越春秋》对孙子的行踪有所披露。总之，孙子的人生历程并不清晰，给后世之人留下了丰富的想象空间。

《孙子兵法》融汇了南方吴越山水的灵秀之气和北方齐国的尚武彪悍之风，造就了这部旷世奇书。这部兵书诞生的时代环境独特，它诞生在大气磅礴的春秋时代，列国争战不已，人君渴望贤者为国效力，时代呼唤兵学与外交人才。私人讲学、著述之风盛行，稷下学宫，天下闻名。孙子早年出生于齐国的一个军事世家。追溯历史，智者姜太公被封齐国，励精图治，使齐国成为普天之下的军事强国。孙子祖上两代为将，从小对兵家之学耳濡目染，特殊的家庭氛围与时代背景，使他对兵书爱不释手，这可从《孙子兵法》略窥一斑，这一兵书显露出孙子援引上古兵书《军志》《兵法》的痕迹。后来，为了逃避齐国内乱，孙子逃亡到吴国，长期隐居在山环水绕、茂林修竹的穹庐山。此地环境幽雅，孙子一边耕种，一边著书。独特的人生经历和特殊的时代环境，培育出一个卓尔不群的孙子。他从先辈和战史中撷取经验（《孙子兵法》提及黄帝战胜“四帝”），并借鉴上古的兵学智慧，写成了独具时代特色的《孙子兵法》。

吴王阖闾志向远大，主政之际一心想要争霸天下。无奈国力与天下形势对吴而言，很不乐观。吴国北邻大国齐国，南有争战不已的宿敌越国，西南近邻是虎视眈眈的楚国。阖闾想要图谋霸业，如何实现梦想？他认为，首先，应该广纳天下贤才，利用人才优势战胜吴国这些强大的对手，从而才能称霸天下。当时最迫切的是军事人才，所以，阖闾让伍子胥寻访、搜罗天下英才。伍子胥本是楚国人，由于父亲和兄长被楚王诛杀，逃亡吴国，发誓要报杀父、杀兄之仇。他精心辅佐阖闾，发现了年轻才俊孙子，认为是不可多得的人才。因此，伍子胥一天七次向思贤若渴的阖闾荐举才华横溢的孙子，并把孙子所著的《孙子兵法》十三篇呈给吴王看。

吴王阖闾决意接见孙子，于是上演了"吴宫教战"一幕。阖闾对孙子说：你写的兵书十三篇，我全部读过了。可以想象，若是孙子所写兵书思想平平，文采不足，阖闾作为一国之主，日理万机，那有空闲时间静下心来把书全部读完？这侧面说明《孙子兵法》十三篇不仅兵学思想旨趣高深，而且文笔相当优美。毕竟，吴王阖闾是位政治家，注重实践，推崇实用。凡是有所作为的政治家，皆反对言行上的华而不实。阖闾口中虽赞扬孙子兵书写得出色，但其内心还是怀疑孙子是否真有统兵打仗的才能，想检验孙子带兵打仗的本事。可是，当时不是两军交战之时，想通过实战检验，自然无法进行。退一步而言，打仗并非儿戏。即便正逢打仗之际，吴王也不敢轻易让他率兵打仗。

吴王阖闾当时正好看到他身边美丽的宫女，突然产生了一个念头，让孙子把这些宫女训练成战士，以此检验孙子的统兵才能。据后来出土的银雀山汉简记载，当时，孙子不愿这样做，但吴王执意要他训练。最后，孙子不得已只好前去操练这些宫女。孙子训练女兵成功，最终证明其治兵有方。第一，孙子把吴王宫中180个宫女，分成两队，并任命吴王的两个爱妃为队长。这一做法表露出孙子治军的高明之处：一则是对宫女进行编制，实现分层管理；二则是配备了权威的管理者。值得注意的是，孙子选拔队长并不是随意选择，而是选择了吴王的两个爱妃，这是因为她们深受吴王宠爱，地位尊贵，有威严感，对其他的宫女有震慑力。第二，孙子三令五申，讲明训练纪律与训练要领，提醒宫女们要熟悉这些训练动作要领和训练纪律。而孙子开始操练的效果并不理想，这些宫女平日里养尊处优，根本没把年轻的孙子放在眼里，倒觉得这样舞刀弄枪是在玩耍，嘻嘻哈哈，叽叽喳喳，有的笑弯了腰。第三，孙子不听吴王命令，诛杀了吴王两位爱妃。当时孙子面对混乱的训练场面，下令停止训练。孙子再次讲明军纪不可违，重新开始训练，情况依然没有多大改观。孙子停止训练，询问司法官，违令者如何处罚？司法官回答：应该斩首。这么多人违背纪律，总不该把她们都杀了。因此，若想对他人起到威慑作用，最好的做法莫过于抓典型进行处置。古人讲："罚恶始贵。"惩罚坏的行为，最好是从有地位的人开始。孙武下令把两个队长斩首，吴王看到情况不妙，派人对孙子说，不能杀她们，我会吃不好饭，睡不好觉。但孙子却说，将在外，君令有所不受。孙子最终把吴王的两个爱妃处决了，接下来继续操练，这些宫女看到吴王爱妃被杀的场面，早已吓得个个花容失色，小心翼翼地听从孙子的指挥。没用多长时间，孙子便把其余的宫女训练成英姿飒爽的女兵，邀请吴王前来检阅女兵，此时吴王哪有心思。毕竟吴王志向远大，最终没有怪罪孙子，他真正领略到了孙子统兵的才能。千军易得，良将难求。吴王痛定思痛，最后赐封孙子为将军。

孙子军事战略决策高明反映在吴楚之战。吴国为了击败强大的楚国，吴军统帅伍子胥采纳了孙子的战略主张，采用"疲楚""误楚"的策略。"疲楚"就是要使楚国疲劳，"误楚"就是要误导楚国，让楚国犯战略性的错误。伍子胥把吴国的军队分成三部分，轮番偷袭楚国，让楚军疲于奔命，借以消耗楚国的实力，同时让楚国判断失误，突然大军奔袭楚国，一直打到楚国的都城郢。吴楚之战，某种程度上，是对孙子军事才能的一次实战检验，从实战证明了孙子的理论不是夸夸其谈。

吴楚之战之后，孙子就退隐了，从此不知所踪。后来，吴国发生的一切，证明孙子是明智的。孙子是明哲保身的典型代表，他激流勇退，既保全了自己一世英名，也保全了个人生命。吴王阖闾大胜之后，逐渐滋长了骄傲自满的心理。吴国作为蕞尔之国，吴王却不能戒骄戒躁，祸患就在眼前。而孙子却能及早抽身，可见，孙子的智慧无穷无尽，他不仅通晓用兵，而且能够保身，对名利的认识要比一般人清醒得多。

从传播的角度而言，古今中外，顶礼膜拜《孙子兵法》者，不计其数。从不同的视角阐发和演绎《孙子兵法》的作品，也是空前绝后。为何如此众多领域的人士看重《孙子兵法》？这主要在于《孙子兵法》具有独特的魅力，这种魅力自然是仁者见仁，智者见智。此处只以战略家为例，战略家最具有历史眼光，最具有敏锐的信息捕捉能力，故此选择中外两位杰出的战略家来审视《孙子兵法》的魅力。一位是中国大名鼎鼎的周恩来。周恩来在共和国史上具有举足轻重的地位，是举世公认的战略家。但他对《孙子兵法》的应用，却很少有人留意。1941 年 6 月 8 日，周恩来发表《论敌寇两面政策》，开宗明义，引用了《孙子兵法》："孙子说：'知彼知己，百战不殆。'我们对于敌寇知之者固然很多，但欲求真能不带感情不偏主观，具有真知灼见的人也并不易。"当环境对敌人有利，敌人集中进攻我们的时候，我们有些同志就容易发生悲观失望的情绪。当环境对敌人不利，敌人处于休整状态时，我们有些同志就容易盲目乐观，夸大敌人的困难，认为敌人正处于崩溃之中。周恩来借此批评有些同志不了解敌人和自己，总是怀有过分悲观和盲目乐观的情绪，这对长期抗战极其不利。1948 年 9 月 30 日，周恩来《对解放战争形势发展的三点估计》援引了《孙子兵法》:“即使美国政府强迫美国人民打仗,出兵中国,对这种可能我们也估计到了。中国有句老话:‘多算多胜,少算少胜。’这是中国两千年前的一位军事家孙子说的。我们对形势的估计就是‘多算’,包括美国出兵的可能。”周恩来正是根据当时的国际形势,依据《孙子兵法》来评估未来局势走向,强调已对事情发展的态势作了全面考虑。由此看出伟大的战略家周恩来也是熟知《孙子兵法》。

尼克松也是深受《孙子兵法》影响的美国著名的战略家,因预见苏联解体而名声大噪。除了他的著作《1999:不战而胜》深受孙子“不战而屈人之兵”思想影响之外,尼克松还在《真正的战争》一书中多次引用《孙子兵法》:“二千五百年前,中国古代战略家孙子写道:夫兵久而国利者,未之有也。……故兵贵胜,不贵久。”尼克松指出,在长期拖延的越南战争中,胜利正是美国人民没有得到的东西。尼克松在说明战略道义问题时,引用《孙子兵法》:“中国的战略家孙子在公元前五世纪写道:上兵伐谋,其次伐交,其次伐兵,其下攻城,攻城之法,为不得已。”尼克松在谈到美国对苏联斗争方法时说:“两千多年以前,中国古代战略家孙子提出了这样一个原则:以正合,以奇胜。”尼克松强调用通常的、直接的方式抗击敌人,用不寻常的、间接的方式来取得胜利。他明智地认识到,两者是相辅相成的,取得胜利的方法是同时使用两种方式。

从“人本主义”的视角,可以认定《孙子兵法》既是兵家之学,也是经世致用之学。这种经世致用的本色,永不过时。这种特质主要体现在三方面:

一是《孙子兵法》体现了智者行事的思维方式。首先,《孙子兵法》创立了评判智者的标准。在孙子看来,智者考虑事情一定是把“利”和“害”结合起来考虑。诚如孙子所言:“智者之虑,必杂于利害。”聪明人考虑事情,不会单纯只考虑“利”,也不会单纯只考虑“害”。可是现实当中许多人考虑事情,要么只考虑“利”,要么只考虑

“害”。这样考虑事情的做法走向了智者的对立面，实际变成了孙子欲言而未言的“愚者”。考虑事情为何要把“利”和“害”结合起来考虑？“利”字背后一把刀，只是考虑“利”，就会利令智昏，或是掉入“陷阱”，或是丢掉性命。只是考虑“害”，往往看到的是风险，就会丧失信心，知难而退，最终失去成功的机会。智者的做法是，既要考虑“利”，增加自己的信心，努力争取成功；同时还要考虑“害”，做好心理准备，采取防范措施，最终化解风险。其次，《孙子兵法》阐述了智者行事的原则。用孙子的话来说，就是“合于利而动，不合于利而止”。当然，孙子所说的“利”，需要给予明确的界定。此“利”应当是“国家利益”“全局利益”“长远利益”，而不是“个人利益”“局部利益”“眼前利益”。比如，春秋时期齐鲁盟会上，曹沫劫持了齐桓公，齐桓公被迫答应归还侵占的鲁国土地，但后来却想反悔。管仲劝齐桓公不可失信于诸侯，不然会丧失诸侯国的拥护，齐国的霸业就此毁之一旦。最后，齐桓公听从了管仲的劝说，决定归还鲁国的土地。显然，齐桓公最初考虑的只是眼前利益，而在管仲的提醒下，齐桓公才考虑了长远利益。最后，《孙子兵法》阐明了智者不盲目行动，不轻易做冒险的事情。换言之，智者行动总是胸有成足，“动而胜之”。比如，孙子论述智者在行动之前，要对对手展开分析研究，要侦察对手的活动规律，要实地调查与对手较量的环境，要通过小规模行动试探对手的反应。这一系列行动旨在防止对对手产生误判。显而易见，孙子在重大行动之前，必须充分了解对手情况。这种了解，既有理论上对对手的研究，也有实践上对对手的调查，还有进一步的实践检验，确保自己的行动万无一失，不出任何差错。

二是《孙子兵法》呈现了卓越的领导艺术。《孙子兵法》隐含了丰富的统帅学和领导学精华，呈现出独一无二的领导艺术。其一，《孙子兵法》阐明了军事统帅应具备的综合素养。既有才干上的要求，“将”要“智”；又有品德上的要求，“将”要“信”“仁”“勇”“严”；还有心理上的要求,“静以幽”,这种心理上的要求是在关键的时刻能够头脑冷静,深入思考重大问题;还有行为上的要求,“将”要“正”。统帅是全军的表率,三军的偶像,做事一定要公平、公正,才能真正赢得部下拥戴。其二,《孙子兵法》探讨了领导群体的艺术。军队不是乌合之众,而是一个有严格纪律约束的群体。如何实现一个庞大群体的高效领导?《孙子兵法》主要从三个方面进行论述:一则是阐明了静态环境下的领导艺术,二则是阐明了动态环境下的领导艺术,三则是阐明了险恶环境下的领导艺术。其三,《孙子兵法》总结了领导者的失败教训:一则是不能料敌,二则是不能灵活变化,三则是观念认识错误,四则是不能保守秘密。孙子用“九变”来书写这种灵活变化的特点,这是一种具体指代抽象的写法,其实,它代表的是“千变万化”,既包括作战目标的变化、战术行为的变化、作战环境的变化,还包括君王的命令的不接受,甚至于包括性格的改变。有人把失败归咎于天地等因素造成的,而孙子对此明确给予了批驳,“凡此六败,非天地之灾,将之过也”。

三是《孙子兵法》隐含了弱者战胜强者的智慧。从辩证法来看,弱者可以转变为强者,强者也可以转变为弱者。孙子有类似的说法,只不过他更喜欢“类比”和“象数”思维,正如孙子《虚实篇》所言:“终而复始,日月是也;死而复生,四时是也。”一般而言,强者战胜弱者是通行的铁律,但也会出现弱者“逆袭”成功的情况,弱者击败强者的种种实例,史书亦有记载。如淝水之战,东晋军队击败前秦的军队;赤壁之战,孙刘联军击败曹操大军。弱者通过自己不懈而又科学合理的努力,从而弥补自身的不足,成功战胜了所谓的强者。而从《孙子兵法》本身来看,此兵书尤其关注弱者生存、取胜的问题,这种论述集中体现在三个方面:

第一,弱者如何学会生存。孙子认为,弱者要懂得保护自己,善于有效生存,特别注意隐藏自己的战略、战术目标。如《孙子·计篇》

所言:“能而示之不能,用而示之不用。”孙子提出“卑而骄之”之计略,使强敌产生骄傲自大的心理,不把我方放在心上和眼中。孙子提醒弱者,不可不防备强敌,如《孙子·计篇》“实而备之”。孙子提醒弱者,不可与强敌蛮斗,如《孙子·谋攻篇》“少则能逃之,不若则能避之”。弱者为了生存和保存自己的实力,有时可选择“逃”与“避”。这在兵家的眼中,并不是什么丢人的事情。但在儒家看来,却是一种地地道道的耻辱。兵家在生存面前,主张放弃伦理道德,这是兵、儒在道德上的严格分界。

第二,弱者如何转变为强者。弱者转变为强者,有诸多方面需要付诸努力。首先,弱者注重“修道保法”。“修道”是修明道义,“保法”是保证贯彻法令。“修道保法”工作做好了,就为胜利打下了坚实的基础。其次,弱者“立于不败之地”。只有如此坚持,才有资格等待好的时机到来。用孙子的话来说,“以待敌之败也”。其次,弱者注重“胜敌而益强”。胜利不仅仅是名义上的胜利,更需要追求实实在在的胜利。换言之,不仅战胜敌人,而且变得更强大。否则,强者也会变成弱者,俗语所言:“杀敌一千,自损八百。”

第三,弱者如何战胜强者。弱者由于天然存在种种不足,比如兵力上的不足,装备上的劣势,士气上的低迷,等等。弱者如何战胜强者,客观条件往往难以一下子改变,最需要的是主观上的努力。比如数量上虽有不足,但通过自己的努力,可使质量上充分显示优势,达到局部远远胜过敌人。首先,最突出的是善于“造势”,创造出“以碫投卵”之势。其次,借助“他力”。孙子倡导利用自然的力量来攻击敌人,这种思维方式显然是超前思维。随着现代科技的进步,利用自然的力量越来越强势。《孙子兵法》古老的思维再次焕发出强大的生命力。《孙子兵法》专门论述“火攻”和“水攻”,充分应用了自然的力量“火”和“水”,来辅助进攻敌人。弱者还要学会创造“死地”环境,激发全体部下的潜能,最后达到“投之亡地然后存,陷之死地然后生”的效果。《孙子兵法》有没有制敌的绝招？笔者认为，确实是有的，那就是“夺敌所爱”。

好的方法，事半功倍；不好的方法，事倍功半。如何高效学习《孙子兵法》，这是许多人迫切想要知道的。根据自己多年的教学经历和对《孙子兵法》的研究，私下认为，学好《孙子兵法》应当注意把握四个方面。这权且作为一个研习者的经验之谈，姑且称之为学习《孙子兵法》四法：

一是“经史互参”。为什么要“经史互参”？最根本的一个原因是由《孙子兵法》的语言特色和著述风格决定的。《孙子兵法》言简意奥，舍事而言理。《孙子兵法》是兵学经典，而且是经典当中的经典。讲的多是抽象的哲理，而不是具体的问题。如何理解和学习《孙子兵法》，显然不能单纯在《孙子兵法》文本上死死下功夫。因此，要理解《孙子兵法》当中的许多理念，尽可能地要做到与一些历史事实有机地结合，这样会对其中的道理认识得更加深刻。因而，应该借用古人读书的方法，“读经不忘读史，读史不忘学经”，两者相互促进，相互提高，使《孙子兵法》理解更到位。

二是“抓住关键”。为什么强调“抓住关键”？许多事情看起来表面很复杂，但不是没有合理的解决办法，一个很重要的方法，就是要“抓住关键”。这如同古人所说的“纲举目张”。再打一个比方：要记住一个人的相貌，没必要把他身上的每一根毛发都记住，只要抓住关键性的一些特征去记，这个人的相貌就自然而然地记住了。同样是身上的毛发，眉毛与其他毛发的作用又是不一样，对身上的毛发来说，眉毛的重要性不言而喻。因而，学习《孙子兵法》必须抓住《孙子兵法》的核心思想。包括抓住《孙子兵法》每一篇章中的一些关键字、关键词、关键句、关键段，方能准确把握《孙子兵法》的主体内容。

三是“前后呼应”。为什么要“前后呼应”？这是由《孙子兵法》的整体思维决定的。仅仅随便拿出《孙子兵法》的一句话概括《孙子兵法》的思想，显然在许多时候是站不住脚的。比如，孙子在《计篇》和《火攻篇》强调慎战观念，可是又在《虚实篇》和《九地篇》中强调敢战观念。因此，不可因一说而废其另一说。这就要求从整体上看待《孙子兵法》，不能以偏盖全。否则的话，就容易被误导，容易出偏差。因而，在应用《孙子兵法》时就会犯认知上的错误。

四是“秘不示人”。为什么说《孙子兵法》有“秘不示人”之处？可以明确地认定，孙子并没有把兵家所有的用兵微妙之处，全部写进这部兵书当中，这是由于中国古代人文传统所决定的。研究《孙子兵法》的学者阎勤民，就深深地认识到这一点，我非常赞同他的说法。孙子根本不会把用兵的绝妙之处都写出来。因而，期望从《孙子兵法》学到所有的用兵精华，显然是不现实的，也是不可能的。但《孙子兵法》却可以给我们提供许多启迪，引领我们探索兵学世界和人性世界的奥妙，为学习兵家理论方法提供了一个很好的指南。

有关学习《孙子兵法》的参考书籍非常丰富，精品也不在少数。根据多年的学习体会，最初入门者在选择《孙子兵法》参考书时，有最基本的四部书值得留意：一是郭化若的《孙子译注》（上海古籍出版社 1984 年版），二是军事科学院战争理论研究部《孙子》注释小组的《孙子兵法新注》（中华书局 2005 年版），三是陶汉章的《孙子兵法概论》（解放军出版社 2009 年版），四是李浴日的《孙子新研究》（上海书店 1992 年版）。若是准备研究《孙子兵法》者，有六部书值得留意：一是杨丙安的《十一家注孙子校理》（中华书局 1999 年版），二是吴九龙主编的《孙子校释》（军事科学出版社 1991 年版），三是谢祥皓、刘申宁辑的《孙子集成》（齐鲁书社 1993 年版），四是于汝波主编的《孙子兵法研究史》（军事科学出版社 2001 年版），五是于汝波主编的《孙子学文献提要》（军事科学出版社 1994 年版），六是邱复兴主编的《孙子兵学大典》（北京大学出版社 2004 年版）。在此基础上，可根据自己的爱好，拓展《孙子兵法》的研究。

本书以《十一家注孙子校理》(中华书局 1999 年版)中的《孙子兵法》原文为底本,在此基础上,对《孙子兵法》每一篇目的正文内容进行注释、翻译,并对其中核心思想进行点评。古代有著名的《孙子兵法》十一家注,这十一家是曹操、孟氏、李筌、杜佑、贾林、杜牧、陈皞、梅尧臣、王皙、何延锡和张预,但这些注家都是宋代以前的人士。宋代以后虽说有不少注家,可是流传不广。现今,在社会上流通的《孙子兵法》注译本、评释本很多。本书与他书的不同之处主要在于以下三方面:一是注释当中有意识地吸收共和国一些开国元勋的实践经验。民国时期研究《孙子兵法》的知名学者李浴日将军曾讲:“欲使孙子与时代不脱节,合乎新战争的需要,则非五年或十年来一次新注解不可。”对《孙子兵法》的注解,应当是常注常新,这也是阅读李浴日《孙子新研究》得到的启示。二是翻译《孙子兵法》文本过程中,尽可能地吸收前人译文的精华,但也试图表明个人对《孙子兵法》一些关键字、关键词、关键句的不同理解。典型的关键字如《虚实篇》“作”字,典型的关键词如《九地篇》“所爱”,典型的关键句如《计篇》“兵者,诡道也”。三是在评点《孙子兵法》核心思想时有意识地结合战史实例,尽可能达到“经史互参”的效果。

阎盛国

于 2019 年 10 月

目　　录

计　篇

1.1 孙子曰：兵①者，国之大事，死生之地，存亡之道，不可不察②也。③

【注释】

①兵：战争。《左传·隐公四年》："夫兵犹火也，弗戢，将自焚也。"毛泽东《战争和战略问题》："有军则有权，战争解决一切，这个基点，他（蒋介石）是抓得很紧的。对于这点，我们应向他学习。在这点上，孙中山和蒋介石都是我们的先生。"

②察：细致研究。贾谊《新书·道术》："纤微皆审谓之察。"毛泽东《战争和战略问题》："两军敌对的一切问题依靠战争去解决，中国的存亡系于战争的胜负。因此，研究军事的理论，研究战略和战术，研究军队政治工作，不可或缓。"

③对于孙子这句话的理解，刘伯承《学习军事理论必须与实际结合》："军事科学的理论必须是与实战相结合的理论，它是直接地、明显地受着战争胜负、流血多少的检验的。《孙子兵法》第一句就说：'兵者，国之大事，死生之地，存亡之道，不可不察也。'从这里也可以看到军事理论与实际结合的重要。"

【译文】

孙子说：战争是国家重大的事情，关乎军民的生死，关乎国家的存亡，不能不细致地研究。

1.2 故经①之以五事，校②之以计，而索其情：一曰道③，二曰天，三曰地，四曰将④，五曰法。道者，令民与上同意也，故可以与之死，可以与之生，而不畏危⑤。天者，阴阳、寒暑、时制也。地者，远近、险易、广狭、死生⑥也。将者，智、信、仁、勇、严也。法者，曲制⑦、官道⑧、主用⑨也。凡此五者，将莫不闻，知之者胜，不知者不胜。⑩

【注释】

①经：量度，筹划。《诗经·大雅·灵台》："经始灵台，经之营之。"郭化若先生将"经"释为纲领、纲要，明显忽略了"经"的动词词性。

②校：《孙子髓》释为"较量"。扬雄《长杨赋》："校武票禽。"

③道：道义。《孟子·公孙丑下》："得道多助，失道寡助。"毛泽东《不要四面出击》："为了孤立和打击当前的敌人，就要把人民中间不满意我们的人变成拥护我们。"邓小平《五年来对敌斗争的概略总结与今后对敌斗争的方针》："经验尤其证明：谁关心人民的问题，谁能帮助人民想办法去和敌人斗争，保护人民利益，谁就是群众爱戴的领袖。"

④将：统帅，中军帅。《说文》："将，帅也。"《春秋左传集解》杜预注："中军帅，故谓之将军。"朱德《祝刘师长五十寿辰》："在军事上，(刘)伯承同志不但骁勇善战、足智多谋，而且在军事理论上造诣很深，创造很多。他具有仁、信、智、勇、严的军人品质，有古名将风，为国内不可多得的将才。"

⑤不畏危：不畏惧危险。

⑥死生：死地与生地。刘寅《孙武子直解》："死地宜战，生地宜守。"

⑦曲制：部曲之制。今所谓军队编制。张衡《西京赋》："结部曲，整行伍。"李善注引司马彪《续汉书》曰："大将军营五部，部有校尉一人；部下有曲，曲有军候一人。"

⑧官道：统辖方法。今所谓治军之法。刘伯承《〈苏军司令部野外勤务教令〉译者前言》："司令部就是首长实行指挥军队的指挥机关，司令部主任——参谋长就是首长第一个助手和代理人。因此，首长应使司令部在自己决心之下自动而宽大地活动起来；而司令部则应重视首长决心的权力，站在他的阴影里面，根据他的决心组织作战，以至监察其实施。"

⑨主用：掌管军需。今所谓后勤保障。刘伯承《〈苏军司令部野外勤务教令〉译者前言》："关于供给、卫生、交通（兵站）这些后方勤务（就是辅助勤务），照现代各国军队组织系统来说，有直属于首长的，有直属于司令部参谋长的，有直属于司令部的后方勤务科长的。在苏军则以诸后方勤务直属于首长，而参谋长则根据首长的作战企图，依托后方设备股（即是后方勤务股）以调节、监察并指导其工作，使之适应作战的要求。"

⑩孙子解释的"五事"，即五种战略要素。朱德《论抗日游击战争》："一切战争，离不了政治、经济、人员、武器、交通（包括地形）五个要素，在这五个要素的具体条件和敌我的对比之下来定出具体的战略战术，游击战争也当然不能例外。唯武器论者的根本错误，是在他们只看见武器一个要素，而完全看不见其他要素。"

【译文】

因而，以五大战略要素考量，用七个战术要素比较，进而研判战争胜败的情形：一是道义，二是天时，三是地利，四是统帅，五是法度。道义，是使民众和君主同心同德，所以可与君主同生共死，而不畏惧危险。天时，是顺从阴阳、季节、时日的运行规律。地利，考虑距离的远近、地形的险峻和平坦、地域的广阔与狭小，以及生地和死地。统帅，应当具有智慧、诚信、仁爱、勇敢、严明的品质。法度，包含军队编制、治军之法、后勤保障。凡是这五大战略要素，统帅不可不知晓。知晓者可以取胜，不知晓者不能取胜。

1.3 故校之以计，而索其情，曰：主孰有道[①]？将孰有能[②]？天地孰得？法令孰行[③]？兵众孰强[④]？士卒孰练[⑤]？赏罚孰明[⑥]？吾以此知胜负[⑦]矣。

【注释】

①主孰有道：哪一个国家的国君更讲道义。邓小平《五年来对敌斗争的概略总结与今后对敌斗争的方针》："谁关心人民的问题，谁能帮助

人民想办法去和敌人斗争，保护人民利益，谁就是群众爱戴的领袖。”

②将孰有能：哪一个国家的统帅更有才能。刘伯承《从实战中联想到我军教育要注意的事项》：“首长要拿自己忠实于革命事业的表现，要拿自己本职的军事技能或政治修养，要拿自己关心部属物质生活的行动，来取得部属的信仰。”

③法令孰行：哪一个国家的法令制度贯彻执行得更好。朱德《把红军的优良传统恢复起来》：“整顿纪律，要从上而下地整，守纪律要首先从上边守，不要只要求战士守。”

④兵众孰强：哪一个国家的武器和人员更具优势。兵，兵器；众，人员。毛泽东《论持久战》：“武器是战争的重要的因素，但不是决定的因素，决定的因素是人不是物。力量对比不但是军力和经济力的对比，而且是人力和人心的对比。军力和经济力是要人去掌握的。”刘伯承《对目前战术的考察》：“无论现代新式武器——飞机、坦克、化学兵器、新式火炮、机关枪之类，怎样精良到了不得，总是死的，都要靠活的人来使用；如果人的质量（包括政治的、军事的与纪律的训育和素养）不强，那么只有打败仗，只有为对方作武器的运输队。”邓小平《国防工业和军队装备工作的几点意见》：“我们军队的战斗力应该是实实在在的，不能是虚假的，不要自己欺骗自己。”

⑤士卒孰练：哪一个国家的士卒训练有素。朱德《关于练兵与带兵问题》：“练兵要有个目的。练到什么样子才算是一个好兵，达到了我们的目的呢？一个是要勇敢，一个是要有技术。这两个东西非常重要。如果你不勇敢，你怕死，那就打不成仗。过去我们的红军很勇敢，很好，可是技术不够高明。勇敢再加上技术，这两个东西结合起来，那就更好了。我们练兵的目的，就是要使每个人又勇敢又有技术，这样，打起仗来就有把握了。”刘伯承《大家发愤整军练兵》：“须知没有平时很好的练兵，战时就不能很好的用兵，犹之乎人没有积蓄的钱，就无钱可用。”邓小平《当前军事工作的几个问题》：“兵要训练，更重要的是干部要训练。”徐向前《川陕根据地的大练兵运动》：“所谓练兵，一练胆量，二练技术，三练战术，四

练行军，五练作风，至少离不开这几项基础的东西。这些东西，决不是从天下掉下来的，要靠教育，更要靠实际锻炼。”

⑥赏罚孰明：哪一个国家的军队赏罚分明。黄克功，少年时加入红军，参加过井冈山的斗争和长征。当时是抗日军政大学第六队队长。一九三七年十月，他对陕北公学女学生刘茜逼婚不遂，开枪把刘茜打死。经陕甘宁边区高等法院审判，黄克功被处以死刑。毛泽东《给雷经天的信》：“他（黄克功）犯了不容赦免的大罪，以一个共产党员、红军干部而有如此卑鄙的，残忍的，失掉党的立场的，失掉革命立场的，失掉人的立场的行为，如为赦免，便无以教育党，无以教育红军，无以教育革命者，并无以教育做一个普通的人。因此中央与军委便不得不根据他的罪恶行为，根据党与红军的纪律，处他以极刑。”刘伯承《关于反“扫荡”的准备问题》：“奖罚严明，是军队的命脉，不可丝毫忽视，忽视就会削弱军队。”

⑦以此知胜负：凭借这些推知战争的胜负。毛泽东《中国革命战争的战略问题》：“战争的胜负，主要地决定于作战双方的军事、政治、经济、自然诸条件，这是没有问题的。然而不仅仅如此，还决定于作战双方主观指导的能力。”刘伯承《〈孙子〉笔记》：“《孙子》开宗谈‘计’，主要是讲战略决策上的策划和作战中的谋略思想。《孙子》提出‘五事七计’，实际上就是讲决定战争胜负的五种基本因素和估计敌我优劣条件的七个方面的问题。”

【译文】

因而，比较敌我双方的七个战术要素来推演战争胜负的情形。就是说，哪一个国家的君主更讲求道义？哪一个国家的统帅更有才能？哪一个国家的军队更占据天时和地利？哪一个国家的法令制度贯彻和执行得更好？哪一个国家的军队武器与人员更具有优势？哪一个国家的士卒训练更加有素？哪一个国家的军队赏罚更加分明？我可以凭借这些方面推知战争的胜负情形。

1.4 将① 听吾计，用之必胜，留之；将不听吾计，用之必败[②]，去之。

【注释】

①将：一说作副词，见郭化若《孙子今译》；一说是助动词，见《孙子兵法新注》；一说是偏裨之将，见刘寅《孙武子直解》。笔者倾向于"偏裨之将"之说，《计篇》的主旨表明孙子在研究战争，而不是借此胁迫吴王阖闾重用自己。刘寅《孙武子直解》："孙子作此书，将欲传之后世，为众人法耳，不应中间用此数语解激吴王而求用。"

②将不听吾计，用之必败：偏裨之将不听从我的计略，使用他作战，一定会失败。毛泽东《反投降提纲》："敌是反革命的，我是革命的，这个质的不同，决定最后胜利之属谁。但指挥战争的策略，尤其决定胜负之谁属。没有后者，单靠本质优良，胜利仍然没有的。"

【译文】

偏裨之将听从我的策略，使用他们作战，一定会取胜，就把他们留下；偏裨之将不听从我的策略，使用他们作战，一定会失败，就要驱逐他们离开。

1.5 计利[①]以听，乃为之势，以佐[②]其外。势者，因利而制权[③]也。

【注释】

①计利：计算有利的条件。

②佐：佐助，辅助。

③制权：采取灵活变通的策略。

【译文】

计算有利的条件，偏裨之将又都听信于我，于是就可创造出有利的态势，以此佐助对外作战。所谓的造势，就是借助有利的时机而采取灵活的策略。

1.6 兵者，诡，道也。[①]故能而示之不能，用而示之不用[②]，近而示之远，远而示之近。利而诱之，乱而取之，实而备之，强而避之[③]，怒而挠之[④]，卑而骄之[⑤]，佚而劳之[⑥]，亲而离之。攻其无备，出其不意[⑦]。此兵家之胜，不可先传也[⑧]。

【注释】

①此句的句读与原来的句读有显著不同。郭化若《孙子今译》对之解释：用兵是一种诡诈的行为。《孙子兵法新注》对之解释：用兵打仗是一种诡诈的行为。诡，诡诈、奇诡。本书作者认为，诡，诡秘。此句合理的解释是：用兵打仗，讲究诡秘，乃兵家之道。刘伯承《〈孙子〉笔记》："用兵打仗是一个诡诈的行为。将帅要善于以各种手段隐匿自己的企图，迷惑引诱敌人，给对方造成错觉和不意，为歼灭敌人创造条件，这就是我们所说的计策或谋略。"刘伯承《对目前战术的考察》："政治主张要公开要明确，军事行动要秘密要诡诈。如果游击队的政治主张不公开，不明确，则不能组成为广大民众的武装斗争，就不能实现民族解放的政治任务。如果军事行动不秘密，不诡诈，则不能作趋利避害的机动，就不能达到消耗敌人发展自己的目的。"

②能而示之不能，用而示之不用：本来有能力，却装出没有能力，本来是要用兵，却装出不用兵。邓小平《对敌斗争问题》："积极活动与隐蔽力量不是冲突而是一致的。隐蔽力量，不过于刺激敌人，善于麻痹敌人，无论在军事上、政治上都非常重要，这是几年斗争的经验。"刘伯承《对敌斗争与武装建设中最大的经验教训》："我们的原则就是：削弱敌人，保存自己，隐蔽组织力量，准备反攻。我们对于这个原则，曾经认识不够。不去麻痹敌人，从各方隐蔽地积蓄力量，反而时常发生暴露自己的错误，遭到敌人的报复破坏。……在群众性游击战争中，从敌占区与根据地各方面隐蔽组织力量，应认为是一个武力问题，而表现之于积蓄与使用两方面。"毛泽东《论抗日游击战争的基本战术——袭击》："麻痹与迷惑敌人。例如声东击西，忽南忽北，使敌捉摸不定，因而袭击其一点。又如派遣游击小队或小组用大游击队署名的标语或布告活动于甲地，而大游击队则

实行袭击乙地或丙地。”毛泽东《中国革命战争的战略问题》:“我们可以人工地造成敌军的过失,例如孙子所谓‘示形’之类(示形于东而击其西,即所谓的声东击西)。”

③强而避之:敌人实力强盛,则避其锋芒。毛泽东《论持久战》:“如果避免了战略的决战,‘留得青山在,不愁没草烧’,虽然丧失若干土地,还有广大的回旋余地,可以促进并等候国内的进步、国际的增援和敌人的内溃,这是抗日战争的上策。”徐向前《粉碎敌人的新“扫荡”与我们的紧急动员工作》:“利用有利时机与创造有利时机来打击敌人,不利时必须转移。不会保存自己的力量,与不肯积极打击敌人,都是没有前途的。”

④怒而挠之:敌人易怒,就要骚扰激怒敌人。《说文》:“挠,扰也。”毛泽东《论持久战》:“我们不是宋襄公,不要那种蠢猪式的仁义道德。我们要把敌人的眼睛和耳朵尽可能地封住,使他们变成瞎子和聋子,要把他们的指挥员的心尽可能地弄得混乱些,使他们变成疯子,用以争取自己的胜利。”

⑤卑而骄之:敌人轻视我们,就使其骄傲自大。卑,轻视。《国语·晋语四》:“何以卑我?”毛泽东《论抗日游击战争的基本战术——袭击》:“骄纵敌人。例如故意以战斗力不强之游击小队与敌周旋,使敌以为不要紧,而在敌人不防备时突然袭击之。”

⑥佚而劳之:敌人休整充分,则使敌人疲劳。佚,通“逸”。毛泽东《论抗日游击战争的基本战术——袭击》:“疲劳与恐吓敌人。例如动员民众坚壁清野,使进攻之敌饥疲不堪。又如将游击队分为数起,或派遣许多游击小组,不时进袭驻止之敌,使之一夕数惊,发生疲劳情绪,然后选择适当之时机袭击之。若敌人虽多,但素质不良,指挥者懦弱,则散播谣言,虚张声势,以增加其动摇,然后举行袭击。”刘伯承《抗日游击队四个基本任务》:“到敌人后方和翼侧袭击敌人,消灭其小部,破坏后方交通,劫毁辎重,在敌人将到之地实行空舍清野工作,以扰乱、分散、迷惑和疲惫敌人,造成日本强盗四面受敌人心惶惶的环境,并加强侦察警戒,以

配合我们抗日的基干军队消灭敌人。”

⑦攻其无备，出其不意：乘敌人未加防备突然进攻，出乎对方意料突然采取行动。毛泽东《论持久战》：“错觉和不意，可以丧失优势和主动。因而有计划地造成敌人的错觉，给以不意的攻击，是造成优势和夺取主动的方法，而且是重要的方法。”刘伯承《平汉战役某些战术问题的指示》：“隐蔽接敌，突然攻击，出其不意，攻其不备。我军要时常把握这一原则。”刘伯承《战术问题》：“在进攻敌人中，应采取出敌不意，攻其不备。”刘伯承《对目前战术的考察》：“我们必须根据当前敌情、我情、地形与时间，灵活地计划和决定游击队袭击的动作，并且是秘密而周到的准备，迅速而突然的袭击。”刘伯承《太行军区二月反“扫荡”的军事经验教训》：“敌人‘扫荡’开始，是抓着主动权来的，而我们必须出其不意，攻其不备，乃能在反‘扫荡’中转成主动。敌人对我们的行动及规律，必先作周密的侦察研究，然后假定合击的目标，抓住行止的规律布置其各路‘铁环合围’的步骤。而我们真实行止，首先就要不使敌人知道，或它知道也是过了时的。其次，最主要的就是我们进攻与撤退的行动，都不让敌人摸到规律，神出鬼没，不入圈套，不碰硬壁。因此之故，我们一则要对敌情（尤其它是异族正规军）与‘扫荡’的规律，经常作深刻的侦察研究。就是说，先知敌‘意’、敌‘备’，才易于‘出其不意，攻其不备’；二则要防谍除奸，严守秘密，散布谣言，多方佯动，曲折行进。就是说，一切都是没有规律的行动，使敌人无从侦察捕捉。不但如此，还要抓住敌人后方的弱点及‘扫荡’阵势错乱之际进行袭击，使主动权从最后胜利中显示出来。如果死板不动与消极防御，则将有被消灭的危险。”徐向前《孙祖战斗的总结》：“当将敌‘扫荡’部队在孙祖、铁峪间击溃，围攻残敌于孙祖时，我某部抓紧敌之弱点轻装急进，直袭铜井，所以能一战而攻入寨内，捣毁敌人巢穴，烧毁敌人仓库，歼灭了该地守敌。此即所谓出敌不意，攻敌不备，代价小而胜利大。这样的战法应在各级指挥员中大大发扬。”

⑧兵家之胜，不可先传也：兵家制胜的真谛，不可提前传播出去。朱德《抗日的战略战术与建立新军问题》：“秘密是保持机动的要着。因科

学的进步，我们的有线电、无线电均随时有被敌人窃知的危险，尤其因为汉奸、敌探、间谍密布，消息很难封锁。因此，我们必须认真保守机密，使敌人无法察知我们的行动，自然，我们可以运动自如了。”

【译文】

用兵打仗，讲究诡秘，乃兵家之道。因而，本来有能力，却装出没有能力；本来要用兵，却装出不用兵。本来进攻近处的敌人，却装出进攻远处的敌人；本来进攻远处的敌人，却装出进攻近处的敌人。敌人贪图利益，就要引诱敌人；敌人混乱不堪，就要伺机夺取；敌人实力雄厚，就要加强防备；敌人兵力强大，就要避其锋芒；敌人将帅脾气暴躁，就要设法激怒；敌人轻视我们，就要使之骄傲自大；敌人养精蓄锐，就要使之疲劳；敌人团结友爱，就要设计分化。在敌人没有防备之时发起攻击，采取行动要出乎敌人意料之外。这是兵家制胜的真谛，不可提前传播出去。

1.7 夫未战而庙算①胜者，得算多也；未战而庙算不胜者，得算少也。多算胜，少算不胜②，而况于无算乎？吾以此观之，胜负见③矣。

【注释】

①庙算：在庙堂上对战事进行谋划。

②多算胜，少算不胜：得到筹码多能够胜利，得到筹码少不能胜利。朱德《目前形势和军队建设问题》：“凡是没有打好的仗，就是吃了不会组织战斗的亏。如果在打仗之前开会慎重商量，回去又认真部署，就会打得更好一点。组织战斗，首先就是要善于了解情况，其后就是要有周密的计划部署。《孙子兵法》中说‘多算胜’，是讲得对的。计划好了，再下达命令，帮助下面彻底了解上级意图，这样仗就可以打好。”周恩来《对解放战争形势发展的三点估计》：“即使美国政府强迫美国人民打仗，出兵中国，对这种可能我们也估计到了。中国有句老话：‘多算多胜，少算少

胜。'这是中国两千年前的一位军事家孙子说的。我们对形势的估计就是'多算',包括美国出兵的可能。"

③见:通"现",显现。

【译文】

未开战之前,在庙堂之上推测能够取得胜利,是由于得到筹码多的缘故;未开战之前,在庙堂之上推测不能取得胜利,是由于得到筹码少的缘故。得到的筹码多能够胜利,得到的筹码少不能胜利,更何况根本就没有筹码呢?我凭借这些方面考察将来的战争,胜利和失败也就显而易见了。

【评鉴】

《孙子兵法》"诡道"之说新识

《孙子兵法》有经典之语:"兵者,诡道也。"后人对这句话颇有争议,争议的焦点在于"诡"字的理解。最常见的一种理解是,把"诡"字解释为"诡诈"。例如,"用兵打仗是一种诡诈的行为"。这一解释被绝大多数人接受,因而,使得所谓《孙子兵法》诡诈之术深入人心,流毒深远。其实,这一解释曲解了孙子的兵家之道。宋人苏轼对所谓的孙子诡诈思想进行多方批评,甚至不赞成世人学习《孙子兵法》。也有学者不认同"诡诈"的解释,而把"诡"理解为"违背","用兵打仗,不遵守常规之道"。这种解释也是站不住脚的,原因是《孙子兵法》本身主张,用兵之术有奇也有正。不遵守常规之道,本就是"奇"。只有所谓的"奇",显然不能涵盖战争中各式各样的战略战术,这是因为还有常规之道"正"。因而,"诡"解释为"违背",显然也不恰当。

要正确理解"兵者,诡道也",不能仅仅局限于这句话本身,而且需要联系相关的内容。尽管《孙子兵法》中有"兵以诈立"之说,但一味讲求诡诈,显然不是孙子的本意。通观《孙子兵法》"兵者,诡道也"这句话,大多数人解读为"用兵打仗是一种诡诈的行为",讲究诡诈之道。而这种观点是站不住脚的,为什么这样讲?这是依据《孙子兵法》下文对"诡道"的诠释反证出来的。后人把孙子对“诡道”的诠释，总结为“诡道十二法”，这种说法显然不妥，也会造成以讹传讹。让世人误以为孙子用兵之道就是应用诡诈之术，结果造成许多社会危害并产生负面作用。实际上，所谓的“诡道十二法”，正是解开《孙子兵法》隐藏的孙子兵家之道的钥匙。

我们来分析一下为何所谓的“诡道十二法”的认定是不恰当的。孙子所讲的“能而示之不能，用而示之不用”，其中的确包含了诡诈成分。大意是说，本来有能力做到，却装出没有能力做到的样子；本来要使用，却装出不使用的样子。孙子所讲的“近而示之远，远而示之近”，也包含了诡诈的意味。这句话包含了两层意思，需要我们注意：一是从时间上进行解释，本来是攻击时间近在眼前，却装出很遥远的样子；本来攻击时间很遥远，却装出近在眼前的样子。例如，二战时期的珍珠港事件，日本外交所造成的和平声势，让人们误以为日美开战还很遥远，就是典型的例子。二是从空间上进行解释，本来是进攻近处的目标，却装出进攻远处目标的样子；本来是进攻远处目标，却装出进攻近处目标的样子。孙子所说的“利而诱之”，包含诡诈成分，意思就是给予敌人好处，引诱敌人。比如，用金钱官爵引诱敌人，投降我们。刘邦“降城即以侯其将”的招降政策，体现了孙子“利而诱之”的精神。或者是给敌人好处，使其为本国战略利益服务。如战国时期，秦国收买赵国高级官员郭开，诋毁和除掉李牧。

可是，孙子所说的“乱而取之”，却不包含诡诈成分。这有两层解释：一是从被动等待角度讲，敌人内部发生混乱，趁机得到好处。二是从主动积极角度讲，设法使敌人内部混乱，然后再得到好处。“实而备之”不包含诡诈成分，意思是敌人兵力强大，要防备敌人。春秋时期，智伯想要偷袭卫国，假装让太子逃亡到卫国，借机里应外合进攻卫国。当这一消息传到卫国的时候，卫国国君不知如何应对。有一个聪明的大臣叫南文子，他认为，智伯太子是一个正人君子，平时就受宠爱，没什么大罪而逃亡，其中必定有大问题。于是，派人在边境上迎接智伯的太子，并且指示他们：如果智伯太子车辆超过五乘，就要谨慎对待，不要接纳。智伯听说以后，于是停止了这一行动。

孙子所说的“强而避之”，也不包含诡诈成分，意思是敌人实力强大，要注意躲避敌人。无论是政治斗争，还是军事斗争，有些人善于躲避强大的敌人，等待时机。南朝梁开国皇帝萧衍就是杰出的代表，他吸取了父亲的教训。他的父亲萧顺之曾帮助齐高帝建立政权，立下赫赫战功。齐武帝继位后，开始对萧顺之不放心。后来，萧顺之奉旨平定齐武帝之子叛乱，事后齐武帝反悔了，竟然把罪责怪到萧顺之头上。萧顺之因为此事，忧虑而死。萧衍本人为了不引起齐武帝的猜忌，做事非常谨慎，为人低调。司州一战，萧衍班师回朝后，便主动交出了军权。平日里，他常常乘坐一辆小车，纵情流连于山水之间。表面上，他爱慕山水之景，装作对权力不感兴趣，实际上他一直在等待时机的到来。孙子所说的“怒而挠之”，也不包含诡诈成分。意思是敌人个性暴躁，要羞辱敌人。西方有句谚语是“上帝欲其灭亡，必先使其疯狂”，也是说的这个道理。三国时期魏蜀两国相持，司马懿拒不出战。诸葛亮馈赠司马懿女人衣服，就是孙子所谓“怒而挠之”的应用，可是司马懿个性冷静，安然不动，并不上当。

孙子所谓的“卑而骄之”，包含一定的诡诈成分。意思是用卑谦的言辞、低下的姿态迷惑敌人，使敌人骄傲自大。春秋后期争霸战当中，越王勾践送美女、珍宝给吴王夫差，勾践夫妇甘当夫差的奴仆，就是“卑而骄之”的实际应用，结果取得良好效果。孙子所说的“佚而劳之”，却不包含诡诈成分。意思是敌人状态好，要让敌人疲劳。一是使敌国人民疲劳。比如建设浩大的工程。战国时期，韩国曾派遣水工郑国帮助秦国开凿郑国渠，妄图使秦国疲劳，但后来计谋败露。二是使敌军疲劳。敌人长期驻扎在自己的地盘上，往往兵力充足，给养丰厚，士气旺盛，这就是所谓的“佚”。使之疲于奔命，这就是所说的“劳”。“佚而劳之”的方法自然多种多样，轮番骚扰和进攻敌人，可使敌人疲惫。例如，隋朝的军队轮番骚扰陈国的边境。三是使敌国精英人物疲惫不堪。例如，用蓖麻一样的小事去烦扰他们，让他们疲于应付。

孙子所说的“亲而离之”，包含了一定的诡诈成分，意思是想方设法使敌人内部亲近的关系变得疏远。一是针对敌人结盟的国家进行离间，二是针对敌国的领导层进行离间，三是针对敌国领导人与人民团结友爱的关系进行离间。例如，战国时期秦国离间楚齐联盟就是“亲而离之”的真实写照。齐国与楚国结盟，强强联合，秦国对楚国、齐国无可奈何。秦国外交家张仪用明珠、宝玉买通楚怀王妃子南后，同时向楚怀王进言，只要楚国断绝与齐国的联盟关系，秦国愿意割地六百里给楚国。利令智昏的楚怀王便听信了张仪的花言巧语，断绝了与齐国的外交关系。

由上可见，世人所谓的“诡道十二法”，有的制敌之术包含诡诈成分，有的制敌之术却不包含诡诈成分。其中，“乱而取之”“实而备之”“强而避之”“怒而挠之”“佚而劳之”的制敌之术，分明是看不出任何诡诈的意味。由此可知，《孙子兵法》“兵者，诡道也”这句话，如果理解为“用兵打仗是一种诡诈的行为”，显然与所谓的“诡道十二法”的诠释自相矛盾，形成了一个明显的悖论。

因此，把孙子阐述“诡道”的内容概括为“诡道十二法”是不合情理的，因为这些制敌之术并不能完全用“诡诈”来概括。“诡”应该如何正确解释呢？笔者认为，所谓孙子“兵者，诡道也”中的“诡”，正确的理解是“诡秘”。为什么会这么理解？一是没有单纯地理解孙子“兵者，诡道也”这句话，二是进一步联系了孙子对“诡道”的诠释。这才正式得出“诡”是“诡秘”的意思。而且，笔者认为，“诡秘”这一解释，既把包含诡诈成分的制敌之术，也把不包含诡诈成分的制敌之术囊括在内。而“诡诈”这一解释，却无法做到把所有制敌之术囊括在内。只有“诡秘”这一解释，才能真正地把“乱而取之”“实而备之”“强而避之”“怒而挠之”“佚而劳之”这些制敌之术解释得合情合理，这是因为军事上的一切行动如果不讲诡秘，都会无济于事。

值得注意的是，《孙子兵法》“兵者诡道也”这句话，习惯上标点为：“兵者，诡道也。”而笔者认为合理的标点方式应是：“兵者，诡，道也。”这是因为古代不同的学派，有不同的核心思想主张，儒家有儒家之道，墨家有墨家之道，道家有道家之道，法家有法家之道。自然而然，兵家也有兵家之道。《孙子兵法》“兵者，诡，道也”，意思是“用兵打仗，讲究诡秘，是兵家之道”。这就是兵家的核心思想主张，如同儒家讲仁义之道一样。孙子强调“诡秘”是一切行动成功的前提。孙子还特意用“此兵家之胜，不可先传也”这句话，来为“兵者，诡，道也”作注脚。可惜的是，许多人还是没有搞明白孙子为什么要这么说。孙子是在指点迷津，但未必会引起人们的注意。

最后，孙子强调，兵家制胜的奥妙在于行动迅速而且隐秘。归结起来，就是“攻其无备，出其不意”。我们的一切行动，无非是要做到攻击敌人没有防备的目标，出乎敌人的意料之外，不能事先把重要的事情泄露出去。孙子明确告诉我们一个非常重要的道理，那就是保密工作非常重要。如何理解保密的重要性？大家平常都说保密很重要，但重要到什么程度，往往难以确切地形容。我们可以通过具体事例来说明泄露机密的后果的严重性，尤其对于一支军队，可能面临的是灾难性的毁灭。就拿我们耳熟能详的《三国演义》中诸葛亮“草船借箭”来说，当时，吴蜀联军与曹军作战，箭支备感缺乏，所以，诸葛亮想到“草船借箭”之策。后世之人往往惊叹诸葛亮的高明，可是却忽略了“草船借箭”之所以成功是有许多原因的。其中，有大雾天气作掩护，有对人的性格的把握，还有一个很重要的原因，就是保密工作做得好。如果诸葛亮策划的“草船借箭”，被提前泄露出去，让曹操知道了，那么就会出现许多变数。第一种情况是曹军不上当，干脆就不放箭，其奈我何，诸葛亮、鲁肃等人只能悻悻而归。第二种情况是曹军借机行事，那么结果就非常危险了。曹军再也不会用普通的箭去射这些船上的草人，那么很有可能用火箭去射吴国伪装前来进攻的船只，这下就惨了。火箭就会点燃船只两边的草人，不用多长的时间，整条船就会燃烧起来。那么，诸葛亮等人的危险就难以估计了，很有可能就会落到江水之中，葬身鱼腹。我们从“草船借箭”故事延伸开来，进行遐想，就会切身感受到，如果一件重要的事情不能保密，那么这件事情的后果可能严重到不可收拾的程度。

至此，我们可以明白《孙子兵法》蕴含的兵家之道，就是“用兵打仗，讲究诡秘”。这种兵家之道的实践，还可以通过孙子倡导的“庙算”行为进行观察。孙子把预测敌我胜负的做法称之为“庙算”，为什么有这样的称谓？庙算，就是在国君祖庙内商议军国大事。兴师动兵是国家大事，在政祭合一的中国古代，君臣必定要事先谨慎告祭祖庙。一则是祈求祖先的佑助，二则是统一君臣的意志，三则是防范军国之事的外泄。然后，基于敌我双方情况分析评估，最后确定作战的基本方略。中国古代有很好的人文传统，每当重大节日来临，都要祭祀祖先，追念先人，表示对祖先事业的继承，祈求神灵的保佑。在庄严肃穆的环境下进行，便于冷静思考；有限的人数参与，便于保守秘密。所以，孙子使用“庙算”一词，不是无缘无故的，而是有其独到之处：一则体现了慎战观念，二则体现了保密观念。因而，孙子指明：未战之前，筹划能够战胜敌人，在于制胜的筹码多；未战之前，筹划不能战胜敌人，在于制胜的筹码少。制胜的筹码多能够取胜，制胜的筹码少不能取胜，何况没有制胜敌人的筹码呢！由此分析敌我之情，那么敌我双方的胜负情势就一清二楚了。

作 战 篇

2.1 孙子曰：凡用兵之法，驰车[1]千驷，革车[2]千乘，带甲十万，千里馈粮，则内外之费，宾客[3]之用，胶漆之材[4]，车甲之奉，日费千金[5]，然后十万之师举[5]矣。

【注释】

①驰车：轻型战车。

②革车：辎重车辆。

③宾客：外交使节及谋士。

④胶漆之材：指制作与维护作战器械的胶漆材料。孙武本意是说，胶漆虽微不足道，但使用数量多了，也是一笔不小的开支。邓小平《国防工业和军队装备工作的几点意见》：“装备维修存在的问题太明显了。重生产不重维修，建国以来就存在这个问题。不光军工生产，其他方面也有这种情况。这个问题的解决不能再拖了，今天这样决定下来：第一，要重维修，宁可少生产一点，也要把维修的问题解决好；第二，要搞一个维修保养的计划，海军、空军、装甲兵都要列个单子，统一考虑，统一解决，包括建维修厂，修船坞、码头等一块解决，不要零星解决；第三，要按一定的比例生产零备件。这个比例占多少，要搞出一个规定，没有零件配套就不能算完成生产计划。”

⑤日费千金：千金本是概数，比喻开支巨大。毛泽东《游击区也能够进行生产》：“战争不但是军事的和政治的竞赛，还是经济的竞赛。”毛泽东《边区的货币政策》：“边区军费浩大，财政货币政策应着眼于将来军费之来源。”

⑥举：发动。毛泽东《同印度总理尼赫鲁的四次谈话》：“要搞战争的话，就要动员人民，就要使人民处于紧张状态，并且使他们学会打仗。”

【译文】

孙子说：用兵作战，轻型的战车千辆，辎重之车千辆，全副武装的将士十万，千里之外输送粮食，那么国家里里外外的开支，既有外交使节、谋士的开支，也有武器制造和维护武器的胶漆开支，还有战车、甲胄的开支。每天开支巨大，如此这样，才可以武装一支十万人的军队。

2.2 其用战①也，胜久则钝兵挫锐②，攻城则力屈，久暴师③则国用④不足。夫钝兵挫锐，屈力殚货，则诸侯乘其弊⑤而起，虽有智者，不能善其后矣。故兵闻拙速⑥，未睹巧之久也。夫兵久而国利者，未之有也⑦。故不尽知用兵之害者，则不能尽知用兵之利也。

【注释】

①用战：用兵作战。

②此句读与原来句读有所不同。胜久则钝兵挫锐：如果用时长久追求胜利，那么原本疲弱的军队，通过积蓄力量，也会战胜原本精锐的军队。钝兵，原指粗劣破败的兵器，以此比喻疲弱的军队。

③暴师：军队驻扎在野外。

④国用：国家用度。

⑤弊：破弊，疲弊。

⑥兵闻拙速：用兵打仗，听说宁愿作战方式笨拙，也要寻求快速取胜。犹如杀鸡用牛刀一样，表面看起来笨拙，但有效率。毛泽东《中国革命战争的战略问题》："速决战不是心里想要如此做就做得成功的，还须加上许多具体的条件。主要的条件是准备充足，不失时机，集中优势兵力，包围迂回战术，良好阵地，打运动中之敌，或打驻地而阵地尚不巩固之敌。"朱德《抗日的战略战术与建立新军问题》："迅速为游击制胜之要诀。一个战役的结束要快，行动要敏捷，迅速确实，飘忽无定，使敌不知我之主力所在，我们的运动自如，才有歼灭敌人的把握。"

⑦兵久而国利者，未之有也：用兵持久却对国家有利，是从来没有过的事情。毛泽东《中国革命战争的战略问题》：“战役和战斗的原则与此相反，不是持久而是速决。在战役和战斗上面争取速决，古今中外都是相同的。在战争问题上，古今中外都无不要求速决，旷日持久总是认为不利。”

【译文】

用兵作战，如果用时长久追求胜利，那么疲弱的军队，也会挫败精锐的军队。强攻城池，那么军队就会疲惫。长期对外作战就会导致国家用度不足。疲弱的军队挫败精锐的军队，军队士气低落，国家经济资源枯竭，那么有的诸侯国就会趁其破弊而出兵，即使国家有高明之士也无法挽救这种危局。因而，听说用兵打仗，宁愿作战方式笨拙，也要寻求快速取胜，从未见到为了追求灵巧而持久作战。长久用兵而对国家有利，这是从来未曾有过的事情。因而，不能全面了解用兵的危害，就不能全面知晓用兵的益处。

2.3 善用兵者，役不再籍①，粮不三载②。取用于国③，因粮于敌④，故军食可足也。

【注释】

①役不再籍：不再次登记兵役。籍，登记。毛泽东《一九四五年的任务》：“不论补充军队与扩大军队，均以不加重人民财政负担为条件，这一点必须谨记。如果违背了这一点，我们就会要失败的。”

②粮不三载：粮食不多次从国内运输。三是虚指，不是实指，有“多”之意。如孔子所言：三思而后行之。刘伯承《关于百团大战的谈话》：“然而敌人‘以战养战’政策的进行，必须依靠交通。在这一点上，铁路公路之于日寇有如人体上之大小血管，据点则好比淋巴结，倘使我们到处展开交通斗争，切断敌人大小血管，一方面可以阻止敌人输送中国人民的膏血去营养自己，使它日趋消瘦枯朽，另一方面可使我丰富资源尽为己用，这对于抗战的军事建设、政治建设是有着何等重大意义。倘使我们

完全切断敌人之大小血管，使其无法伸展于中国乡村来吸吮我们的血液，完全困厄于城市之中，这样才可以缩短乡村战胜城市的过程，使抗战的胜利早日到来。”

③取用于国：武器装备取自国内。毛泽东《中国革命战争的战略问题》：“我们建立军事工业，须使之不助长依赖性。”

④因粮于敌：从敌人那里获取粮食。因，借助。刘伯承《论游击战与运动战》：“掠夺资材——这不只是说日本财阀、军阀掠夺半殖民地一般的资材，以延长其反动统治，而是着重地说日本强盗战争资源缺乏，难以支持长期的侵略战争，特别在中国长期抗战的条件下，不顾一切来掠夺占领区域内的军用资材，加工厂、煤、铁、粮食、棉花等，甚至这几天连民间的破铜烂铁也收集起来，从正太路东运出娘子关，去造军火。”

【译文】

善于用兵者，不再次征集兵役，不多次从本国运送粮食。武器装备取自于国内，从敌人那里设法获取粮食，因而粮食就可满足军队的需要了。

2.4 国之贫于师者远输，远输则百姓贫。近于师者贵卖，贵卖则百姓财竭，财竭则急于丘役①。力屈、财殚，中原②内虚于家。百姓之费，十去其七；公家③之费，破车罢马④，甲胄矢弩，戟盾蔽橹，丘牛大车⑤，十去其六。

【注释】

①丘役：赋税徭役。丘是古时地方基层行政单位，走马楼吴简中常见“丘”之说法。

②中原：《孙子校释》释之为“泛指战场”。《孙子兵法新注》释之为“国内”。国内似乎更为妥帖。

③公家：国家。

④破军罢马：战车破损，军马疲病。罢，通“疲”。

⑤丘牛大车：牛拉的辎重车辆。

【译文】

国家之所以陷于贫困的境地，是由于需要向远方征战的军队输送物资；向远方军队输送物资，必然导致百姓的贫穷。靠近军队驻扎之处，物价很高；物价很高，那么百姓的财富就会枯竭；百姓财富枯竭，赋税和徭役就会变得更加沉重。军队疲惫，财源枯竭，国内也家家空虚。百姓的财富消耗十分之七；国家的开支，由于战车的破损，军马的死伤，盔甲、箭弩、矛戟、盾牌、辎重车辆的损失，消耗十分之六。

2.5 故智将务食于敌，食敌一钟①，当吾二十钟；萁秆②一石，当吾二十石③。

【注释】

①钟：古代容量单位，一钟六十四斗。春秋时期齐国的量器有豆、区、釜、钟。《左传·昭公三年》："齐旧四量，豆、区、釜、钟。四升为豆，各自其四，以登于釜。釜十则钟。"

②萁秆：泛指军马草料。萁，豆秸；秆，禾类植物的茎。

③石：古代重量单位，一石一百二十斤。

【译文】

因而，聪明的将帅一定从敌人那里获取粮食，从敌人那里获取一钟粮食，相当于从自己国家运送二十钟粮食；在敌人那里获取一石草料，相当于从自己国家运送二十石草料。

2.6 故杀敌者，怒①也；取敌之利者，货②也。故车战，得车十乘以上，赏其先得者，而更其旌旗，车杂而乘之，卒善而养之③，是谓胜敌而益强④。

【注释】

①怒：激励士气。曹操注："威怒以致敌。"刘伯承《对目前战术的考

察》:“部队具有良好的政治情绪与饱满的战斗精神,这就是启发和保障我们打胜仗的一个基本条件。有了这个条件,才算有了讲求战术的根据。”

②货:用物质奖赏。邓小平《冀南战役政治保障命令》:“发扬战场上的比赛精神。比赛夺围寨,比赛缴获人枪,比赛战场纪律。在战后本师将赠给模范指战员以光荣的奖励。”

③车杂而乘之,卒善而养之:将缴获的战车混合配置乘坐,友好对待和供养降俘者。杂,配置;善,友好。毛泽东《抗日战争中的两条路线》:“这个军队有一个正确的争取敌军官兵和处理俘虏的政策。对于敌方投诚的、反正的、或在放下武器后愿意参加反对共同敌人的人,一概表示欢迎,并给予适当的教育。对于一切俘虏,不许杀害、虐待和侮辱。”毛泽东《对起义部队不用虚名笼络方法》:“整编时,除你们已知之逐步地淘汰坏人提拔好人及加入我们的人进去等项办法以外,应当:(一)废除原称号,改用人民解放军称号,亦不用民主联军等称号。(二)照我军例,有一师人就称为师,有一团人就称为团,不要名不符实,其师长团长等军官不要升格。(三)给养不要特别优待,宁可初期较差,逐步升至我军水平。总之,以老实态度对待他们,不用虚名笼络方法。”邓小平《冀南战役政治保障命令》:“对俘虏要优待,争取百分之九十补充部队,打破过去惧怕俘虏的观念,反对打骂、虐待、搜腰包等行为,要认识争取俘虏是补充的主要来源之一。肃清地方上的特务机关,清查俘虏中的特务分子。”聂荣臻《在全军参谋会议闭幕会上的总结报告》:“对起义部队的整编有两种形式:绥远、四川形式。前一种毛主席曾经确定,不但不整编而且补充一部分。为什么呢?如华北绥远部队,刚刚收拢来急需进行集中教育,彻底改造。改造有两种方法:一种是将其拆散建制,分别编入我们部队内进行溶化;一种是抽一部分骨干编入起义部队,帮助他们改造。后一种是四川形式,四川是全国起义部队最多的地区,对其采取大量的整编与取消。”

④胜敌而益强:不仅战胜敌人,而且变得更强大。毛泽东《在抗日战

争中的八路军》："瓦解敌军和宽待俘虏的原则。我们的胜利不但是依靠我军的作战，而且依靠敌军的瓦解。"朱德《中国人民怎样击败了美帝国主义武装的蒋介石反动派》："在将近四年的战争中，人民解放军消灭了国民党军八百零七万多人，争取国民党军起义和投诚改编共有一百七十七万人。"

【译文】

因而，要使将士英勇杀敌，就要激励士气；要使将士夺取敌人的资财，就要用物质奖赏他们。因此，在车战当中，缴获敌人十辆战车以上，就要奖赏最先获得战车者。对于缴获敌人的战车，要更换敌人战车上的标识，将缴获的战车混合配置在我军战车之中。友好对待和关心降俘者，使之归心。这就是所说的，不仅战胜敌人，而且使自己变得更强大。

2.7 故兵贵胜，不贵久。①

【注释】

①兵贵胜，不贵久：用兵贵在取得胜利，不在于持久作战。毛泽东《中国革命战争的战略问题》："在战役和战斗上面争取速决，古今中外都是相同的。在战争问题上，古今中外也都无不要求速决，旷日持久总是认为不利。"徐向前《红四方面军的战斗作风》："'兵贵神速'。时间就是力量，就是胜利，就是军队的生命。古今中外的军事家，无不重视时间对于军队和战争的意义。"徐向前《决战防御，大纵深迂回》："一般说来，兵贵速，不贵久。以弱敌强，以寡敌众，以劣敌优，尤其如此。"

【译文】

因而，用兵贵在取得胜利，不在于持久作战。

2.8 故知兵之将，生民①之司命②，国家安危之主③也。

【注释】

①生民：指军民。

②司命：古星宿名。《云笈七签》："文昌星神君，字先常，天子司命之符也。中央司命君者，或曰制命丈人，主生年之本命，摄寿夭之简札。"喻指命运的掌控者。徐向前《用先进的军事理论武装指挥员的头脑》："孙子讲'知兵之将，民之司命'，就是讲指挥员的重要性。作为指挥员，只有懂得现代战争的特点和战略战术，才能更好地发挥其他两个方面的作用，形成强大的战斗力量。"

③主：主宰。

【译文】

因而，懂得用兵打仗的统帅，掌控着军民的生死命运，是国家安危的主宰。

【评鉴】

宁愿笨拙，也要追求效率

《作战篇》篇题之"作战"，颇值得玩味与推敲。《孙子兵法》十三篇，《计篇》重点讲战略谋划问题，《谋攻篇》重点讲以谋攻敌问题，《形篇》重点讲形的应用问题，《势篇》重点讲造势问题，《虚实篇》重点讲虚实应用问题，《军争篇》重点讲两军相争问题，《九变篇》重点讲灵活用兵问题，《行军篇》重点讲行军注意问题，《地形篇》重点讲军事地理问题，《九地篇》重点讲地缘政治问题，《火攻篇》重点讲火攻战术问题，《用间篇》重点讲间谍使用问题。显而易见，上述《孙子兵法》十二篇内容都与篇题密不可分。而综观《孙子兵法》十三篇，唯独《作战篇》例外，很少讲到作战。为何却以"作战"作为篇题？其中，必定大有缘故。《孙子兵法》此处隐藏着一个重要的秘密。笔者认为，"作"与"拙"发音相同，"作"与"拙"乃是通假字的关系。其中的缘故如同前面所说，《孙子兵法》有"秘不示人"之处。理解了篇题，本篇的精髓就明白了，"作战"应是"拙战"，古人对孙子拙战思想有非常精彩的论述：

道在不可见，事在不可闻，胜在不可知，微哉微哉，鸷鸟将击，卑飞敛翼；猛兽将搏，弭耳俯伏；圣有将动，必有愚色。遇强敌而坚壁，或退守时，宜拙也。敌有胜名，于我无损，则侮言可纳，兵加可避，计来可受，凡此皆可拙而拙也。甚至敌无奇谋，我有外患；敌本雌伏，我以劲待，凡此皆不必拙而拙无失也。宁使我有虚防，无使彼得实着。历观古事，竟有以一拙败名将而成全功者。故曰：为将当有怯时。兵事主于虓阚，斗亦有时乎选懦，则不敢为客而为主，不敢虚骄而恃气，如处女然，如木鸡然，其几微矣。非至勇不敢待也，非至督不可待也，非至缜不能待也。夫为将当有怯弱时，曹孟德之言也，岂欺我哉！

大意是说，事物变化的关键在于不可显露，事情成功的关键在于保密，取得胜利的关键在于不可预知。微妙啊微妙，猛禽出击时，低着飞行，收敛羽翼。猛兽搏击时，耳朵静静平息，身子低伏下去。圣人有所行动之时，必定表现出愚钝的面色。遇到强大敌人坚壁防守，撤退防御时适时显露愚钝。敌人虽有胜利名声，但对我们却没有损失。侮辱的言辞，可以接受。敌人的攻击，可以躲避。敌人施展计谋，可以假装接受。凡是应当愚钝之处就应表现出愚钝。甚至是敌人没有奇妙谋略，我仿佛也有外来的祸患；敌人准备伺机进攻，我用劲兵迎接。凡是不必守拙而守拙，也不会造成过失。宁愿有不实的防守，也不使敌人施展有力招数。纵观古代史实，竟然有由于一次守拙而挫败名将，建立伟大功业的人。因而说，将帅应当有胆怯的时候，用兵之事掌握在杰出人物之手，而斗法时却选择懦弱。不敢成为客人，却要作为主人；不敢随意骄傲，却要依赖士气。犹如文静的处女，呆若木鸡一般。时机很难得到，不是大智大勇之人，不可等待；不是观察仔细之人，不可等待；不是非常缜密之人，不可等待。因而，将帅应当有怯弱的时候。曹操此句话，难道会欺骗我们！

孙子《作战篇》所讲头头是道，但由于古今汉语的差异，我们理解起来，依然比较困难。下面通过一个比较形象的例子来认识孙子所讲的“拙战”，我们平常所说的一个成语“杀鸡焉用宰牛刀”，用以形容解决小事情不必动用大的力量。但是，我们仔细分析一下，就会发现，如果杀鸡用宰牛刀的话，效率自然是很高的，一刀就把鸡头给剁了下来。如果我们使用普通的小刀，尽管看起来似乎是非常的灵巧，但实际上颇费周折，不免会发生鸡飞狗跳的事情。可见一味地追求灵巧，有时未必就能取得好的效果，解决实际问题。因此，本篇的主题思想很明确，宁愿手段笨拙一些，也要追求效率。冯梦龙《智囊》记载了君王后椎击玉连环的事情，从中表明这种解决问题的特有思维方式。秦王有一次派人去齐国，给君王后（齐襄王田法章之后太史氏）献上一个玉连环，并且说："齐国的人多智慧，能解开这个连环套吗？"君王后二话没说，取过一把椎子，将玉连环砸碎，然后便告诉使者说："已经解开了！"君王后用椎子敲碎玉连环，不受秦国人的戏侮，颇具大将的风度，简直是女子中的蔺相如了。可见，好的思维方式才是解决问题的高效指针。

二战结束时刻，美国投向日本本土两颗原子弹，这也是宁愿笨拙，也要追求快速取胜的例证。孙子指明长时期对外用兵打仗对国家有好处，是从来没有听说过的。孙子认为，不了解用兵的危害之处，就不会了解用兵的有利之处。可见，孙子对于战争的态度是一分为二的，既强调认识战争的危害性，也要看到战争有利的一面。只有看到战争的害处，才能防止陷入战争困境。只有看到战争的好处，才能有信心通过战争去维护国家的安全和拓展国家的利益。

长时间对外战争的危害是显而易见的。在汉代历史上，汉武帝初年，国家经过休养生息，国库中的钱财之多，让人叹服。穿钱的绳子断了，散钱无法计算。陈粟太多，长时间不食，以至于腐朽了。等到了汉武帝后期，天下财富虚耗，人口几乎减掉一半。还设置搜粟都尉这一官职，并且征收船车之税。汉武帝为何让国家到了这种地步，原因是不断对外用兵，尤其对汉朝大敌匈奴的征伐。大将军卫青出击陇西，打击匈奴。骠骑将军霍去病出兵雁门，远讨匈奴，因而造成了国家经济这种局面。但是，汉武帝对外战争最终却赢得了胜利，解除了汉朝的外部威胁，为汉朝的鼎盛创造了条件，这就是战争带来的好处。因此，我们要正确看待战争的积极意义，比如反侵略的正义战争，以及统一国家的战争等。这些战争都对国家长远发展有很大的好处。

战争的开支——难以想象

孙子《作战篇》的起始着重讲述了战争开支问题。孙子指出，当时战争规模已经很大。那时用兵打仗要动用轻型的战车千辆，动用装载物资的重型车辆千辆，全副武装的将士十万人，还要向千里之外的战场，输送粮食。国家里里外外的开支特别的多，这些开支既有外交人员等的开销，也有维护武器装备的胶与漆的开支，还有战争中使用的车辆与衣甲的开支，诸如此类，不一而足。综而言之，每天都要花费千金以上。

孙子阐述春秋时代晚期战争规模时，提出一系列数字。轻车千辆，重车千辆，带甲十万。这些数字合乎逻辑吗？这里面涉及车与人的搭配关系。事实证明，孙子使用的这些数字不是随心所欲的，而是具有非常强的逻辑性和严密性。轻车一辆三队人，前锋一队，左右各一队，每队二十五人，共三队，那么就是七十五人。重车一辆，有十个炊事员，有五个防守衣装的，有五个喂养战马的，有五个打柴打水的。这样又是二十五人。因而，一辆轻车和一辆重车，累计人数是一百人，那么轻车千辆、重车千辆，自然也就是十万人了。

孙子特别指出，战争的开支是多方面的。既有我们平常都能注意到的开支——明明白白的国家军事装备开支，也有我们平常注意不到的花费——秘密开支。孙子提到的“宾客之用”中的“宾客”，在春秋时代身份很复杂，包括外交人员、谋士、门客、间谍等，这些人虽然不直接参与作战，但他们却间接辅助于战争的各种活动。因而，他们的花费自然也是战争开支中不可或缺的一部分。尤其是战争当中，用于秘密开支的花费，究竟有多少，恐怕永远是一个秘密。最典型的例子，莫过于秦始皇在统一六国的过程中曾经采纳李斯的建议，秘密派遣谋士带着大量财物和珠宝到各个诸侯国开展游说工作。如果诸侯国的这些“名士”，也就是政治精英、军事精英、文化精英，可以用财物收买的，就给予丰厚的赏赐，让他们为秦国的战略利益服务。如果不接受秦国的收买，那么就要使用恐怖手段把他们除掉。可见,秦国在统一六国的过程中,并不单纯依靠军事手段。在军事手段之外,还采取了其他非军事手段。秦国究竟在这方面工作当中花费了多少,又花费在哪些人的身上,现在已经没有办法搞清楚了。当然这种做法并不是秦国独有。楚汉相争,陈平曾建议刘邦使用金钱离间项羽和部下的关系,收买为刘邦服务的精英人物,除掉那些不愿为刘邦服务的精英人物,这种做法显然与李斯主张如出一辙。只不过是,《汉书》明确记载刘邦曾出“三万万金”,但具体花费在何人身上,也是不得而知。

孙子指出战争开支有重要物资的开支,比如将士使用的战车、衣甲,这些都是非常明显的开支,大家都会注意到。同时,他还指出一些微不足道的开支,如维护战车的胶和漆的花费,这些人们往往不大注意。尽管这些东西表面上微不足道,但是如果使用数量可观,那么自然也是一笔不菲的开支。好比我们每个人每年节约一度电,如果中国14亿人都这样做,这个数量就变得相当可观。

从出土的秦始皇兵马俑装束来看,由于战车御手在作战中最容易受伤,所以御手所穿的铠甲保护也更为严密。因而,御手的防护很特殊,甚至需要护手,这些都要列入战争开支当中。不同军种,开支也是不一样的。秦代战争主要是用马牵引的战车,骑兵尚未成为主力兵种,但也是作战兵种之一。骑兵服饰为窄袖、长及膝部的上衣,外披衣甲,腰束革带;下身穿紧口长裤,足登靴,头戴圆形的小帽。根据目前考古发现,骑兵主要装备是弓箭,未见戈、矛、戟等长兵器。这说明骑兵主要使用弓箭和剑等短兵器,善于骑射和短兵接战。这些武器装备都需要国家开支。

由此可见,孙子例举的这些开支具有代表性。在实际的战争中,用于战争开支的种类,不计其数,不可能一一进行列举。孙子通过代表性的开支,说明战争开支既有公开的开支,也有秘密的开支,既有大型的开支,也有微不足道的开支。最后累计起来,必然是个很大的数目。孙子以此说明战争对于一个国家而言,无疑是沉重的经济负担。

速战速决——进攻者的追求

孙子警告用兵者，长时期对外用兵作战，就会出现处于劣势的军队挫败精锐军队的结果。原因是长时间攻打敌人的城池，本国军队的战斗力就会下降。战国时期乐毅攻打齐国，一天就攻下七十座城池，然而用三年的时间攻不下莒与即墨，燕军最终为田单所打败。这就是孙子所说的钝兵挫锐，日久天长，精锐的军队变得不再精锐，处于劣势的军队却转变为占据优势的军队。

第二次世界大战后期，自恃天下第一的德军入侵苏联，长期进攻莫斯科却进攻不下来，长期进攻列宁格勒也没有进攻下来，长期进攻斯大林格勒还是没有进攻下来，最终被苏联红军击败，这说明城市攻夺战，即使到了现代，也不容易。尽管攻城有时候代价沉重，但一些英明的统帅往往能够转变思维，从中获取战术的受益。例如，毛泽东创造的"围城打援"办法就是鲜明的代表。毛泽东指出：我们的作战方针，应着重歼灭敌有生力量，然后敌占各据点自然易为我收复。为实行此方针，应采取围城打援办法。围城之目的不在得城，而在打援。集中七八倍于敌之兵力，每次事前均应有充分的准备，不浪打，打则必胜。打时须用包围迂回，以期尽歼。

长久对外用兵打仗，国家财政就会负担不起。沉重的经济危机就会引发更为危险的政治危机。由于处于劣势的军队最后打败了精锐的军队，失败方军队的士气极其低落，而且国家物资极度匮乏，那么就会出现政权更迭的社会危机。这时候，就会有第三国趁机出手。即使这个国家有能力非凡的智者，也不能妥善处理这种社会危机。第一次世界大战，同盟国集团与协约国集团断断续续进行了四年艰苦卓绝的较量，最后美国出手了，一下子主导了战争的进程。而同盟国国内也随之爆发了严重的政治危机和社会危机。因此，孙子不仅看到了战争所带来的经济危机，也看到了战争所带来的政治危机和社会危机。可见，孙子的确有非常睿智的政治眼光。

成语有"螳螂捕蝉，黄雀在后"，就是形容两者相斗，第三者趁机得利。在历史上，这样的事情屡见不鲜，隋炀帝继位后，穷兵黩武，力屈于雁门之下，兵挫于辽水之上。疏通黄河，又引导淮水，不断运输物资，远征于万里之外，军民日益疲惫不堪，于是引发天下大乱。杨玄感、李密趁隋朝疲弊而起兵，即使有苏威、高颖这样有才能之人，难道能为隋朝的安定出谋划策来挽救隋朝吗？

所以孙子指出，用兵打仗只听说宁愿笨拙，也要追求快速取胜，从未见过为了追求灵巧而持久作战。速战速决很重要，否则就会坐失良机。唐代的武则天是我国历史上唯一的一位女皇帝。在传统社会，男子主政天经地义，女子主政则是许多怀有正统心态人士所不允许的。在武则天刚刚登上皇位之时，徐敬业就起兵反对武则天篡夺唐室政权。

徐敬业初起兵时，本来形势比较有利，许多反对武则天的势力蠢蠢欲动，但徐敬业却没有抓住宝贵的时机，没有接受魏思温的建议。魏思温认为：兵贵神速，应该及早渡过淮河向北进军，召集太行山以东的豪杰人士，趁武则天没有调集大军，直接进攻京都洛阳，进行决战。徐敬业不但不从，反而接受了薛仲璋的建议，认为金陵（今南京）是有王者之气的地方，可以凭借长江天险固守。因而应先夺取常州、润州，作为霸业的基础，然后整军渡江向北进军。这样就给武则天以充分的准备和调度大军镇压的时间。武则天任命大将军李孝逸率兵三十万征讨徐敬业，取缔徐敬业祖上、父亲的各种官爵，打开坟墓，斫开棺木，抛尸野外。最后，武则天的军队打败了徐敬业的军队。徐敬业最终兵败身死，很大原因就是战略失误，没有抓住战机。

孙子旗帜鲜明地指出，用兵打仗，贵在取得胜利，不在于持久作战。这是孙子速战速决思想的体现，以及“兵贵神速”战争理念的反映。胜利终归是好的，但如果时间延续太长，不仅对一个国家的经济发展破坏性很大，甚至有可能产生新的变数，引发想象不到的政治危机和社会危机。有人或许会问，孙子主张，用兵打仗速战速决，为何在抗日战争中毛泽东提倡持久战，两者是不是相互矛盾？其实，两者并不矛盾，孙子是站在进攻者的立场说的，毛泽东是站在防御者的立场说的。进攻者往往是强者，需要追求快速取胜，进攻者最担心长久作战，并非是说防御的弱者不能长久作战。弱者正是需要依靠长久作战来消耗和疲惫敌人，从而使自己逐渐增强实力，赢得战争的转机。因而，毛泽东的论持久战之说与孙子所说的“兵贵胜，不贵久”是一致的，只是所站的立场不同。

不仅战胜敌人，而且变得更强大

孙子指出，善于用兵者，不两次征发兵役，不多次从国内运输粮食。孙子强调，使用的装备要取自于自己的国家，粮食可以从敌人那里夺取。那么通过“因粮于敌”这种方式，军队的粮食就可以满足。为什么孙子要讲武器装备要依靠本国，而粮食却要从敌人那里夺取呢？我们都有这样的切身感受，自己常用的东西非常顺手，无论自己的电脑，还是自己的车子。如果换个陌生的，就不能像自己的一样，得心应手，而是要有一个熟悉的过程。武器装备也一样，由于型号不同，制式不同，各国有各国的特点，不方便自己使用是现实存在的。而粮食却不一样，不管是哪个国家的粮食，吃了都可以填饱肚皮，所发挥的能量是一样的。“因粮于敌”有极大的好处：一是不减少自己的粮食；二是可以消耗敌人粮食，降低敌人的生存能力。在战争时期，往往要在占领地域征发作战资源，就可以实现“以战养战”的目的。在古代，粮食运输不容易，原因是运输工具和道路系统极其落后。孙子指出，国家的贫困最主要是不断向远方作战的军队输送物资。靠近军队的地方，物价就会昂贵，那么生活在这个地方的人民就会感到财物枯竭，就会迫切从事各种劳役。最后民众气力用尽、财物用尽的时候，中原大地就会出现家家财物空虚的局面。孙子从民众的角度审视战争的影响，战争使人民的财富流失相当大。

孙子还从国家的角度考察战争对国家财富的影响。国家在长期战争中的开支，有的是由于军队被击破，要抚恤战死和战伤的人员。战马损坏，需要补充。军队使用的盔甲和箭弩的损坏与消耗，以及长戟、盾牌、长矛、用于攻城的橹，以及军队用于运输物质的“丘牛大车”，国家资财消耗十分的严重，十分去掉六分。

孙子从战争对人民与国家财富的影响出发，强调聪明的将帅一定从敌人那里获取粮草，供自己使用。取用敌人一钟粮食，就相当于取用我们的粮食二十钟；取用敌人的萁秆一石，就相当于取用我们的萁秆二十石。为什么孙子会提出这样一个不相称的比例关系？这是在没有现代交通工具的时代，再加上当时道路状况不佳、气候因素的影响。在远距离运输过程中，运输人员的消费，以及战争状态下敌人的干扰等其它因素的影响，真正到达目的地，粮食已经所剩无几了，就相当于一开始运输二十钟的粮食，而最后运到战场上却只有一钟的粮食。因此，孙子才有了如此比例的说法，这主要是根据古代的特殊环境而言的。孙子所言不虚，《管子》一书中这样描述：粟米运输三百里，那么国家就缺乏一年之储备；粟米运输四百里，那么国家就缺乏两年的储备；粟米运输五百里，那么人民往往就会出现饥饿的面色。原因是所运输的物资，大量消耗在道路上。与此同时，农夫使用的耕牛，不再用于耕种，那么老百姓就会感到贫穷。史书对粮食运输的艰难有明确的记载：秦国征伐匈奴的时候，大概运输三十钟的粮食，而最后到达目的地却只有一石粮食；汉武帝建武年间，为了开通西南夷的道路，参加劳役有数万人，需要人们从千里之外挑着运输粮食，大概运输十多钟粮食，最后达到目的地却仅有一石粮食。可见，古代从国内向远方运输粮食是异常艰难的。因而，孙子认为，"因粮于敌"自然是好处多多。

孙子指出，战争应当激发部下杀敌的斗志，夺取敌人的利益，就应奖赏部下。车战当中，如果获得战车十辆以上，就应奖赏最先夺得战车之人，这体现了孙子的奖赏艺术。孙子《计篇》当中就曾经强调"赏罚孰明"，可见，孙子对奖赏高度重视。古人"赏"字的构造，别有韵味。"赏"字最上部，像贵冠一样，象征荣誉。中间是"口"，说明要把获得奖赏的理由开诚布公。下面"贝"字，说明给予一定的物质奖励。如何才能发挥奖赏的真正效果，而且也能调动部下的积极性？显然，孙子有个人的精心考虑，获得一定数量的战利品时，就要拿出一部分来奖赏部下。需要注意的是，孙子的奖赏有鲜明的针对性，不是不分原则地全部奖赏，而是奖赏起到模范带头作用的将士，这样做既树立了鲜明的榜样，而且奖赏不至于开支过大，吃不消。这样公正而又客观树立典型人物的做法，就会调动部下的积极性。孙子接下来说明如何有效地利用敌人的资源，对于敌人大型武器装备如何使用的问题。孙子特别指出，一定要更换所获取敌人战车的标志——旌旗，以免作战混乱当中，误认为是敌人的战车，就会发生自相残杀的事情。孙子主张，要把缴获的敌人战车混杂编组到自己的军队当中，这里面包含一层重要的内容，就是对投降过来的敌人，要分开配置到我们军队中，便于对投降的敌人进行有效监控。与此同时，孙子特别强调，对待投降敌人的态度一定要友好，最终要把敌人的实力转变为自己的实力。因此，孙子主张对待敌人投降过来的将士，要给予保护和优待，这样才能做到不仅战胜敌人，而且变得更加强大。

我们需要认识的一点是，胜利是分等级的。第一种是全胜，这种胜利是全盘胜利，所付代价极小；第二种胜利是大胜，这种胜利付出一定的代价，但得到的利益远远大于付出的代价；第三种胜利是小胜，这种胜利获得的利益略微大于自己付出的代价。第四种胜利，就是惨胜。这是胜利当中最糟糕、最不划算的一种胜利。表面上虽然取得了胜利，但付出的代价太高昂了，有些得不偿失。在世界史上，大英帝国曾经如日中天，被称为日不落帝国。后来，由于两次世界大战，却永远地衰落了，从世界霸主的巅峰沦落下来。尽管两次世界大战，英国无一例外都是战胜国，但是大批青壮年战死在战场上，国家精英的大量夭折，使英国元气大伤。因而，国力才会急剧地下降和衰落。所以孙子强调，追求胜利的最终目的是变得更强大，而不是反而削弱自身。可见，孙子显然是通过对历史上战争结局的深入思考和研究，才具备这样非同寻常的远见卓识。

孙子这种主张无疑是十分明智的。从古至今，不管是一个团体，还是一个组织，如果能够不断做到把对手的实力资源转化为自己的实力资源，那么这个团体和组织就会变得越来越强大。否则，只依靠自身的缓慢发展，显然很难快速变得足够强大。人们常说"杀敌一千，自损八百"，我们的实力往往会随着战争的深入变得越来越弱，而不是越来越强。在历史上，有的领导人不善于转化敌人的实力资源为自己的实力资源，最鲜明的代表人物就是项羽，章邯率领的三十万秦军投降项羽，本来应该是项羽极大的胜利，但项羽却缺乏这种转变敌人实力资源为自己实力资源的能力，害怕投降的秦军发生哗变，于是就把这些投降的秦军将士差不多全都给活活坑杀了。项羽把本来属于自己的资源破坏殆尽，他的失败从这里也显现端倪。当然，历史上也有许多的成功者，他们深谙此道，将敌人的资源转变为自己的资源。《后汉书》卷一《光武帝纪》记载，西汉末年，铜马义军投降了刘秀，刘秀把投降的人马分配给手下的将领，人数达几十万，关西一带称呼刘秀为"铜马皇帝"。当初，光武帝刘秀受降铜马还没有完毕，而高湖、重连部落从东南来了，与铜马余部会合，光武再次与这些军队在蒲阳一带大战，全部击破敌人，并使之投降，刘秀册封他们的首领为列侯。但这些投降者依然感到心中不安，刘秀了解了他们心意，命令他们回营整理军队，自己率轻骑到各部排兵布阵。这些投降的铜马义军相互说："萧王如此推心置腹，我们怎么不为他卖命呢！""精诚所至，金石为开"，刘秀安抚新降之众，能够取得实效。这是因为刘秀能够用精神力量感染铜马降者，使之为其所用，从而壮大了刘秀的实力资本，为他争夺天下奠定了坚实基础。

《三国志》卷一《武帝纪》记述，东汉献帝初平三年（公元 192 年），曹操接受青州黄巾兵投降，降兵有三十多万人，男女老少达一百多万人，曹操对他们进行改编，收编当中的精锐，号称"青州兵"。曹操把黄巾军的余部改编为青州兵，由此奠定了他争雄中原的资本。因而，历史上有许多人想尽各种各样的方法，包括主动采用招降的方式，争夺敌人的资源，转化为自己的实力资本。

战争年代，人民军队以善于转变敌人的实力而著称。其中，很重要的一个政策就是优待俘虏。毛泽东《直罗镇战役同目前的形势与任务》指明，红军适时调整政策，改变对待俘虏官的政策。一经缴了枪，不但一概不杀，而且要优待他们，不捆绑（除必要时），不剥衣，不打骂，经过保卫局政治部大批的放出去，影响白军官长同我们联合抗日。至于俘虏士兵，则要十分优待，不论战场上打得如何激烈，一经缴枪，就要把他们当弟兄看待，严禁报复行动。在解放战争中，我军历次俘虏敌军共达数百万之众，经过阶级教育、政治动员，他们很快转变为解放军的英勇战士。至于俘获敌人的轻重武器，包括坦克、大炮、军舰和飞机之多，在古今中外战争史上也是空前的。不仅战胜敌人，而且变得更强大，这是人民解放军日益壮大的根本原因。

优秀的统帅，犹如长城一般

孙子认为，三军的统帅特别重要。他指出，真正懂得用兵打仗的统帅，掌控着军民的命运，主宰着国家的安危。孙子以此说明统帅的选拔至关重要，应高度重视，不能等闲视之。

优秀的统帅，犹如长城一般。有了他们的存在，国家和军民就会安全；如果他们不存在，国家和军民就会有危险，甚至朝不保夕。战国时期，秦国派遣王翦攻打赵国，赵国指令李牧、司马尚抵御秦军。李牧屡次击破秦国的军队，杀死秦国将领桓齮。王翦非常憎恶李牧，于是想方设法贿赂赵王宠臣郭开，让他造谣说："李牧、司马尚想要反叛赵国，和秦国一起攻击赵国，以此从秦国得到更多的封赏。"赵王怀疑李牧等人，于是让赵翁及颜聚取而代之，并杀掉李牧，废黜司马尚。后三个月，王翦乘机急攻赵国，大破赵军，俘虏赵王迁及其统帅颜聚，于是灭掉了赵国。

中国历史上，正是由于有了这些优秀的统帅，所以能威震内外。最初的蒙古军队也是如此，由于有一批杰出的军事统帅，蒙古军征战四方，震骇世界。但自从成吉思汗与其孙子拔都死后，蒙古在各地的势力逐渐地被驱逐出境。不仅中国历史如此，世界历史也是这样。同样的一支军队，由于统帅变了，这支军队的战斗力也随之改变。1757 年，法国军队曾被腓特烈击败，而拿破仑出世之后，局面就彻底翻转，在他的指挥下，昔日犹如绵羊般的法国军队，一夜之间变成了猛虎，在短时间内就蹂躏了大半个欧洲。

谋攻篇

3.1 孙子曰：凡用兵之法，全国[①]为上，破国次之；全军[②]为上，破军次之；全旅[③]为上，破旅次之；全卒[④]为上，破卒次之；全伍为上，破伍次之。是故百战百胜，非善之善者也；不战而屈人之兵[⑤]，善之善者[⑥]也。

【注释】

①全国：使整个敌国降服。

②军：军队编制单位，一万二千五百人为一军。

③旅：军队编制单位，五百人为一旅。

④卒：军队编制单位，一百人为一卒。

⑤不战而屈人之兵：不通过武力交战而使敌人屈服。朱德《论抗日游击战争》："政治战争的胜利虽然是眼睛看不见的，但其实际意义却等于缴了敌人许多枪炮，甚至还不止此。"

⑥善之善者：好之中最好者。

【译文】

孙子说：用兵作战，使整个敌国降附是高明的，击破敌国，略逊一筹；使敌人整个军降附是高明的，击破敌人之军，略逊一筹；使敌人整个旅降附是高明的，击破敌人之旅，略逊一筹；使敌人整个卒（百人）降附是高明的，击破敌人之卒（百人），略逊一筹；使敌人整个伍降附是高明的，击破敌人之伍，略逊一筹。因而，百战百胜，不是好之中最好者；不通过武力交战却使敌人屈服，才是好之中最好者。

3.2 故上兵[①]伐谋[②]，其次伐交[③]，其次伐兵[④]，其下攻城。

攻城之法，为不得已，修橹轒辒[5]，具[6]器械，三月而后成；距闉[7]，又三月而后已。将不胜其忿而蚁附之[8]，杀士三分之一，而城不拔者，此攻之灾也。

【注释】

①上兵：最高明的用兵方略。

②伐谋：通过计谋战胜敌人。刘伯承《〈孙子〉笔记》："'上兵伐谋，其次伐交，其次伐兵，其下攻城'，全军干部一定要注意谋略训练。"

③伐交：通过外交战胜敌人。

④伐兵：通过兵戎相见战胜敌人。

⑤修橹轒辒：泛指制造攻城器械。橹，大盾。轒辒，古代用来攻城的四轮兵车，杜牧注："轒辒，四轮车，排大木为之，上蒙以生牛皮，下可容十人。往来运土填堑，木石所不能伤。"

⑥具：准备。

⑦距闉：堆积土山。闉，土山。

⑧蚁附之：像蚂蚁一样攀附攻城。刘伯承《上党战役某些战术问题的指示》："攻城最忌蛮攻。兵法曰：'将不胜其忿而蚁附之，杀士卒三分之一而城不拔者，此攻之罪也。'故仆屡次寄书，以蛮攻为戒。城市战斗的战术指导。一、关于攻击准备。攻击必须要有秘密周到的准备工作。主要是加强侦察和器材的准备，决不作无准备的进攻。干部必须亲身侦察，着重察明敌人的部署与系统及其指挥机关所在的地形、工事，尤其是防御的侧防机关，隐蔽的掩体，设雷区和薄弱部等，以决定我们的攻击地点。在攻击器材上，应充分准备梯子、土工作业工具和炸药。襄垣战斗因侦察敌人部署、地形、工事不够充分；而战斗器材如梯子准备太少太短而且太笨；尤其隐蔽太差，失去突然性，用兵拥挤，不善于迂回敌人侧背，故招致过分的伤亡。二、关于攻击实施。（一）接城运动（战斗）——动作以愈突然愈隐蔽愈好。为避免伤亡和减省弹药，应于夜间接敌，拂晓前开始奇袭，一举登城进入城中战斗。如不成功时，就顺势采取强攻的手段。部队接城运动时，主要利用夜间及地形、地物，如房子、沟渠、树林、

高苗等遮蔽接近敌人城墙。主攻助攻要区分,但要协同动作,尤要机动果敢,向胜利方向扩张战果。(二)登城战斗——这是最主要和紧张的行动,重复说,主要是隐蔽突然,一举登城,毫不犹豫。为保障部队登城的安全,应组织掩护登城之火力,首先压制或消灭敌人侧防机关,破坏障碍,并以工兵接近城之各种薄弱部,用内部装药给以爆炸,开辟道路。襄垣战斗先将城门炸毁(如有两道门时,应争取连续炸毁第二道门),打开突破口,给步兵开道。在炸药缺乏时,更应隐蔽突然,或乘敌人火力减弱时,用梯子赶快登城,但必须根据各部战斗分界线,注意队形的区分和组织。当登城时,队形不应密集,以免过分伤亡。第一梯队应选择几个不同地点(特别其薄弱部),同时登城,以分散敌方的火力。担任箝制任务的部队,遇到有良好机会时,应不失时机,由助攻转为主攻,如此次三十团的例子。登城的部队可区分为攻击组(携定量的手榴弹、刺刀和砍刀)、梯子组(架设梯子)、破坏组(破坏敌人铁丝网、拒马,尤其是地雷)及手榴弹组(担任登城之直接掩护),协向动作。登城成功后,应全力扩大其突破口,就是在城墙上向两翼扩张卷击残余敌人,尤应利用敌人横墙、背墙,或利用和构筑工事,以占领横宽城墙,尤要占领侧防机关,利用其制高点,支援入城的部队进行纵深街市战斗。火炮与机枪等火器,应发扬压制火力,封锁就近最有危害的碉堡。登城部队在遭敌人火力压制反击,或掩护后续部队向纵深进展时,应占据城墙一切工事制高点,站稳脚跟打击敌人,尤为重要。即便在街市战斗顺利时,也应以必要的兵力控制城墙、城楼制高点,并尽可能打通城门或其他交通。控制城墙及交通的部队,应严防敌人逃窜,应在城之四周要道控制小部队,结合人民武装,负责捕捉截击。在必要时,为减少敌人顽抗起见,可一面放开一路,使敌人逃走,另一面在其必走之路伏击而消灭之。(三)城市战斗——登城成功后,突击队一面应如上述向两翼扩张,另一面是主要的要迅速进入街市战斗。这时我第二梯队应毫不犹豫地跟进,顺势扩张战果,求得消灭敌人,同时打击敌人可能的逆袭。进入街市后,第一梯队系使用小队伍沿街道的两侧隐蔽前进,或挖通墙壁,在房屋内隐蔽前进,或经过邻街积极向敌后实施迂回突击或射击。第二梯队隐蔽跟进，尤应着重于迂回突击；不可拥挤于街道，暴露于敌火之下。在十字街口，应打通左右邻联络，防止敌人迂回，并设置联络哨。对于通敌之街道，如欲在此防御以掩护另一面进攻时，应在街道上设置拦阻物，阻敌前进，并在拦阻物之我方，构筑掩体（散兵坑等）对敌实行纵射。为掩护拦阻物起见，应于该拦阻物前方两侧房屋，挖掘枪眼，组织交叉火力。对于制高点、房顶应占领之、进行观察联络，尤应构筑火力点，掩护部队攻击。如遇敌据坚顽抗，应即迅速以工兵接近实施爆炸，必要时还应进行坑道作业。既占要点，在前进时必须守备控制之，以防敌之逆袭，更重要的是使用第二梯队或预备队，向有利方向扩张战果。此外，应特别注意的是日寇在城内构筑的复廓（如襄垣城北县政府附近的围墙碉堡），已成为防御核心的支撑点，也成为逆袭的有力据点，阎伪通常利用此种复廓控制强大的突击队，配置强烈的火力，出我不意实行逆袭。我们于进攻时，应十分注意，或先消灭复廓以外之敌，而以必要兵力封锁复廓，待后一步消灭复廓，或同时消灭复廓内外两地之敌。步兵在炮兵射击、工兵爆炸协助之下夺取复廓实为有利。夺取复廓时，步兵亦应实行近迫土工作业。战斗结束后，应严格注意纪律，首先严禁乱打枪和擅自搜取物资。部队主力应即集结带出城外，以防意外，另以一部担任警戒和纠察。”

【译文】

因而，最高明的用兵方略是通过计谋战胜敌人，其次是通过外交战胜敌人，其次是通过兵戎相见战胜敌人，最不高明的是强攻城池。强攻城池是在万不得已的情况下进行。制造攻城器械，准备攻城器械，花费很长的时间；堆积土山，又花费很长的时间。将帅抑制不住内心的愤怒，驱使将士像蚂蚁一样攀附攻城，结果是将士伤亡三分之一却不能攻克，这便是攻城带来的灾难。

3.3 故善用兵者，屈人之兵而非战[①]也，拔人之城而非攻[②]也，毁人之国而非久[③]也。必以全争[④]于天下，故兵不顿而利可全[5]，此谋攻[6]之法也。

【注释】

①非战：不通过武力交战。

②非攻：不通过强攻。朱德《关于第一次攻赣州的经验教训的训令》："照得攻城之法，不外奇袭和强袭两种。"

③非久：不通过持久作战。

④全争：全胜的争夺，《孙子校释》解释此"全"即上言"全国""全军""全卒""全伍"之"全"。

⑤兵不顿而利可全：军队没有挫败，却得到圆满的胜利。

⑥谋攻：以计谋佐助进攻。毛泽东《论抗日游击战争的基本战术——袭击》："袭击堡垒、寨子、土围子及城市。以游击队劣势的武器，去袭击堡垒、寨子、土围子或城市，只凭一般的战斗方法是不行的。这些东西是可以袭击的，但应注意下列的条件：(1)最好在要袭击的城寨堡垒中，要预伏间谍或有同情于游击队的人民、兵士为内应，这种政治工作游击队要经常有计划地做。(2)选择敌人警戒最疏忽之点，利用夜暗，乘其不备，悄然爬入。或在最危险之处，即是敌人最放心的地点，有时也是我们悄然爬入的最好场所，但这决不是经常的。(3)如袭击被敌发觉，则以小部在他方向佯攻，吸引其主力，而以游击队之主力从其松懈处薄弱点袭入之。(4)在白天实行远距离的袭击，在可能情况下，可伪装敌军，乘机袭入之。(5)在城堡附近的野战中击溃敌人，跟踪追击，乘势袭入，这是最有利的情况，不应放过此种机会。(6)在抗日根据地附近的城堡，有时也在敌人薄弱的远后方，如果民众条件好，而游击队力量优裕时，可以采取围困爆破的办法。但必须在敌人孤立无援的情况下，才能采取此种办法。"

【译文】

因而，善于用兵之人，使敌人屈服，却不通过武力交战；夺取敌人的城池，却不通过强攻；毁灭敌人的国家，却不经过持久作战。一定是以全胜争夺天下，军队没有挫败，却得到圆满的胜利。这是用计谋佐助进攻敌人的方法。

3.4 故用兵之法:十则围之①,五则攻之②,倍则分之③,敌则能战之④,少则能逃之⑤,不若则能避之⑥。故小敌之坚⑦,大敌之擒⑧也。

【注释】

①十则围之:兵力是敌人的十倍,就要围攻敌人。毛泽东《中国革命战争的战略问题》:"我们的战略是'以一当十',我们的战术是'以十当一',这是我们制胜敌人的根本法则之一。"

②五则攻之:兵力是敌人的五倍,就要进攻敌人。

③倍则分之:兵力超过敌人一倍,就要分散轮流进攻敌人。

④敌则能战之:敌我势均力敌,就要设法战胜敌人。敌,势均力敌。

⑤少则能逃之:兵力少于敌人,就要逃离敌人的围攻。毛泽东《论持久战》:"凡被迫处于不利地位,根本上危及军力的保存时,应该勇敢地退却,以便保存军力,在新的时机中再行打击敌人。"

⑥不若则能避之:实力不如敌人,就要避免与敌人交战。毛泽东《中央关于军事战略问题的决议》:"反对只'打'不'走'的拼命主义,又要'打',又要'走',自然走是为了打的。"毛泽东《中国革命战争的战略问题》:"'打得赢就打,打不赢就走',这就是今天我们的运动战的通俗的解释。天下也没有只承认打不承认走的军事家,不过不如我们走得这么厉害罢了。"

⑦小敌之坚:实力弱于敌人,却盲目坚守。毛泽东《论持久战》:"拼命主义者不知此理,明明已处于确定了的不利情况,还要争一城一地的得失,结果不但城和地俱失,军力也不能保存。"贺龙《抗战第六周年战术经验总结》:"在情况不明、地形不利的条件下不恋战,不与优势的敌人作正面冲突,避免敌人有计划的进攻。在敌人袭击(合击)的情况下,应把握着不战而走,先机撤离是为上策;被迫应战,不得已而后走是为下策;战而不走,拼命到底则为愚蠢。"

⑧大敌之擒:被实力强大的敌人俘获。

【译文】

因而,用兵方法:兵力是敌人的十倍,就要围攻敌人;兵力是敌人的五倍,就要进攻敌人;兵力超过敌人一倍,就要分散轮流进攻敌人;敌我势均力敌,就要设法战胜敌人;兵力少于敌人,就要逃离敌人的围攻;实力不如敌人,就要避免与敌人交战。实力弱于敌人,却盲目坚守,那么必然被实力强大的敌人俘获。

3.5 夫将①者,国之辅②也,辅周③则国必强,辅隙④则国必弱。

【注释】

①将:统帅。

②辅:辅佐。

③辅周:辅佐周密。

④辅隙:辅佐疏漏。

【译文】

统帅是国君重要的辅佐。辅佐周密,那么国家就会变得强大;辅佐疏漏,那么国家就会变得衰弱。

3.6 故君之所以患①于军者三:不知军之不可以进,而谓之进;不知军之不可以退,而谓之退,是谓縻军②。不知三军之事,而同三军之政者③,则军士惑矣。不知三军之权,而同三军之任④,则军士疑矣。三军既惑且疑,则诸侯之难至矣,是谓乱军引胜⑤。

【注释】

①患:危害。

②縻军:束缚军队行动。縻,羁绊,束缚。

③不知三军之事,而同三军之政者:不了解三军的事务,却参与三军的管理。

④不知三军之权,而同三军之任:不了解三军的权变之术,却参与三军的指挥。

⑤乱军引胜:扰乱军队,失去胜利。

【译文】

因而,国君给军队造成的危害有三方面的表现:不知道军队不可以进攻,而命令军队进攻;不知道军队不可以撤退,而命令军队撤退,这就是所说的束缚军队行动。不了解三军事务,却参与三军的管理,那么三军将士就会迷惑。不了解三军的权变之术,却参与三军的指挥,那么三军将士就会怀疑。三军将士既迷惑,又怀疑,那么诸侯国进犯的灾难就会降临,这就是所说的扰乱军队,失去胜利。

3.7 故知胜①有五:知可以战与不可以战者胜,识众寡之用者胜②,上下同欲者胜③,以虞待不虞者胜④,将能而君不御者胜⑤。此五者,知胜之道⑥也。

【注释】

①知胜:预知胜利。

②识众寡之用者胜:懂得使用兵力多少适合,就能够胜利。毛泽东《关于红军作战的原则》:"在开始阶段,红军以出三分之一的兵力为适宜,兵力过大,不能发挥游击战,而易受敌人的集中打击。其余兵力依战争发展,逐渐使用之。"

③上下同欲者胜:上上下下意愿一致,就能够胜利。毛泽东《一九四五年的任务》:"军队内部的团结,非常之重要。我们八路军新四军,历来依靠官兵一致,获得了光荣的胜利。"邓小平《我们在新的环境下的工作》:"团结问题是非常重要的,因为只有有了党内团结,才能有阶级的团结。"聂荣臻《论敌后抗战》:"团结乃战胜敌人之唯一武器,军队与军队

间，军队与人民间，均应以抗战第一，胜利第一为总的第一目标，消除任何不团结的现象，反对任何减消自己力量的行为，不予敌人以任何可乘之机。”

④以虞待不虞者胜：以自己有准备等待敌人没有准备，就能够胜利。虞，准备。毛泽东《论持久战》：“‘凡事预则立，不预则废’，没有事先的计划和准备，就不能获得战争的胜利。战争没有绝对的确实性，但不是没有某种程度的相对的确实性。”毛泽东《目前形势和我们的任务》：“不打无准备之仗，不打无把握之仗，每战都应力求有准备，力求在敌我条件对比下有胜利的把握。”邓小平《台湾海峡的形势》：“毛主席说，我们不是他们的参谋长。他们要打，你又没有办法制止，那末，只有两条：一条是他要打，你怕他也要打；还有一条，你不怕打。与其怕打，不如不怕打。人还要有点志气嘛！我们要利用这样的有利事件教育人民，提高警惕，搞全民皆兵，全民武装，好好地把我们的建设搞好。只要有这股气，又不断地增强我们自己的力量，才不可能真正打起来。”

⑤将能而君不御者胜：统帅有才能而国君不加干预，就能够胜利。毛泽东《抗日游击战争的战略问题》：“应该集中的不集中，在上者叫做失职，在下者叫做专擅，这是在任何上下级关系上特别是在军事关系上所不许可的。应该分散的不分散，在上者叫做包办，在下者叫做无自动性，这也是在任何上下级关系上特别是在游击战争的指挥关系上所不许可的。”毛泽东《对独立自主的山地游击战争的解释》：“红军有发动群众、创造根据地、组织义勇军之自由，地方政权与邻近友军不得干涉。如不弄清这一点，必将发生无穷纠葛，而红军之伟大作用决不能发挥。”

⑥道：方法。

【译文】

因而，预知胜利体现在五个方面：了解何种情况可以与敌人交战，何种情况不可以与敌交战，就能够胜利；懂得使用多少兵力合适，就能够胜利；上上下下意愿一致，就能够胜利；以自己有准备等待敌人没有准备，就能够胜利；统帅有才能，君主不加干预，就能够胜利。凡是这五个方面，都是预知胜利的方法。

3.8 故曰：知彼知己，百战不殆[①]；不知彼而知己，一胜一负；不知彼，不知己，每战必殆。

【注释】

①知彼知己，百战不殆：既了解对方，也了解自己，即使身经百战，也不会出现危险。彼，对方。殆，危险。《左传·昭公四年》："晋有三不殆。"注："危也。"毛泽东《论持久战》："战争不是神物，仍是世间的一种必然运动，因此，孙子的规律，'知彼知己，百战不殆'，仍是科学的真理。错误由于对彼己的无知，战争的特性也使人们在许多的场合无法全知彼己，因此产生了战争情况和战争行动的不确实性，产生了错误和失败。然而不管怎样的战争情况和战争行动，知其大略，知其要点，是可能的。"毛泽东《中国革命战争的战略问题》："学习和认识的对象，包括敌我两方面，这两方面都应该看成研究的对象，只有我们的头脑（思想）才是研究的主体。有一种人，明于知己，暗于知彼，又有一种人，明于知彼，暗于知己，他们都是不能解决战争规律的学习和使用的问题的。中国古代大军事学家孙武子书上'知彼知己，百战不殆'这句话，是包括学习和使用两个阶段而说的，包括从认识客观实际中的发展规律，并按照这些规律去决定自己行动克服当前敌人而说的；我们不要看轻这句话。"毛泽东《矛盾论》："孙子论军事说：'知彼知己，百战不殆。'他说的是作战的双方。"周恩来《论敌寇两面政策》："孙子说：'知彼知己，百战不殆。'我们对于敌寇知之者固然很多，但欲求真能不带感情不偏主观，具有真知灼见的人也并不易。大概在敌人的国际环境较好而又能集中力量进攻我们的时候，我们便常易发生悲观的论调或情绪；在敌人的国际环境较坏而又在其休整兵力的时候，我们便常易过分乐观，且常喜夸大敌人的困难，好像敌人已时时地处在崩溃之中。其实这种悲观与过分乐观，都是长期抗战中所不应有和不必要的。尤其是轻敌观念更易松懈自己的战斗意志和对敌人的警惕，反而使对内重于对外，抗战更受损失了。"邓小平《在全军

政治工作会议上的讲话》:“我们过去打仗,都懂得不研究我情敌情,做不到知己知彼,就要打败仗。”邓小平《反对麻木,打开太行区的严重局面》:“不研究敌人,不研究对策,一到敌情严重,环境困难,便束手无策,这是失败情绪的另一种表现。”叶剑英《深入开展全军军事科学研究工作》:“只有知己知彼,才能百战不殆。所以,必须重视研究敌人。研究敌人的目的,是为了找出敌人的特点和行动规律,明确敌人的长处和短处,以便趋利避害,采用有效的方法战胜敌人。我军过去在许多战役战斗中,采取灵活的战法,迫使敌人服从我们的意志,牵着敌人的鼻子走,都是建筑在对敌人透彻了解的基础之上。”叶剑英《我军条令是毛泽东军事思想的反映》:“毛主席强调调查研究是我们工作的根本方法,我们把知彼知己列为合同战斗基本原则的第二条,当成唯物论来看,就是这个道理。不是从唯心出发,是从调查研究出发,要知彼知己,然后加上主观的努力。我们的条令正确地解决了这个关系问题。……用什么方法调查研究呢?对自己,要蹲点子解剖麻雀;对敌人要运用各种手段,广泛搜集材料,分析研究。如果不这样,就既不能知己,又不能知彼。《孙子兵法》说:知己知彼,百战不殆;知己而不知彼,一胜一负。这是个思想问题,也是个方法问题,是认识论和方法论的统一。”徐向前《在军委常委扩大会议上的讲话(节录)》:“要加强对外军的研究。总参、总政都搞了不少材料,过去我讲过要发的广一点。翻译人家的公开军事杂志,我们却要搞成机密文件。要使我们的干部能多看些外军资料,才能进行研究,不研究外军是不行的。孙子说‘知彼知己,百战不殆’。”徐向前《后勤工作是决定战争命运的大问题》:“希望你们多研究自己的,同时再找些外国的资料看看,这就叫知己知彼,百战不殆。”徐向前《用先进的军事理论武装指挥员的头脑》:“孙子说:‘知彼知己,百战不殆。’不知道人家的情况怎么打?过去我们跟蒋介石打仗,他的情况我们很清楚,我们的情况他不清楚,所以主动权在我们手里。”

【译文】

因而说:既了解对方,也了解自己,即使身经百战,也不会出现危险;

不了解对方，只了解自己，胜败就没有充分的把握；既不了解对方，又不了解自己，每次交战必然会出现危险。

【评鉴】

排列组合——战法变化无穷无尽的指南针

孙子的致胜模式在《谋攻篇》中归结为四种基本类型："上兵伐谋，其次伐交，其次伐兵，其下攻城。"李浴日对此有深刻见解，"孙子在这里所说'伐谋''伐交''伐兵'及'伐城'的四策，固有上下策之分，上策为人所喜，下策为人所恶；但在战争上因情况的千变万化，自不限于一策的单独使用，有时须并用二策，或三策，以至四策，才能争取最后胜利"。也就是说，在实际运用过程中，人们总是打破这种有序的格局，根据实际情况灵活运用，因而，在现实当中，就会出现两种运用情况：一种是理论运用，一种是实践运用。无论是理论运用，还是实践运用，最后都可以归结为三种运用类型：即单一型运用、组合型运用、混合型运用。因而，孙子致胜模式的运用在总体上呈现出复杂性和综合性的特点。

一、孙子的单一型致胜模式

孙子的单一型致胜模式是指，仅仅使用孙子四种基本致胜模式中任意的一种。要么"伐谋"，要么"伐交"，要么"伐兵"，要么"攻城"。显而易见，在同一时间里，只使用孙子的一种致胜模式，比较单一，简易可行。这种运用方法，历史上最为常见。需要强调的是，孙子提出的四种基本致胜模式是一种有序排列，是根据一定的理论标准进行排序的，这一理论标准就是战争经济学的标准，注重战争成本效益。在孙子所生活的冷兵器时代，伐谋，经济支出成本最低；伐交，经济支出成本较低；伐兵，经济支出成本较高；攻城，经济支出成本最高。孙子的这种有序排列方式，实际上是一种理性逻辑的推导。孙子的四种基本致胜模式显然也可以分为两种类型：一种是低成本的致胜模式，包括伐谋和伐交。另一种是高成本的致胜模式，包括伐兵和攻城。在实际斗争场合中，如果单纯根据孙子的这种有序排列去运用这些基本致胜模式，显然就证明这种人的头脑僵化，思维机械保守。从战争史上观察，更多的时候战争决策者们总是打破孙子的这种有序排列格局，对之灵活加以运用。

需要注意的是，孙子致胜模式的运用在现实当中分理论运用与实践运用两种情况。理论运用讲求的是原理，孙子致胜模式理论运用是一种无序排列，体现的是一种简单性原理。孙子致胜模式实践运用讲求的是操作，复杂多变。因而，孙子致胜模式实践运用是一种有序排列，体现的是根据具体实际情况而应用。因此，我们可以把孙子的致胜模式理论运用表达为一种无序排列组合，把孙子的致胜模式实践运用表达为一种有序排列组合。由此，我们就可以借助数学上的排列组合原理，诠释孙子的致胜单一运用理论模式：$C_4^1=4$。就可以得到4种无序排列。理论上，战争决策者把孙子的4种致胜模式一视同仁地看待。也就是说，从理论上，孙子致胜模式运用有4种可能性。因而，战略家真正选择孙子致胜模式单一运用时，只能局限在4种情况中进行选择，这种选择范围极其有限。这是理想型运用模式，而不是现实型运用模式。而孙子的致胜单一运用实践模式：$P_4^1=4$。就可以得到4种有序排列。这就是孙子以军事经济学标准划定的金科玉律——“上兵伐谋，其次伐交，其次伐兵，其下攻城”。这就意味着在实际操作中，孙子致胜模式单一运用会出现4种具体情况。需要特别强调的一点是，在实践中，孙子的这4种致胜模式却不被决策者一视同仁地看待，也不能在同一时间都被使用。因而，最后真正派上用场的，只能是一种致胜模式。因而，战争决策者们就会感到窘迫，在现实中也就容易陷入困境。而对方也易于同时集中最强大的力量在相同的领域里做出强有力的反击。因而，除非你实力极其强大，否则，就不要选择孙子的致胜运用的单一型模式。

二、孙子的组合型致胜模式

将孙子四种基本致胜模式当中的任意两种同时组合在一起加以运用，这种重新组合就会生成新的致胜运用模式，我们不妨称之为孙子的致胜组合运用模式。根据数学排列组合原理，孙子的致胜组合运用理论模式显然是一种无序排列组合：$C_4^2=6$。就可以得到6种无序排列。这说明理论上，孙子的致胜组合运用理论模式有6种可供选择。孙子的致胜组合运用实践模式是一种有序排列组合：$P_4^2=12$ 。这就意味着，在实际运用中，孙子致胜组合运用模式就会出现12种，客观上增加了运用的灵活度。

在实际战争中，组合运用孙子基本致胜模式，显然要比单一运用孙子基本致胜模式更具有优势。这是因为任意两种基本的孙子致胜模式组合在一起，它所聚合的攻击能量大，攻击的范围也就随之扩大。这时，敌人就需要具有足够的防范意识和反击能力，才能抵御住这种进攻势头。例如，战国时期，秦王派王翦攻赵，最初只是采用孙子的“伐兵”致胜模式，但由于赵国名将李牧的存在，总是不能够奏效。秦国被迫改变了原有致胜模式的运用类型，变单一运用为组合运用，进而采用了“伐兵＋伐谋”的致胜新模式。结果，赵国军事统帅李牧被杀，赵国军队被击败。从中可见，新的致胜模式应用是改变秦赵战局的关键。

因而，这种组合运用的效果不可低估。同时，需要引起我们注意的是，孙子基本致胜模式的组合运用，还会产生许多新的致胜模式。例如，伐谋＋伐交＝不战而胜；伐兵＋攻城＝战而胜之。因此，这两种新的致胜模式，我们可以定义为不战而胜模式和战而胜之模式。“不战而胜”模式包括孙子的致胜模式伐谋和伐交的组合运用。“战而胜之”模式是孙子的致胜模式伐兵和攻城的组合运用。所以，实际运用孙子致胜模式时，组合型运用模式通常要优于单一型运用模式。

三、孙子的混合型致胜模式

将孙子四种基本致胜模式当中的任意三种或者四种全部同时混合在一起加以运用，这种运用模式，我们不妨称之为孙子致胜混合运用模式。显而易见，这种混合运用的方法，要比孙子致胜模式的组合运用更加复杂，涉及的层面更加广泛，因而对战争指挥者的调度能力提出更大的挑战，所以，选择孙子致胜混合运用模式，就意味着要同时协调诸多领域，围绕总的进攻目标，发起全方位的行动。实施起来有相当大的难度，但是孙子这种致胜混合运用模式具有无可比拟的优势，总体聚合的攻击能量巨大,而且是多个领域的同时攻击,这往往使对手难以招架。

孙子混合型致胜模式运用的第一种情况是,四种基本致胜模式中的任意三种同时混合在一起加以运用。不妨称之为孙子致胜混合运用模式一。这种运用就会产生两种情况,从最后的结果来看,要么是智慧偏向型致胜模式,要么就是武力偏向型致胜模式。这是因为孙子的四种基本致胜模式当中的伐谋和伐交是智慧型致胜模式,而伐兵和攻城是武力型致胜模式。例如,伐谋+伐交+伐兵=智慧偏向型致胜模式;伐谋+伐交+攻城=智慧偏向型致胜模式;然而,伐交+伐兵+攻城=武力偏向型致胜模式;伐谋+伐兵+攻城=武力偏向型致胜模式。因此,我们把孙子致胜混合运用模式一称之为孙子偏向型致胜模式。根据数学排列组合原理,孙子偏向型致胜理论运用模式是一种无序排列:$C_4^3=4$,可以得到无序排列4种,这说明孙子偏向型致胜理论运用模式有4种情况可供战争决策者选择。而孙子偏向型致胜实践运用模式是一种有序排列:$P_4^3=24$,可以得到有序排列24种,这就意味着,在实践当中,同时混合运用孙子任何三种基本致胜模式,就会产生24种孙子偏向型致胜实践运用模式。从这里看出这种致胜模式数量优势明显得到加强。

孙子混合型致胜模式的第二种情况是,四种基本致胜模式同时混合在一起加以运用,不妨称之孙子致胜混合运用模式二。这种运用方法显然更增加了挑战与难度,战争决策者必须具有全方位的协调组织能力,否则就不能全面实施。当然,如果聚合的恰到好处,就会形成无比巨大的攻击力,造成强大的心理震撼效果。孙子致胜混合运用模式二,不妨称之为孙子综合战致胜模式。它具体表现形式是:伐谋+伐交+伐兵+攻城=综合战致胜理论模式。根据数学排列组合原理,孙子综合战致胜理论运用模式是一种无序排列:$C_4^4=1$。可以得到无序排列1种。理论上,孙子综合战致胜模式运用只有1种。虽然是1种,但涉及层面广泛,动员力量庞大。孙子综合战致胜实践运用模式是一种有序排列:$P_4^4=24$。可以得到有序排列24种。这就是说,实际运用孙子综合战致胜模式会出现24种情况。具体如何运用,当视客观情况而定。

最后，我们就可以计算出孙子致胜理论运用模式的总数是15种：$C_4^1+C_4^2+C_4^3+C_4^4=4+6+4+1=15$。还可以计算出孙子致胜实践运用模式的总数是64种：$P_4^1+P_4^2+P_4^3+P_4^4=4+12+24+24=64$。在这里需要指出的有三点：第一，孙子致胜理论运用模式是一种无序排列。为什么这样认定？因为这种无序排列，意味着把孙子的四种基本致胜模式同等看待，它们之间不分伯仲，地位相同。因此，孙子致胜理论模式一共有15种模式可供选择。这是理论当中简单性原则的运用。第二，孙子致胜实践运用模式是一种有序排列，为什么这样看待？这是因为在实际运用当中，根本就做不到把孙子四种基本致胜模式同等看待，它们在战略家的心目中，总是有孰轻孰重的区分，因而就会是一种有顺序的排列，即有序排列，他们认为重要的就放在前面，次重要的就放在后面，依此类推。因而，孙子致胜实践运用模式就会有64种之多，这个数目大大提升了战略家运用的灵活性。正是由于孙子四种基本致胜模式在现实中所处的地位不一样，因而最终导致了孙子致胜模式在实际运用当中呈现出复杂性、灵活性、综合性的特点。第三，孙子致胜实践运用模式的总数是64，这是一个值得耐人寻味的数字，因为它恰好与《周易》的总卦数64相同。

推而广之，如果孙子的基本致胜模式不是4种，而是大于4种，那么孙子致胜理论运用模式和孙子致胜实践运用模式的总数就会进一步增加。当然这只是初步的印象，如果联系现实生活可能更深刻一些。如以现实生活中的人民币编号来说，它是由10个阿拉伯数字和24个英文字母组合而成的，当然英文字母又有大小写的区分，将此三者进行排列组合，在编号没有重复的情况下，最后所得到的人民币编号的总数却是一个天文数字。由此而言，排列组合使战法变化无穷无尽。

形　篇

4.1 孙子曰：昔之善战者，先为不可胜，以待敌之可胜①。不可胜在己，可胜在敌②。故善战者，能为不可胜，不能使敌之可胜。故曰：胜可知，而不可为③。不可胜者，守也④；可胜者，攻也⑤。守则不足，攻则有余⑥。善守者，藏于九地之下⑦；善攻者，动于九天之上⑧，故能自保而全胜也。

【注释】

①先为不可胜，以待敌之可胜：首先创造不被敌人战胜的各种条件，以此等待可以战胜敌人的时机。彭德怀《关于作战指导原则》："领导者的妙诀是：集中兵力，各个击破；慎重选择第一仗，务求必胜。这两条原则看来很简单很容易，但在实际上运用时，则很复杂很不容易。因此，战争领导者必须反复思考，透过纷繁现象，认真分析敌我利害，深察敌人企图，顺施诱惑而纵其错，尽力隐蔽自己企图，勿为敌察。如此，才能经常保持主动，克敌制胜。在一、二、三次反'围剿'战役中，表现出异常灵活机动，非凡的领导指挥才能。"叶剑英《伟大的战略决战》："历来的军事家虽然也慎重初战，但初战的指导艺术，毛泽东同志却在理论上和实践中，达到了得心应手的地步。三大战役的首战东北，以及辽沈战役的首攻锦州，淮海战役的首歼黄百韬兵团，平津战役的首克新保安和天津，都是从全局利益考虑决定的。"

②不可胜在己，可胜在敌：不被敌人战胜，关键在于自己没有出现重大失误；能够战胜敌人，关键在于敌人出现重大失误。毛泽东《论持久战》："关于敌之可胜，就是在敌人的指挥方面也有其基础。自古无不犯错误的将军，敌人之有岔子可寻，正如我们自己也难免出岔子，乘敌之隙

的可能性是存在的。”

③胜可知，而不可为：胜利可以预知，但不能违背战争规律人为强求胜利。毛泽东《中国革命战争的战略问题》：“军事家不能超过物质条件许可的范围外企图战争的胜利，然而军事家可以而且必须在物质条件许可的范围内争取战争的胜利。”

④不可胜者，守也：不被敌人战胜，关键在于防守工作做得好。毛泽东《论持久战》：“防御，是直接为了保存自己的，但同时也是辅助进攻或准备转入进攻的一种手段。退却，属于防御一类，是防御的继续；而追击，则是进攻的继续。……战争实际中，虽有许多时候以防御为主，而在其余时候以进攻为主，然而通战争的全体来看，进攻仍然是主要的。”毛泽东《中国革命战争的战略问题》：“中国国内战争和任何古今中外的战争一样，基本的战斗形式只有攻防两种。”刘伯承《从实战中联想到我军教育要注意的事项》：“当部署防御时，我们先要冷静估计敌人可能从哪方行主攻，哪方行助攻，而预定反突击或反冲锋的大概方向及其动作。特别在窥见敌人进攻某方向的征候时，更要具体地调布兵力及火器，完成反突击诸准备，以便适时动作。如在宽大正面行防御作战时，则我击退敌人先头部队，压迫其主力展开，以争取必要的时间，待其主力将行突击之前，则变成运动防御。转移到另一防御地时，万不可随遇而安地进行防御，或自大而呆板地估计敌情，致走向失败。”

⑤可胜者，攻也：能够战胜敌人，关键在于进攻方法得当。毛泽东《论持久战》：“进攻，是消灭敌人的主要手段，但防御也是不能废的。进攻，是直接为了消灭敌人的，同时也是为了保存自己，因为如不消灭敌人，则自己将被消灭。”毛泽东《抗日游击战争的战略问题》：“进攻是消灭敌人的唯一手段，也是保存自己的主要手段，单纯的防御和退却，对于保存自己只有暂时的部分的作用，对于消灭敌人则完全无用。”毛泽东《中国革命战争的战略问题》：“准备反攻，须选择和造成有利于我不利敌的若干条件，使敌我力量对比发生变化，然后进入反攻阶段。依我们的过去情形说来，大概须在退却阶段中取得下列诸种条件中至少二种以上，

才算是有利于我不利于敌，才好使自己转入反攻。这些条件是：(一)积极援助红军的人民；(二)有利作战的阵地；(三)红军主力的全部集中；(四)发现敌人的薄弱部分；(五)使敌人疲劳沮丧；(六)使敌人发生过失。”刘伯承《从实战中联想到我军教育要注意的事项》：“进攻，我们要向胜利方向发展；防御，我们要互相策应。这是战术的一般原则。”

⑥守则不足，攻则有余：有两种说法，皆可成立。一种说法是，防守时伪装兵力不足，进攻时伪装兵力绰绰有余。另一种说法是，采取防守是由于兵力不足，采取进攻是由于兵力有余。毛泽东《进攻是主要的，也是有条件的》：“进攻也是有条件的，但进攻是主要的，基本的，中心的。”叶剑英《我军条令是毛泽东军事思想的反映》：“有些外国条令只把进攻作为基本战斗类型，并把进攻和防御截然分开。我们强调进攻是主要的，又认为防御是不可缺少的，攻、防同为战斗的基本类型，并着重阐明了二者的辩证关系。刚才讲过战斗要消灭敌人，消灭敌人必须要进攻，可是同一个进攻时间，在某一个次要方向和地点要采取防御，以便牵制、吸引敌人，保障主要方向的进攻。可见防御也是不可缺少的。但是防御和进攻不是半斤八两的，进攻是主要的，防御是为进攻服务的。”

⑦九地之下：九地喻其深，言隐藏之秘，深不可测。九，数之极。

⑧九天之上：九天喻其高，言进攻从天而降，势不可当。

【译文】

孙子说：往昔善于作战者，首先创造不被敌人战胜的条件，以此等待可以战胜敌人的时机。不被敌人战胜，关键在于自己没有出现重大失误；能够战胜敌人，关键在于敌人出现了重大失误。因而，善于作战者，可以创造不被敌人战胜的条件，但不能使敌人可以被战胜。因而说，胜利可以预知，但不能违背战争规律人为强求胜利。不被敌人战胜，关键在于防守工作做得好；能够战胜敌人，关键在于进攻方法得当。防守时，伪装兵力不足；进攻时，显示兵力绰绰有余。善于防守者，隐藏之秘，深不可测；善于进攻者，从天而降，势不可当，因而能够保全自己，并能取得全面胜利。

4.2 见胜不过众人之所知[①]，非善之善者也；战胜而天下曰善，非善之善者也。故举秋毫[②]不为多力，见日月不为明目，闻雷霆不为聪耳。古之所谓善战者，胜于易胜者[③]也。故善战者之胜也，无智名，无勇功。故其战胜不忒[④]，不忒者，其所措必胜[⑤]，胜已败者也。故善战者，立于不败之地，而不失敌之败也。是故胜兵[⑥]先胜而后求战，败兵[⑦]先战而后求胜。善用兵者，修道而保法[⑧]，故能为胜败之政[⑨]。

【注释】

①见胜不过众人之所知：预见胜利不能超越平常人的见识。

②秋毫：鸟兽在秋天新长的细毛，比喻微小的事物。

③胜于易胜者：战胜容易被战胜的敌人。

④战胜不忒：战胜敌人不出差错。忒，差错。

⑤所措必胜：所采取的作战行动是建立在必胜的基础之上。措，措置，处置。毛泽东《坚持有理有利有节的斗争》："第二是胜利原则。不斗则已，斗则必胜，决不可举行无计划无准备无把握的斗争。"

⑥胜兵：必胜之兵。贺龙《抗战第六周年战术经验总结》："有计划、有准备、有把握的仗就打，反对不问情况，不讲战术，蛮干硬拼；无计划、无准备、无把握的仗就不打，反对借口情况不明，消极等待，畏缩逃避。"

⑦败兵：必败之兵。

⑧修道而保法：修明道义，确保法令制度。毛泽东《中国人民解放军总部关于重行颁布三大纪律八项注意的训令》："三大纪律如下：（一）一切行动听指挥；（二）不拿群众一针一线；（三）一切缴获要归公。八项注意如下：（一）说话和气；（二）买卖公平；（三）借东西要还；（四）损坏东西要赔；（五）不打人骂人；（六）不损坏庄稼；（七）不调戏妇女；（八）不虐待俘虏。"刘伯承《怎样把政治攻势变为物质的力量》："共产党领导下的军队是与人民有血缘关系的子弟兵，不同于其他军队的主要特点，也在于他们不仅能够以窳败的武器，数量较少的兵力，战胜强大的敌人，而且他

们真正懂得为什么而战！也只有当他们懂得了为什么而战——掌握了真理，它才成为不可战胜的力量！这也就是说，它善于以政治来战胜敌人。”

⑨为胜败之政：为我方胜利和敌方的失败奠定基础。彭德怀《亲密军民关系，展开群众战》：“军民亲密团结是战胜敌人的基础，团结愈好，胜利愈快。”

【译文】

预见胜利不能超越平常人的见识，不可算作好之中最好者；战胜敌人而天下人都称赞，不可算作好之中最好者。这犹如举起鸟兽羽毛，不可认为力气巨大；能看见太阳、月亮，不可认为眼睛明亮；能听见雷霆之声，不可认为耳朵灵敏。古代善于作战之人，总是战胜那些容易被战胜的敌人。因而善于作战者取得胜利，既没有表现出智慧的名声，也没有表现为勇敢的功勋。因而他们战胜敌人不会出现任何差错，之所以不会出现差错，是因为他们所采取的作战行动是建立在必胜的基础之上，战胜了已处失败境遇的敌人。善于作战之人，总是使自己立于不败之地，却不放过击败敌人的时机。因而，必胜之兵的表现，先是预见胜利，然后再与敌人交战；必败之兵的表现，先是同敌人交战，然后寻求侥幸取胜。善于用兵之人，修明道义，确保法制，所以能为我方的胜利与敌方的失败奠定基础。

4.3 兵法①：一曰度②，二曰量③，三曰数④，四曰称⑤，五曰胜。地生度，度生量，量生数，数生称，称生胜。

【注释】

①兵法：用兵之法。

②度：标准。

③量：计算。

④数：数量。

⑤称：权衡，对比。刘伯承《对目前战术的考察》：“游击战向运动战

发展的连贯性已如上述，但是两种分量哪一种占多少，这要严格综合、估计和对比，根据当前敌我的政治力量的强弱，军队数量、质量以及技术条件的优劣，乃至地理经济条件如何运用来决定。”

【译文】

用兵之法：一是注重标准，二是注重计算，三是注重数量，四是注重权衡，五是注重胜利。战地产生标准，标准产生计算，计算产生数量，数量产生权衡，权衡产生胜利。

4.4 故胜兵若以镒称铢①，败兵若以铢称镒②。胜者之战民③也，若决积水于千仞之溪④者，形也。

【注释】

①以镒称铢：形容必胜之兵与必败之兵实力相差悬殊。镒和铢，都是古代的重量单位。一镒为二十两。《孙子算经》：“二十四铢为一两。”则一铢为二十四分之一两。镒与铢从比例关系来看，是 480∶1。毛泽东《论持久战》：“战争力量的优劣本身，固然是决定主动或被动的客观基础，但还不是主动或被动的现实事物，必待经过斗争，经过主观能力的竞赛，方才出现事实上的主动或被动。”

②以铢称镒：形容必败之兵与必胜之兵实力差距极大。铢与镒从比例关系来看，是 1∶480。

③胜者之战民：必胜者用兵作战。

④千仞之溪：处于八千尺之高的溪水。一仞八尺，“千仞”喻其高也。徐向前《红四方面军的战斗作风》：“部队的勇猛作风，又是战役战斗中的一种强大突击力、摧毁力。进攻时猛打猛冲，排山倒海；防御时以十当百，众志成城；迂回分割时猛进猛插，宛如行蛇利刃；追歼逃敌时猛打猛追，摧枯拉朽一般。那时，一口气追下去，就是三五十里，有的跑得吐了血。孙子兵法里所谓‘若决积水于千仞之溪者’，‘如转圆石于千仞之山者’，就是指的这种力量。懂得这种力量的重要性并不难，做起来却不容易。”

【译文】

因而，必胜之兵如同镒和铢的对比（480∶1），二者实力相差悬殊；必败之兵如同铢和镒的对比（1∶480），二者实力相差悬殊。必胜者用兵作战，如同决开八千尺高处的溪水一般，这就是必胜者所表现出的“形”。

【评鉴】

伪装的形——看见的未必就真实

如何理解孙子所界定的“形”？“形”是一个事物客观存在的外在表现。通常看来，有圆的、有方的；有大的，有小的；有粗的，有细的；有胖的，有瘦的；有平的，有凹的，如此等等，不一而足，这些都是事物本身所呈现出来的“形”。物质世界客观存在的万事万物，往往都有自己独特的“形”，因而，事物的“形”又是多种多样的。

我们常说的“千变万化”，往往就是指的事物的“形”。它们时时刻刻在让人眼花缭乱地不断变化。无论这些事物的“形”是如何地千变万化，但其本身特有的质却是相对恒定的，这就是我们常说的“万变不离其宗”。不管事物的“形”是如何变化如何复杂，但有一点可以肯定，任何一个事物在特定的时空背景下，最终只能呈现出一种外在的“形”，而这种“形”要么是一种真实的“形”，要么是一种伪装出来的“形”。认识和观察事物必须注意鉴别事物所呈现出来的“形”，究竟是一种什么样的“形”，这个“形”是真实的，还是伪装出来的？不然的话，我们有时就会被自己的眼睛所欺骗。

如何来认识一个事物“形”的变化？还是让我们通过一些具体例子来说明吧。《西游记》中所说的孙悟空“七十二变”，猪八戒“三十六变”，他们变得都是“形”。有的“形”伪装得好，他人就不容易识破。有的“形”伪装得不好，就很容易被识破。比如，孙悟空被二郎神追得无路可逃时，只好使唤出自己的变化法术，孙悟空把自己变成一座庙宇，嘴巴变成庙门，想把二郎神吞吃了。可是，由于孙悟空变换过程中处理不当，他把猴子尾巴变成了一根高高的旗杆，放在庙宇的后面，一下子就被二郎神看出了破绽。因而，最终孙悟空就被二郎神制服了。《西游记》还描写西天取经路上白骨精对唐僧的三次欺骗，白骨精一会儿伪装成少妇，一会儿伪装成老妇人，一会儿伪装成老翁。孙悟空之所以能够一眼看穿白骨精的伎俩，原因是孙悟空识破了白骨精伪装的“形”，而仁慈善良的唐僧却总是被白骨精伪装的“形”所欺骗。值得注意的是，《西游记》中所说的孙悟空具有“火眼金睛”，实际是指孙悟空本身具有一种非常强的鉴别事物真伪的能力，这种能力就是善于辨别事物的“形”，能够看出对方究竟是一种真实的“形”，还是一种伪装的“形”。因而，对于目光如炬的智者，许多伪装出来的事物的“形”都会“原形毕露”。

事物之间是相互联系的，而且有时还会相互转化。“形”与“势”也是如此，我们经常看到“形”“势”联结在一起使用。就连《孙子兵法》的篇目也是这样，只不过用得更特别一些，那就是《形篇》之后，接着就是《势篇》，这样的篇目顺序安排就告诉我们这两篇关系十分密切。又说回来，有些事物的“形”，表面看来很吓人。比如，我们经常用到的成语“庞然大物”，就是描述这种事物的“形”。而成语当中又有“外强中干”，这就真实地告诉我们，事物的“形”与事物的“质”，有时是截然不一样的。柳宗元作品《黔之驴》非常生动形象地告诉我们一个深刻道理：外“形”看起来很大的事物，不一定真的就很强大。所以，黔之驴最终成为黔之虎口中的美味。而且，美丽好看的“形”，不一定代表一种优秀的“质”，成语“金玉其外，败絮其中”，就是最经典的写照。那么同理，事物不好的“形”，也不一定代表一种不优秀的“质”。但是，好的“形”往往却给人一种好的“质”的感觉，不好的“形”往往给人们一种不好的“质”的感觉。因此，我们经常才会被自己的眼睛所欺骗。

辨别事物的“形”是真实的，还是伪装出来的，自然是十分重要，这关系到对事物“本质”的认识。当初，刘邦打败项羽之后，想乘胜利之威，一举荡平匈奴。于是刘邦派遣许多使者以出使匈奴的名义，秘密侦察匈奴的军情。返回来的许多汉朝使者汇报说，匈奴军力与汉朝军力不可同日而语，他们亲眼看到匈奴许多将士都是老弱病残，如果汉、匈真的开战，汉军必定大获全胜。刘邦喜出望外，唯独娄敬的汇报却和别人不一样。他说匈奴军力真的很强大，汉军不可贸然进攻。他分析说，不能被眼前所看到的现象所欺骗，那都是匈奴人伪装出来的。邻国之间往往互相炫耀国力，哪会有这样的表现。当时，刘邦已经被胜利冲昏了头，不相信娄敬，认为他胆小如鼠，被匈奴吓怕了。他龙颜大怒，下令把娄敬投入监狱，等胜利之后，再找娄敬算帐。结果后来发生了历史上著名的"白登山之围"，刘邦差点被俘，汉军差点全军覆灭。由于娄敬在判断敌情与和亲两件事上立下了功劳，他被赐姓刘，也就是汉朝历史上著名的刘敬。"白登山之围"的历史教训是，众多的汉朝使者被匈奴伪装出来的军"形"骗了，以为是一种真实的匈奴军"形"，而刘邦就以这些使者看到的匈奴这种"形"作为依据，来判断匈奴军队的"本质"，结果是相差十万八千里。由此可见，判断一个事物真实的"形"，有时的确是非常重要的，因为它直接关系到对事物"本质"的认知。正如毛泽东所说敌人有时是"纸老虎"，有时又是"真老虎"。

《孙子兵法》所见善守和善攻的标准

孙子指出，过去那些善于用兵打仗的人，首先要做到自己不被敌人战胜。只有这样，才能等待时机去战胜敌人。孙子告诉我们，初战和序战不能被对方打得一败涂地，这样再没有决胜的机会。犹如竞技台上的拳手，在第一回合就被对手打得站不起来，那么这样的拳手就再也没有机会取得本次的胜利了。孙子还指出，不被敌人战胜，关键在于自己防守严密，没有出现失误；可以战胜敌人，关键在于敌人出现致命的失误。孙子既指出不被敌人战胜是有前提条件的，又指出战胜敌人也是有前提条件的。孙子告诉我们，胜利和失败不是无缘无故产生的，是由双方实际情况决定的，而不是单纯地由一方决定的。如何才能保证自己立于不败之地？孙子没有明讲，精通《孙子兵法》的东汉将军皇甫嵩进一步指出，不被敌人战胜的首要前提条件，在于"自治"，就是能做到很好的自我管理。只有平时自我管理做得好，才能保证自己立于不败之地。一旦敌人出现了失误，就要抓住时机，战胜敌人。

孙子特别指出，历史上的善战者能够做到不被敌人战胜，但却不能做到一定能够战胜敌人。这是由于敌人并不总是会犯致命的错误，而且有时敌人犯错误的时候，并不总是被对手成功地捕捉到。孙子归结为：胜利是可以预知的，但取得胜利的条件，却并不总是能够创造。这说明事情的成功是受多方面条件的制约，既有主观条件，这是可以自己创造的，又有客观条件，这是自己不能创造的。比如，成语“拔苗助长”说明，有时候不能人为地让事情得以成功，每一事物都有它自身发展的客观规律，违背规律，只能把事情办糟。但我们可以适当地创造条件，使禾苗生长得更快更好一些，比如施肥、锄草等，但不可通过拔苗使禾苗长高。因而，客观条件不成熟时，还必须耐心等待时机的到来。范蠡也曾经这样说：“时不至，不可强生。事不究，不可强成。”（《史记·越王句践世家》）时机不到，不能人为勉强它产生。事情还没有完全地了解，不能急于强求它成功。因为这样往往会适得其反。越国在制定灭吴战略时，提出“十年生聚，十年教训”。显然，越国君臣认识到时机十分关键，特别注意等待时机成熟，才能消灭吴国，而不是急于求成。汉宣帝时期，为了平定西羌叛乱，老将赵充国带兵远征。他充分认识到对西羌作战要借鉴《孙子兵法》，战胜西羌必须依靠自身实力，同时等待合适时机。所以，汉军要屯田，要休养军队，要保证军粮充足。另外，他主张等待西羌自身出现失误，不然的话，就不能战胜西羌。而当时的汉宣帝十分焦急，多次催促赵充国用兵，赵充国只得反复上书，一再援引《孙子兵法》讲明其中道理。后来，汉宣帝被他的真知灼见说服，听从了他的建议。最终，赵充国成功地平定了西羌的叛乱。

对于孙子“不可胜者，守也；可胜者，攻也”这句话，实际上有两种理解：第一种理解就是，自己不能战胜敌人，就要注意防守；自己可以战胜敌人，就要注意进攻。第二种理解就是，防御是不可战胜敌人的方法，进攻才是真正战胜敌人的方式。这两层意思显然都能说得过去，只是要看具体的环境是怎样的。而且，这说明孙子不是单纯消极的防御理论家，他是积极的进攻主义者。他认为，只有时刻不忘记进攻，才能最后赢得胜利。此外，孙子“守则不足，攻则有余”这句话，也有两种理解，关键在于对“形”的认识。第一种是从真实的“形”出发，意思是防守则是因为兵力不足，进攻则是因为兵力有余。第二种是从伪装的“形”出发，意思是防守时故意伪装出兵力不足的样子，进攻时故意伪装出兵力强大和势不可当的样子。可见从事物本身具有两种“形”，就是真实的“形”和伪装的“形”来看，造成事物表现出的最终形式是不同的。对于孙子第一层意思，大家很容易接受。对于孙子的第二层意思，则有些难以理解，我们可以通过历史上的真实例子来说明。建立南朝宋的刘裕，曾经在防守浙江海盐县时，就注意伪装军队的“形”，偃旗息鼓，把精锐的兵力藏匿起来，让老弱病残登上城头去防守，孙恩没有识破刘裕的军队这番伪装，贸然前来进攻，结果大败。这就是孙子所说的防守时故意装出自己兵力不足，借此欺骗敌人。东晋的杜预讨伐吴国，在偷袭乐乡作战中，就指挥军队，大量使用旗帜，伪装出声势浩大的样子去进攻敌人。这就是孙子所说的进攻敌人要显示出兵力十分强大的样子。

孙子提出一个重要的观念：善于防守者，犹如藏身于九地之下，深不可测；善于进攻者，犹如从九天之上发动攻击，势不可当。这样的防守者和进攻者，才真正能够做到很好保护自己，并达到全胜的目的。“九”是一个极数，含义是非常多。显然，孙子确立了善守者的标准和善攻者的标准。如果能够达到孙子所讲的要求标准，证明就是善守者和善攻者。按照孙子所确立的这一标准，“此地无银三百两”显然不是善于防守者，虽然最初隐藏的十分秘密，但另有其他的信息提示，埋藏银子的地方在那里。因而，这种泄露隐藏地点、隐藏数量的做法，显然不是孙子所说的善守者。

二战当中，马其诺防线成为历史的笑料，原因是它没有做到孙子所说的“善守”，孙子说，善于防守者，隐藏的深不可测，不能让别人知道。当时法国国防部的将军们，甚至比不上二千多年前的孙子，认为此防线固若金汤，敌人就不敢前来进攻。德国将军们不是吃干饭的，明摆在德、法边界上存在马其诺防线，只有愚蠢的军队才会干鸡蛋撞石头的事情。马其诺防线耗资巨大，工程坚固耐用，物资储备十分充足，无论是先进的武器装备，还是一般生活用品，甚至战地医院这样的设施也想到了。最后，德军却成功地避开了马其诺防线，从中立国比利时绕道攻击法国，迫使法国投降。今天，我们用孙子“善守的标准”去衡量法国马其诺防线，显然完全违背这一标准。从这件事情可以看出，后人未必就一定比前人高明。因此，向前人学习是应该的，也是必要的。

从孙子“善守的标准”出发，中国古代的长城，显然也不能属于善守。历史一再证明，长城虽然或多或少起到了一定的防御作用，但总体来看，长城从来就没有阻挡住北方少数民族的入侵，原因也是如此。这种防守也不是善守的表现。善守实际在外界看来，就是表现出一种“形”，如果这种“形”暴露了，那么这种防守就不再属于善守的作为了。只有“无形”，才是真正的“善守”。

同样的道理，孙子“善攻的标准”告诉我们，攻击能量必须无比的强大，孙子以比喻的方式说明，从无可比拟的高度向下攻击，集聚的能量是速度与质量的乘积。善于进攻，必须做到排山倒海之势，这也说明善攻者在进攻时刻形成了最强大的“形”。

孙子还以排比的句式说明善战者，不是通常人们眼中的善战者。他打比方说：一个人举起鸟毛或兽毛，不能夸口说自己是大力士，因为一般的人都能轻而易举做到。一个人能看见光芒四射的太阳，能看见明亮凝辉的月亮，不能夸口说自己的眼睛明亮，这是因为一般的人都能轻而易举地做到。一个人能听到轰隆隆的雷霆之声，不能夸耀自己的耳朵是多么的灵敏无比，这是因为一般的人都可以办得到。孙子对古代善战者的表现进行精彩地点评，他认为古代善于带兵打仗之人，之所以能够做到必胜，原因是他们拥有绝对把握和绝对实力去战胜对手。

春秋时期，有个人名叫公输班，是工匠的祖师爷。他是能工巧匠，曾帮助楚国军队制造先进的攻城器械，准备攻打宋国，这一消息被墨子得知，墨子决定阻止这场大国欺凌小国的战争。墨子找到公输班，与其进行了历史上最早的“兵棋推演”,“兵棋推演”的结果是墨子大获全胜,但公输班依然表现得很诡谲,甚至隐晦地说,他有办法,但他不说。言外之意,是让楚王把墨子干掉。墨子早已预料到公输班心里所想的,一针见血地给楚王指出公输班的这种卑鄙打算。墨子说,他的弟子三百人早已做好了准备,等待楚军前来进攻。公输班和楚王无计可施,最后只好屈服了,放弃攻打宋国。从这个古老的“兵棋推演”表现来看,我们可以看出,墨子就是一个真正的善战者,因为他有绝对的把握与实力战胜自己的对手。

孙子指出,善战者的这种胜利,既没有智慧的名声,也没有勇敢的功勋。如何理解孙子说的这种善战者的胜利?这显然不同于普通人眼中的胜利,轰轰烈烈,惊天动地。这种胜利是在不动声色中取得的。打个比方来说,从前有两个船长,一个船长甲,一个船长乙。船长甲善于观测天气的变化,提前预知到台风就要来临,因而,他的船队就没有出海,而是找了个安全的地方停泊。而船长乙却不是那样,他根本没有预料到天气的变化,不知道还会出现可怕的台风,结果是他的船队遇到狂暴的台风袭击,船长乙和船员经过殊死搏斗,最后侥幸逃过一劫,但是船队破损严重,货物遭受严重的损失。与此同时,船长乙受到社会各界的热情关注,他勇敢拼搏的精神被大力宣传和报道,而船长甲却没有受到任何的关注,根本没有进入人们的视线之中。但是,如果我们比较船长甲与船长乙,就会发现船长乙并不高明,假若台风更猛烈一些,恐怕船长乙和他的船员最后只能是葬身鱼腹了。可见,船长甲才是真正的高明者,这种高明正是孙子所说的那种“善战者”。

昔日辅佐刘邦成就帝业的张良,虽然没有攻城略地的显赫战功,而运筹决策却无人能比。项羽灭亡,张良功不可没。张良之策,总能化解各种危局:一是让刘邦大张旗帜,以为疑兵,以郦食其为说客,诱骗秦军松懈,进行突然袭击,夺得函谷关。二是建议刘邦烧绝栈道,示项羽无夺天下之心,丰满自己羽翼,等待时机。三是让刘邦把函谷关以东封赏给韩信与彭越,为垓下决战创造条件。司马迁借用孙子之语评价张良,“无智名,无勇功”(《史记·太史公自序》)。可见,在司马迁的眼中,张良就是典型的“善战者”。无论是在历史上,还是在现实社会中,那些不动声色就能化解各种危局的人,才是真正厉害的角色。

因而,孙子强调这种胜利的结果不会出丝毫差错,之所以不出丝毫差错,是因为他取胜时的一切行动,注定是能够战胜那些必定失败的对手。孙子指出,那些善战者,首要是立于不败之地,而且也要不丧失战胜敌人的时机。“不失敌之败”,这句话强调把握时机的重要性。有时,敌人出现了重大失误,但由于某种原因,我们却没有抓住,让它白白地流走了,这也不能战胜敌人。

孙子强调,必胜之兵能做到“先胜”,就是《计篇》所说的“庙胜”,然后才会去决战求胜。而那些必败之兵,往往是鲁莽决战,然后希望侥幸获得胜利,当然胜利好像水中月,镜中花,可望而不可即了。古代智者姜太公曾这样说道,白刃格斗当中去争胜利,这不是良将的所作所为。宋人施子美特别指出必胜之兵与必败之兵的区别所在。何为必胜之兵?妙计事先定于庙堂,而后才出兵取胜。必须拥有战胜敌人的方法,然后才去和敌人交战,这样的军队才是必胜之兵。何为必败之兵?孤注一掷,企图侥幸决胜于一战,去战胜他人,结果反而被别人所战胜,这样的军队就是必败之兵。

修道保法是胜利的基础

孙子引用古兵书《兵法》之言,这说明他在创作《孙子兵法》之时,吸收了前人思想精华,在此基础上,有了进一步发展。他以前人的看法指出,胜利的取得不是凭空产生的,而是一步一步地努力才能实现,这体现了孙子的程序理念。郭化若先生这样理解孙子的程序理念:军事上有五个范畴:一是“度”,二是“量”,三是“数”,四是“称”,五是“胜”。(敌对双方都有土地)有了土地就产生(土地面积大小不同的)“度”的问题;(双方土地面积大小的)“度”的不同,就产生(物产资源多少的)“量”的问题;(双方物产资源多少的)“量”的不同,就产生(能动员和供给兵卒众寡的)

"数"的问题;(双方人力众寡的)"数"的不同,就产生(军事力量轻重对比的)"称"了;(双方力量轻重的)"称"的不同,就产生胜败。这种理解是比较双方的综合国力。另外,还可以从排兵布阵的角度解释。也就是对军阵所处的地理空间进行测量,产生一个明确的量,由战地丈量的大小来决定人数的多少,由人数多少来决定应该采取何种战法。中国古代先贤认为,"数"与"术",两者紧密相连。《三十六计》就有这样的说法:"数中有术,术中有数。"这样有了鲜明比较,那么胜利也就水到渠成了。

孙子指出,必胜之兵所表现出来的作战态势,就犹如镒与铢相比较。镒是古代的重量单位,合二十两。铢也是古代的重量单位,是一两的二十四分之一。这说明两者相差极其悬殊。因而,必胜之兵占据无可比拟的优势,而必败之兵恰好相反。必败之兵表现出来的作战态势,犹如铢与镒相比较,两者相差极度悬殊,必败之兵处于绝对劣势的地位。但这种表述往往比较抽象。孙子采用比较具体化的写法,使人们充分感受到必胜之兵与必败之兵的差别是如何地显明,如果用数字来说明,那么必胜之兵与必败之兵的对比,就是480∶1的比例关系;而必败之兵与必胜之兵的对比,就是1∶480的比例关系。因而,必胜之兵与必败之兵的态势有天壤之别,一目了然。孙子归结:必胜者所表现出来的作战之"形",也就是作战的态势,就如同把大量的溪水聚集在很高很高的山峰之上一样,而这种"形"蕴藏着巨大的能量,将其决开,就会暴发出势不可当的强大势能。

如何才能打造出强大而又表里如一的"形",那就是孙子所说的"修道而保法"。孙子特别指出,善于用兵打仗的人,既要修明道义,又要贯彻法令制度。只有才样,才能为胜利奠定坚实的基础。否则的话,既不修明道义,也不贯彻法令制度,那么只能为失败不断积累风险系数。

昔日汤武兴起之时,就是以文明之师讨伐野蛮之师,以仁义之师讨伐残暴之师,这是修明道义最好的表现。众所周知,周武王《牧誓》是一篇为讨伐商纣王而创作的誓词,其中,周武王告知部下"不愆于六步、七步,乃止,齐焉"(《尚书·牧誓》)。意思是说,每前进六步七步时,就要停下来重新整理队形，因为当时是步兵方阵作战形式，防止发生混乱。周武王这样的说法是告诫部下必须遵守军事法令。这与孙子所强调的“保法”无疑是一致的。另外，周武王在誓词中还有这样的说法，“弗御克奔”。意思是说，不要攻击投降的敌人。这与孙子“修道”是一致的。因此，周武王的“保法”与“修道”是战胜商纣王重要的基石。

晋文公早年漂泊在外，长期寓居他国，经历了许多艰难困苦。后来，他成为晋国国君，并成为一代霸主，而决定他一生霸业的基础就是“修道而保法”。当时，晋国长期内乱，人民不讲诚信。晋文公要想成就大业，就要想办法先让百姓懂得“信”。晋文公在讨伐原城的时候，约定日期，如果三天攻不克则退兵，果如其言。在晋文公的示范效应下，晋国民风大变，凡事以信为本。这就是晋文公的“修道”。后来，在交战当中，诛杀了最先逃跑的舟之侨。还把不遵守法令的宠臣祁满杀了。这就是晋文公的“保法”。所以，城濮一战，晋国打败楚国，晋文公成就了自己的霸业。

中国古代一些著名的将帅，往往特别注意“修道”和“保法”。东汉将领祭遵身在军旅当中，“不忘俎豆”，就是注意“修道”。东汉将军邓禹行师有纪律，是注意“保法”。我们经常听说的岳家军的表现“饿死不掳掠，冻死不拆屋”(《续资治通鉴·绍兴十一年》)，也是注意“修道”的具体表现。可见，中国古代有很好的军事文化传统。

古往今来，把孙子“修道而保法”思想实践做得最好的，就是中国人民解放军的“三大纪律八项注意”。中国人民解放军的“三大纪律八项注意”有机地把孙子“保法”与“修道”结合起来，使二者水乳交融，牢不可破。与孙子“修道而保法”略有区别的是，人民解放军的“三大纪律八项注意”，是把“保法”放在第一位，把“修道”放在第二位，这体现了创造者的高明之处，如果“保法”做不到，那么“修道”也是无源之水，无本之木。

“三大纪律八项注意”于1947年10月由中国人民解放军总部规定并颁布。其内容由三条纪律和八项注意组成。三大纪律包括：一切行动听指挥;不拿群众一针一线;一切缴获要归公。八项注意包括:说话和气;买卖公平;借东西要还;损坏东西要赔偿;不打人骂人;不损坏庄稼;不调戏妇女;不虐待俘虏。其中,三大纪律实际上就是孙子“保法”思想的具体实践,目的是培养人民解放军成为威武之师;而八项注意是妥善处理军队与人民之间的关系,使军队与人民和谐相处,培育军民鱼水之情,让人民感受到这样的军队是仁义之师、文明之师。这是人民解放军不断取得伟大胜利的奥妙所在。一个人,一个团体,一支军队,如果不懂得“修道”与“保法”,实际就是自己拆自己的墙脚。总有一天,一切看似美好的东西就会轰然倒塌,烟消云散。

势　篇

5.1 孙子曰：凡治众如治寡①，分数②是也；斗众如斗寡③，形名④是也；三军之众，可使必受敌而无败者，奇正⑤是也；兵之所加，如以碫投卵⑥者，虚实⑦是也。

【注释】

①治众如治寡：治理多数人如同治理人少数人一样。治，治理，管理。

②分数：指代军队编制。李赞注："分，谓偏裨卒伍之分；数，谓十百千万之数。"邓小平《当前军事工作的几个问题》："部队体制有我们的老传统，可以考虑几种形式，不要千篇一律。例如，一个师可以编两个大团、一个小团，也可以编一个大团、两个小团，也可以编三个小团。平时编制和战时编制要统一考虑，如一个军打起仗来就不是三个师，可扩编成五个师。一个军就成为一个集团军，打起仗来作为战役单位，能单独作战。战时在什么地方扩编，现在就要有计划，指定一个专区、两个专区，平时挂上钩，战时就可以就地扩编，装备也要就地储备。基层干部转业也以那个地区为主。总之，部队平时编制要和战时动员计划结合起来统一考虑。"刘伯承《现在游击队要解答的问题》："编制也不应一律，而是要看所在地形如何，居民同情与否，敌军的多少，堡垒的稀密来决定。"徐向前《用先进的军事理论武装指挥员的头脑》："军队现代化无非三个方面：一是武器装备，这是物质基础；二是熟练掌握现代化武器装备和作战方法的人，特别是干部；三是人和武器的结合，就是要有科学的编制体制。"聂荣臻《目前形势与今后工作》："兵团依现有人数分为三种编制。甲种团（十二连制）的编制大家可以考虑，应编为三个营还是四个营。编为四个营时，可以一个营作为山岳中熟悉地方环境的游击部队。乙种团

编为九个连。丙种团可编为中央苏区时的小团(五个连)。丙种团是由大团缩编的,已经有了基础,小而精,使将来在反攻时有扩大的基础。这些都是主力兵团。”

③斗众如斗寡:指挥多数人作战如同指挥少数人作战一样。斗,作战。

④形名:指代指挥号令。曹操注:“旌旗曰形,金鼓曰名。”朱德《抗日的战略战术与建立新军问题》:“指挥的机动性。指挥官下达命令,以具有命令的机动性为原则,对下级不下死命令,处处给下级指挥官留活动余地。然后,各级指挥官依据指挥的机动性,详察上级指挥官的意旨与企图,随机应变,因时制宜。如此,当可变更战术打击敌人,消灭敌人而达成我们的战斗任务。”刘伯承《平汉战役某些战术问题的指示》:“各部队间应注意规定联络记号,如使用石灰撒地指路,或燃香指路,或用绳索等物牵引队伍行进,或以低声音响联络,或以反戴帽子识别敌我。总之,以我们自己容易联络识别,使敌人不易发觉为好。各级指挥者以使用白旗或暗色火光为便。”

⑤奇正:非常规战法与常规战法。奇是指非常规战法,正是指常规战法。毛泽东《论持久战》:“懂得这些战术是容易的,灵活地使用和变换这些战术,就不容易了。这里有时机、地点、部队三个关节。不得其时,不得其地,不得于部队之情况,都将不能取胜。例如进攻某一运动中之敌,打早了,暴露了自己,给了敌人以预防条件;打迟了,敌已集中驻止,变为啃硬骨头。这就是时机问题。突击点选在左翼,恰当敌之弱点,容易取胜;选在右翼,碰在敌人的钉子上,不能奏效。这就是地点问题。以我之某一部队执行某种任务,容易取胜;以另一部队执行同样任务,难以收效。这就是部队情况问题。不但使用战术,还须变换战术。攻击变为防御,防御变为攻击,前进变为后退,后退变为前进,钳制队变为突击队,突击队变为钳制队,以及包围迂回等等之互相变换,依据敌我部队、敌我地形的情况,及时地恰当地给以变换,是灵活性的指挥之重要任务。战斗指挥如此,战役和战略指挥也是如此。”刘伯承《〈孙子〉笔记》:“正兵和奇兵,是辩证统一的,是为将者必须掌握的重要原则。所谓‘正’,就

是按照通常的方法部署兵力，进行作战；所谓'奇'，就是根据战场上的具体情况，运用计谋，灵活地使用兵力，诸如我军擅长的伏击、袭击、偷袭、奔袭等。一句话，奇正之运用，是随着客观形势的变化而灵活变化的。"叶剑英《编好合成军队战斗条令，加强军事学术研究工作》："所谓常与变的问题，常是属于基本的、稳定的、原则性的东西，变是属于临时的、变化的、灵活性的东西。我军的编制、装备、训练、作战，都是一个常与变的问题。如编制、装备有平时的，也有战时的；战术上有基本战术，有应用战术。事物是不断发展的，战场情况也是千变万化的，但万变不离其宗，如果只有变化而没有基本原则，也就没有什么规律和原则可言了。所以言变首先要求常，先把原则搞通，然后才能根据情况灵活运用。也即古人所说的先求稳当，再求变化，先'正'而后'奇'。《孙子遗说》有这样一段话：'或问，计利之外，所佐者何势？曰：兵法之传有常，而其用之也有变。常者，法也；变者，势也。书者，可以尽常之言，而言，不能尽变之意。'其中心意思是说：兵法只能讲原则的、基本的东西，不能包罗万象，把一切问题都写进去。"

⑥以碫投卵：用磨刀石撞击鸡蛋。碫，磨刀石。卵，鸡蛋。朱德《目前形势和军队建设问题》："我们就要经常研究敌人的战术，研究如何打它，如何避开它的长处专找它的弱点打，如何才能干干脆脆地歼灭它。"刘伯承《平汉战役某些战术问题的指示》："在遭遇战斗中的进攻，常用横宽队形；对占领阵地敌人进攻，需用纵深配备。但不论哪种，都要有重点地部署兵力，集中优势兵力，突击其一点、两点，努力冲破、截断其阵线，打乱其组织序列，击灭其指挥中枢，割碎其防御配备，以求各个消灭之（不要咬大核桃），这是我们成功的要诀。"

⑦虚实：敌我的实际状态。刘伯承《〈孙子〉笔记》："知兵势，解奇正，讲的是一般制胜条件。而要正确地选择作战目标、作战方向和指导军队的作战行动，还必须切实把握住虚和实这个环子。"

【译文】

孙子说：治理多数人如同治理少数人一样，关键在于科学而又合理的编制；指挥多数人作战如同指挥少数人作战一样，关键在于时机恰当，下达准确无误的指挥号令；数量庞大的三军将士，可使与敌人对抗却不会失败，关键在于灵活应用非常规战法与常规战法；军队出击的目标，如同磨刀石撞击鸡蛋一般，关键在于了解敌我的虚实状态。

5.2 凡战者，以正合，以奇胜①。故善出奇者，无穷如天地，不竭如江河。终而复始，日月是也；死而复生，四时②是也。声不过五，五声③之变，不可胜听也；色不过五，五色④之变，不可胜观也；味不过五，五味⑤之变，不可胜尝也；战势⑥不过奇正，奇正之变，不可胜穷也。奇正相生⑦，如循环之无端⑧，孰能穷之？

【注释】

①以正合，以奇胜：以常规战法迎击敌人，以非常规战法战胜敌人。刘伯承《〈孙子〉笔记》："出奇制胜有四个条件：第一，要善于在敌人预料不到的时间、地点和方向上用兵。第二，用兵要奇，关键是用在敌人的致命点上，即对敌战略、战役有决定作用的要点上。第三，出奇制胜的决策行动要快，要有胆略，要周密计划，使自己立于不败之地。第四，奇正相生，讲的是军事辩证法，一定要避免绝对化，战术上永远也没有一种万能的制胜之道。"

②四时：四季，春、夏、秋、冬。

③五声：中国古代五种音阶，宫、商、角、徵、羽。

④五色：中国古代五色，青、赤、黄、白、黑。

⑤五味：甜、酸、苦、辣、咸。

⑥战势：作战态势。

⑦奇正相生：非常规战法与常规战法相互转化。刘伯承《〈孙子〉笔记》："在中国，兵家大凡论兵，没有不祖述《孙子》的。那些较有作为的将帅，都是懂得兵法的，并能熟练运用奇兵和正兵。例如战国时期孙膑的

围魏救赵之战和减灶示弱、诱敌深入的马陵之战，东晋时期的淝水之战等战例，画龙点睛地描述了正兵和奇兵在战争中巧妙运用和相互补充所产生的积极效果。不注意情况的变化，不研究新的战争特点，把兵法原则死搬硬套，是免不了要失败的。”

⑧如循环之无端：如同反复旋转的圆环，寻找不到它的起点。

【译文】

凡用兵作战，是以常规战法迎击敌人，是用非常规战法战胜敌人。善于应用非常规战法之人，变化起来，无穷无尽，如同天地运行一样；永不枯竭，如同江河之水一样绵绵不绝。终而复始，如同日月运行一样；去而又来，如同一年四季更迭一样。虽然只有宫、商、角、徵、羽五种音阶，然而由这五种音阶组合变化而成的乐曲，总是使人听不尽；虽然只有青、赤、黄、白、黑五种色调，然而由这五种色调组合变化而成的颜色，总是使人看不尽；虽然只有酸、甜、苦、辣、咸五种味道，然而由这五种味道组合变化而成的菜肴，总是使人尝不尽；作战态势虽然只表现为常规作战和非常规作战，可是常规战法和非常规战法的组合变化，总是无穷无尽。非常规战法和常规战法相互转化，如同反复旋转的圆环，找寻不到它的起点，又有谁能穷尽战法呢？

5.3 激水之疾①，至于漂石②者，势也；鸷鸟③之疾，至于毁折④者，节⑤也。是故善战者，其势险⑥，其节短⑦。势如彍弩⑧，节如发机⑨。

【注释】

①激水之疾：湍急流水的迅疾。

②漂石：漂移石头。

③鸷鸟：猛禽，如老鹰、金雕一类的鸟。

④毁折：一击必杀。

⑤节：节奏。

⑥其势险：用兵的态势险峻。刘伯承《〈孙子〉笔记》："'其势险，其节短'，是为将者必求之术。这是《孙子·兵势》的概括。势者，用兵之势，又称态势，不是指形式、格式。"

⑦其节短：用兵的节奏短促。

⑧势如彍弩：威势如同全面张开的弩。彍弩，全面张开的弩。

⑨节如发机：节奏短促如同触发弩机。发机，触发弩机。刘伯承《平汉战役某些战术问题的指示》："火力的运用，应该是火力与突击的配合，即在最有效的距离与时机，发扬短促的威力。"

【译文】

湍急流水的迅疾，以至于可以漂移石头，这就是势的表现；猛禽搏杀动作的迅猛，以至于一举击杀猎物，这就是节的表现。因而，善于指挥作战者，所创造的态势是险峻的，爆发的节奏是短促的。这种险峻的态势如同全面张开的弩，短促的节奏犹如触发弩机一般。

5.4 纷纷纭纭[①]，斗乱[②]而不可乱也；浑浑沌沌[③]，形圆[④]而不可败也。

【注释】

①纷纷纭纭：混乱纷争的状态。

②斗乱：在混乱状态下指挥作战。

③浑浑沌沌：混沌不清的状态。

④形圆：阵形如圆。

【译文】

在混乱纷争的状态下交战，却使自己的军队不发生混乱；在混沌不清的状态下交战，阵形却似旋转的圆形一般（无懈可击），不使自己遭遇失败。

5.5 乱生于治[①]，怯生于勇，弱生于强。治乱，数[②]也；勇怯，势也；强弱，形[3]也。

【注释】

①乱生于治：混乱由严整转换而来。

②数：通“术”，管理方法。

③形：外表形态。

【译文】

混乱是由严整转换而来，胆怯是由勇敢转换而来，虚弱是由强大转换而来。严整还是混乱，关键在于管理方法；勇敢还是胆怯，关键在于造势；强大还是弱小，关键在于示形。

5.6 故善动敌[1]者，形之[2]，敌必从之[3]；予之，敌必取之。以利动之[4]，以卒待之[5]。

【注释】

①动敌：调动敌人。

②形之：示之以形。刘伯承《〈孙子〉笔记》：“用兵灵活要体现在巧妙地采用虚实行动。诸如声东击西，佯动于此，实动于彼，奇正变化，因敌制胜。要能‘形之，敌必从之；予之，敌必取之’（《兵势篇》）；‘攻其所必救’（《虚实篇》），出其所不意。”

③从之：顺从于我。

④以利动之：以利益引诱敌人。

⑤以卒待之：以猝不及防的行动对付敌人。卒，通“猝”，突然，猝不及防。

【译文】

因而，善于调动敌人的指挥者，有意示形于敌，敌人必然就会顺从；给予敌人好处，敌人必然前来争夺。以好处引诱敌人，以突然的行动应对敌人。

5.7 故善战者，求之于势[1]，不责于人[2]，故能择人而任势[3]。任势者，其战人[4]也，如转木石；木石之性[5]：安则静，危则动，方则止，圆则行。故善战人之势[6]，如转圆石于千仞之山[7]者，势也。

【注释】

①求之于势：从造势中寻求胜利。刘伯承《〈孙子〉笔记》："战争中如何发挥'势'的作用呢？有五点。即：一靠指挥员的谋略，谋略优势应为兵势之首，多谋善断而得'势'，少谋寡断而失'势'。二靠部队的数量、素质，即实力的优势（哪怕是局部的优势也好）。三靠有利的地形（地势）。四靠掌握有利战机，审时度势。五靠勇猛迅速，顽强作战。孙武的'善战者，求之于势，不责于人，故能择人而任势'，也就是这个道理。"

②不责于人：不苛求于部下。责，责备，苛求。

③择人而任势：选择适合之人随心所欲地造势。任势，随心所欲地造势。刘伯承《〈孙子〉笔记》："战略指挥员要使全局都活起来，一个重要的不可忽略的问题，就是要善于用将。如果用将不当，这个将不能适应战场情况的急骤变化，贯彻不了总的意图，战局就难以'活'起来。三国时诸葛亮用马谡为将，令其守街亭，就是不当的一例。因为马谡是仅懂得一般战术原则，而不知灵活运用的书呆子。"

④战人：指挥部下作战。

⑤木石之性：木头和石头的特性。

⑥善战人之势：善于指挥部下之人所创造出的态势。

⑦如转圆石于千仞之山：如同在八千尺的高山上旋转圆形的石头一样，喻指威力之大，势不可当。刘伯承《〈孙子〉笔记》："孙武说：'善战人之势，如转圆石于千仞之山者。'那时孙武不可能懂物理学，当然更不知道加速运动，但他在生活实践中，认识到圆石从很高很陡的山上滚落下来的力量，是很难抵挡的。"

【译文】

因而，善于作战之人，总是从造势中寻求胜利，而不是一味苛责部下，所以能够选择适合之人随心所欲地造势。随心所欲地造势，指挥部下作战，如同旋转木头和石头一样。木头和石头的特性是，处于平坦地势，那么就会静止不动，处于峻陡之处，那么就会运动；方形的很容易停止，圆形的很容易滚动。所以，善于指挥打仗之人所创造出的势，如同在八千尺的高山之上旋转圆形的石头一样，威力之大，势不可当。这就是所谓的“势”。

【评鉴】

如何创造“一击必杀”之势

如果说“形”是外在的、静止的，那么“势”却是内在的、变化的。“形”是事物的表象，而“势”却代表事物特有的能量和力量。拥有良好的“形”，有可能转化为良好的“势”。而“势”有大有小，我们通常所说的“势不可当”“排山倒海”“摧枯拉朽”，都是形容这种“势”无比巨大。古人有言“势不能穿鲁缟也”(《三国志·蜀书·诸葛亮传》)，这又说明这种“势”非常之小，几乎接近于零，即使是非常轻薄的绢纱，也无法穿透。

“势”要根据实际情况灵活创造，所以，孙子《计篇》说，借助有利的条件，灵活地创造“势”。善于作战的将帅，无一例外，都是善于“造势”者。善于“造势”者，例如宋代抗金名将岳飞，能够创造出强大的势，取得“八百破十万”的显赫战绩。不善于“造势”者，又如前秦统治者苻坚指挥军队与东晋交战，最后发生了淝水之战中大溃败的场景，“树倒猢狲散”，一发而不可收拾。

既然知道“造势”的重要性，又可以观察出敌人“势”的大小，那么通过造势战胜敌人，势在必行。如何“造势”？当然是有前提条件的。强大的“势”不是无缘无故地产生的。孙子告诉我们，如何一步一步地来创造不同寻常的“势”。造势的第一步，就是要做好组织编制工作。孙子指出，管理多数人与管理少数人一样，关键在于组织编制做得好。比如，管理10人，管理100人，管理1000人，管理10000人，管理方法显然是不一样的。可是，汉军统帅韩信曾经夸口说过自己带兵是“多多益善”，证明韩信能做到孙子所说的管理大多数人与管理少数人一样。有的人可以轻松管理10人,甚至100人。可是,再让他管理1000人,或管理10000人,就会力不从心,吃不消。其中一个重要的原因,就是没有做好组织编制工作。组织编制的事情,许多人都懂,但要做到科学合理就非常困难。打个比方,一个老师给140个同学上课,要管理他们,直接管理很困难,但可以应用孙子所说的管理方法,那就可以进行组织编制。对于不同编制方法,管理效果显然不一样,如把140个同学分成10个小组,每个小组设立1个组长,通过这10个组长对这140个同学进行管理。与把140个同学分成20个小组,设定20个组长,通过这20个组长管理这140个同学,二者的管理效果显然不一样。从编制角度来看,显然前者要比后者更加科学合理一些。

但有一点需特别注意,从来就没有固定的编制。这可从中国古代军队编制方式看出,很明显,军队的编制是要适应时代的发展和需要。《周礼》中记载:五人为一伍,五伍为一两,四两为一卒,五卒为一旅,五旅为一师,五师为一军,十人为一火,五十人为一队。这里所说的“伍”“两”“卒”“旅”“师”“军”“火”“队”,都是军队的编制单位。我们平常所说的“队伍”这一词语,就是来源于军队编制单位。其中,值得注意的是,“两”是25人,“卒”是100人,“军”是12500人。

春秋时期,齐国将军司马穰苴把军队进行另外编制,把50人作为1队,把1个军分为250队,而其中75队称为“握奇”,“握奇”就是今天所说的预备队,预备队是为了预防意外的情况,或在特别危急的时候启用,尤其是在双方僵持不下的情况下投入使用,从而改变战局的发展局面。剩余是175个队,分为8阵。那么,本队就有8750人,预备队就有3750人。因而,司马穰苴这种编制方式与西周时期的编制方式又有不同。

再看汉代军事编制,又有新的变化。“一人曰独,二人曰比,三人曰参,比参为伍,五人曰列,二列为火,五火为队,二队为官,二官为曲,二曲为部,二部为校,二校为裨,二裨为军,一军计三千二百人。”这里“官”“曲”“部”“校”“裨”也都是编制单位,一“官”为100人,一“曲”为200人,一“部”为400人，一“校”为800人，一“裨”为1600人，一“军”为3200人，很明显，汉代“军”这一级编制人数比《周礼》中提到的军的编制人数，是大大缩减了。

由此可见，军队编制在各个时代是不一样的，而且，平时编制与战时编制也不一样。例如，解放战争时期，人民解放军采用“纵队”进行编制，有一纵、二纵、三纵、四纵等。但是，需要注意的一点是，平时编制是战时编制的基础，没有良好的平时编制，那么，向战时编制转化也就不能很好地进行。

孙子告诉我们，“造势”的第二步就是下达清晰而又准确的指挥命令。孙子说，指挥多数人作战与指挥少数人作战是一样的，关键在于下达正确的指令。孙子用一个“斗”字来说明在战争环境下管理更加艰难，死亡威胁下的群体，无论从内心，还是从秩序来说，都不稳定。而古代将帅要指挥许多人作战，他们往往需要借助一些工具，早期用于指挥号令有钟鼓，如《曹刿论战》中所讲的“三鼓”，就是以“击鼓”作为进军的指挥号令。后来，旗帜被用来作为指挥的号令。时至今日，海军依然有时用旗语来进行指挥。再到后来，又发明了冲锋号、电话、电报、无线电、卫星通信指挥系统。但是，任何时代的战争，下达正确的指挥号令都是一样的至关重要。尽管现代的指挥系统变得日益复杂起来，但是指挥系统出了问题，事情的严重性依然如故。

需要注意的是，指挥员下达的指挥命令，一定要清晰准确，这十分重要。对于一支作战的军队而言，如果指挥命令出了问题，那么这支军队就会非常危险，有时会被敌人消灭，有时还会自己人打自己人。众所周知，拿破仑在用兵指挥方面，无比优秀，正是由于他个人非常杰出的才能，以至下属对他佩服得五体投地，养成了唯命是从的习惯。他们离开了拿破仑的指令，就不知道该怎样去指挥自己的军队作战。拿破仑有一次写信批评部下说：“我们海军最大的缺点是作为司令官的，不管在什么样的场合下，老是不习惯于去下达命令。”由此可见，一个优秀的指挥官，必须懂得在不同场合和情况下能够下达准确的指令。

值得强调的是，战国时期军事家吴起还说过："鼙鼓金铎，所以威耳；旌旗麾帜，所以威目。"这是告诉我们，古代的指挥工具的作用，并不只限于指挥，还可以用作心理战的工具。由此可知，一个事物的作用是多方面的，我们不应只从一个方面去考虑，就如同砖头可以用于修建高楼大厦，但也可能用来防身一样。

孙子告诉我们，"造势"的第三步就是要懂得"奇正"，也就是要采取灵活多样的战术。而灵活多样的战术最终表现为"奇正"两种形式。什么是"奇正"，如何去理解"奇正"？这可从古代战争方式说起，在夏商时期，军队作战主要是车战，这就是"正"。再到春秋末期，便出现了小规模的骑兵作战，这就是"奇"。后来，骑兵作战逐渐成为主流作战方式，它就变成了"正"。再到后来，又出现了坦克作战，又是"车战"的恢复，这实际是一种"奇"，由此可见，"奇正"之间不仅是相互联系的，而且是相互转化的。战争当中仅仅有"正"，是很难取胜的，所以，我们经常赞扬用兵者"出奇制胜"，可见"奇"是很重要的。抗日战争时期，国民党军队的阵地防御战，就是一种典型的"正"，但无法抵御日本侵略者的进攻。因而，需要八路军游击战的"奇"的配合。后来，国共携手抗日，"奇"和"正"两种战术，相互配合，最终钳制了日军，战胜了日军。"正"吸引敌人前来，"奇"可制敌以胜。

关于"奇正"的理解，众说纷纭。古兵书《尉缭子》中讲，正兵是先发制人，奇兵是后发制人。三国时军事家曹操认为，正是为了迎战敌人，奇是击敌于不备。唐太宗李世民的理解比较具有辩证思维。他说，要让敌人把我们的奇兵当作正兵，把正兵当作奇兵，敌人判断失误，就会打败仗。唐太宗高明的地方，充分把握和应用了"奇正"的相互转化。日本人尾川敬二关于"奇正"的说法最具有概括性，他说："正是战斗的常则，奇是战斗的变则。"他的解释比较契合孙子本义。因而，比较准确的解释是，奇是指非常规战法，正是指常规战法。孙子因此指出，率领三军之众，使他们与敌人交兵却不失败，是因为指挥官懂得灵活地应用非常规战法和常规战法。

孙子告诉我们,“造势”的第四步就是要了解敌人的“虚实”。指挥官在用兵打仗出击敌人时,就如同磨刀石打在鸡蛋上一样,关键在于指挥官了解敌人的虚实。孙子这里使用了一个非常形象的比喻,他用“磨刀石”比喻“实”,用“鸡蛋”比喻“虚”。假设有甲、乙两支军队,甲军与乙军作战,从甲军的角度出发,甲军处于实的状态时,就犹如一块磨刀石,处于虚的状态时,就犹如一个鸡蛋一样,乙军也是如此。这时候双方交战,假如甲军不了解乙军的虚实,就会产生以下四种可能性:第一种情况是甲军是磨刀石,乙军也是磨刀石,甲军与乙军交兵的结果是磨刀石与磨刀石相撞,两败俱伤。第二种情况是甲军是磨刀石,乙军是鸡蛋,甲军与乙军交兵的结果是乙军一撞而碎,彻底惨败,这种情况对甲军最为有利。第三种情况是甲军是鸡蛋,而乙军是磨刀石,甲军与乙军交兵的结果是甲军一撞而碎,彻底惨败,这种情况对于甲军最为不利。第四种情况是甲军是鸡蛋,乙军也是鸡蛋,甲军与乙军交兵的结果,也是两败俱伤。总体来看,这就是不了解敌人的虚实,不知道敌人哪里是磨刀石,哪里是鸡蛋,因而全胜的机会是非常渺茫的,这样计算下来,只有25%的胜利概率,说明这种不知敌人虚实而盲目交战的危险性是极大的。

表1:甲乙二军不知虚实交战的情形

甲军	乙军	甲军与乙军交兵的结果	概率	评价
磨刀石	磨刀石	两败俱伤	25%	平手
磨刀石	鸡蛋	甲军大胜,乙军大败	25%	最佳
鸡蛋	磨刀石	甲军大败,乙军大胜	25%	最坏
鸡蛋	鸡蛋	两败俱伤	25%	平手

至此,我们就可以认识到,要想造出胜利之“势”,就要跨越四个台阶,而且这四个台阶一个比一个艰难。第一个台阶就是要懂得科学合理的编制;第二个台阶就是要懂得下达适合时机而又准确的指令;第三个台阶就是要懂得正确使用常规战法和非常规战法;第四个台阶就是要了

解自己与攻击目标是鸡蛋，还是磨刀石。因而，这可以称之为造“势”的四个阶梯。

因此，料敌虚实就成为名将指挥水平的一个重要参照指数。西方腓特烈大帝就是这样的代表，他总是能够以劣势的兵力，击破敌人优势的兵力，而且常常出乎敌人的意料之外，以迅速微妙的迂回动作，加以灵活运用自己兵力，把自己军队的主力转向敌人薄弱的一翼，从而以优势兵力击败敌人的弱势兵力。就像孙子所说的一样，以自己的“磨刀石”打碎敌人的“鸡蛋”。

因而，善于造势者，由于他们清楚敌人哪里是“鸡蛋”，而自己又是“磨刀石”，就会造出磨刀石打击鸡蛋一样具有强大效果的“势”来。不善于造势者，他们搞不清敌人哪里是“鸡蛋”，哪里又是“磨刀石”，莽撞莽打，这样往往就会造出“鸡蛋”打击“磨刀石”一样脆弱效果的“势”来。

孙子因而指出，那些善于出奇制胜的人，就像天地变化一样，无穷无尽；也像江海之水一样，绵绵不绝，永不穷竭；像太阳、月亮一样，终而复始；像一年四季一样，不停轮回。孙子用天地、江海作比喻，说明善战者的战术变化是无穷无尽的。孙子用太阳、月亮、四季的变化，说明善战者的变化又是具有一定规律的。这是因为太阳每天早上都是从东边升起，晚上从西边落下，一直有规律地变化。月亮在每个月份，从上弦月、圆月、望月、下弦月进行各个阶段变化，圆了又缺，缺了又圆，变化是有一定规律的。而一年四季，春、夏、秋、冬，也是不停地轮回，这种变化也是有规律的。因而，孙子告诉人们，善战者的变化虽然表面上看起来无穷无尽，但却又有自己内在的规律。

孙子进一步说明“正”和“奇”的不同效应。他指出，在作战中，用常规战术迎击敌人，用非常规战术战胜敌人。中国古代思想家老子从治国与用兵角度说明二者的差异：治理国家要靠“正”，用兵打仗离不开“奇”。显而易见，治国的方法不能简单用于打仗，打仗的方法不能随意用于治国，这是由于二者对象不同。用兵打仗，如果只懂得“正”，不懂得“奇”，就会吃亏上当。一战期间，德国皇太子率重兵长时间攻打凡尔赛，付出巨大的代价，也没有攻下来。他就是只懂得使用“正”，而不懂得使用“奇”。红军第四次“反围剿”斗争的失败，也是由于只是使用“正”，进行“御敌于国门之外”的阵地防御战，而不去用“奇”，使用运动战来打击敌人。

孙子还应用了排比句式说明奇正战术的变化，这种奇正变化就是一种最基本“组合”思想的应用。孙子用音乐当中的“五音”，用色彩当中的“五色”，用味道当中的“五味”，来说明战术变化就是由最基本战术形式进行组合。现代最基本的乐符有七种“1、2、3、4、5、6、7”，而中国古代最基本的乐符是“宫、商、角、徵、羽”，但是这些最基本的乐符组合而成的乐曲，我们是听都听不过来的。现在最基本的色调是七种：“赤、橙、黄、绿、青、蓝、紫”，而中国古代最基本的色调是五种：“青、白、黑、黄、赤”，而这些色调组合起来的各种色彩，却看都看不过来。最基本的味道不过是五种：“酸、甜、苦、辣、咸”，但由这些基本味道做成不同的菜肴，尝都尝不过来。孙子清楚地表明了一个重要的思想，那就是组合，组合非常之重要，组合得好，效果就好；组合得不好，效果就差。平时我们写文章，穿衣打扮，说到底，都是在组合。文字组合得好，就是好句子；句子组合得好，就是好段落；段落组合得好，就是好文章；文章组织得好，就是好著作。穿衣也是如此，上衣与下衣组合得好，穿着就得体。世上许许多多的非常复杂的事物，都是由最基本、最基础的东西组合而成的。阿拉伯数字虽然最基本的只有10个数字，可由这些数字可以组成无穷无尽的数字。在组合当中，最关键的是要有高明的组合者。好的厨师，就是善于组合佐料与蔬菜、火候等的艺术大师；不好的厨师，他的组合效果不佳，食之如同嚼蜡。

孙子指出，作战所表现出的态势，只不过是奇、正两种形式。奇、正之间的变化，也是无穷无尽的。奇、正相互产生，相互转化，如同不停旋转的圆环一样，找不到它的起点，又有谁知道它的终点在哪里呢！孙子的这种辩证法思想，强调事物之间是相互联系、相互转化的，奇正也是如此。

孙子进一步形象地说明何为“势”。他打比方说，非常湍急的水流，能够推动石头旋转运动，这就是所说的“势”。可见，“势”是一种力量，是一种能量。我们也同样见过池塘里的水，却不能使石头运动起来。同样的物质，却具有不同的能量，拥有不同的势。因而，这就要求我们学会造“势”。

孙子强调，善于作战的人创造的势是非常险峻的，它的暴发如同扣发弩机的一瞬间，暴发的能量最为强大。此外，孙子把势比作张开的弩机。这一比喻，用得十分贴切。孙子没有用弓做比喻，这是因为弓随人力所至，力量有限，而弩是应用机械的原理，射程远、杀伤大。孙子特别强调，弩是张开的弩，这意味着此时的弩代表着一种强大的势，而在势最大之时暴发，就是扣发弩的扳机的一瞬间。

创造出强大“势”的具体做法，莫过于第二次世界大战中希特勒使用的“闪电战”。“闪电战”的特征就淋漓尽致地体现了孙子强调所创造强大势能的特点。闪电战可用三个大写英文字母“S”来概括：一是 Surprise，使人预料不到。二是 Speed，行动迅速。三是 Superiority，具有质量优势。一是强调了造势的时机问题，如果这个时候，别人有防备，那么造出的攻势效果就会打折扣。二是行动要高效，如果行动特别缓慢，效果也会打折扣。三是攻击者本身素质要过硬，如果是一些战斗力极差的军队，效果也是不好的。由于闪电战在二战之初频繁使用，后来，这种闪电战的作战效果就不行了，最根本的原因是人们对它已经了解，做好多种防备。也就是闪电战最好的时机已经很难再找到了，因而，闪电战在二战的后期就销声匿迹了。这也证明“闪电战”最初是一种“奇”的战法，后来逐渐转变为一种“正”的战法，即常规战法了。

势暴发的时机问题很重要。孙子有一个比喻，他说凶猛的禽鸟在捕捉猎物的时候，非常迅疾，一下子就把猎物置于死命之地。最关键的是，猛禽在这一瞬间暴发的势最为强大，不可阻挡。我们可以通过一个比较形象的事例来认识创造最大的“势”有个时机问题。“势”暴发的时机，早了不行，晚了也不行，关键是要暴发得恰到好处。在动物世界，有这么一个真实的故事。一只聪明而又机灵的兔子居然杀死了捕捉它的老鹰，这证明这只兔子就是一个善于造势者，造出的势特别强大，甚至于把凶猛的老鹰给杀死了，而它却安然无恙。在我们的印象中，老鹰猎杀兔子，天经地义。但反过来说，则是一个奇迹。在广阔的原野上，一只老鹰正在追赶一只兔子，兔子虽然是疾跑，但依然不能摆脱老鹰的追击。老鹰开始凌空俯冲而下，准备猎杀兔子，而这只聪明而又狡猾的兔子伪装成害怕的样子，四脚朝天，就在老鹰将要捕捉它的一瞬间，兔子后脚用尽全身的力气向老鹰腹部踢去，出人意料的局面出现了，由于老鹰的速度太快，结果兔子一下子把老鹰踢死了。这说明兔子所造的势，要比老鹰所造的势高明许多。我们分析可以看出：假如兔子所造的势暴发早了，就踢不住老鹰的任何皮毛；假如兔子所造的势暴发晚了，那么兔子就是在劫难逃，只能成为老鹰的一顿美餐。由此可见，"势"的暴发时机的控制很关键，太早了不行，太晚了也不行。我们在电影里看到，八路军在跟日本人打仗的时候，由于八路军装备比较差，所以要等到敌人走得非常近的时候才一起猛烈开火，这时候所暴发的势最强大。但也不能等到了自己的身边才开火，这时候所暴发的势就不行了。由此看到，最强大势能的暴发，需要抓住最佳的时间点。

孙子再次告诫造势者，造势的场面表面看起来非常混乱，但不是一种真正的混乱。如果真正混乱了，那么就会出现"树倒猢狲散"的局面，发生一发不可收拾的溃败。这种混乱只是伪装出来的，只有这样才会真正地迷惑敌人。所以，造势者势必离不开平时良好的自我管理。韩信的背水阵在那样险恶的环境下，没有产生真正的混乱，原因是韩信平时管理军队做得好，他对管理自己的军队很自信，所以宣称自己带兵是"多多益善"。所以，要创造出理想的势，离不开平时良好自我管理做保障。

因而，混乱可以从严整中产生出来，胆怯可以从勇敢中产生出来，虚弱可以从强大中产生出来。由严整转变为混乱局面，关键在于通过指挥方法来实现；由勇敢转变为胆怯，关键在于创造不同的势来达到；由强大转变为弱小，关键在于通过形的伪装和改变来达到。

孙子指出，那些善于调动敌人的人，通过外形的伪装，使敌人上钩。给予敌人好处，敌人就一定夺取它。以利益引诱敌人，以足够的实力制服和消灭敌人。孙子强调，不仅要善于调动敌人，还要善于制服敌人。不然的话，就是“引狼入室”，引来了狼，吃掉了自己。在“围魏救赵”之战当中，孙膑通过减灶方式，来迷惑庞涓。古代军队远征时，都要野营炊事，用土灶，人多灶也多，这是常识。而孙膑打破以往的常识，减少灶数，让魏军真以为齐军不断有人逃亡。结果庞涓上当受骗，轻军追击齐军，中了埋伏，最终身亡兵折，一败涂地。

孙子特别指出，那些善战者所追求的是创造强大的势，而不是一味苛责部下。他在这里讲了一个很重要的道理，那就是作为管理者和指挥者，不能一味责怪自己下属和环境，怨天尤人，这样是不对的。关键是要去创造一个强大的势。我们大家都知道，同样的一支军队，在不同的人指挥和管理下，所表现出来的态势是不一样的。战国时期，同样是赵国的军队，在李牧的率领下，就能打败敌人；在廉颇的率领下，至少能够做到立于不败之地；但是到了赵括的手下，就是全军覆没。由此可见，不同的管理者与指挥者，所造出的势往往是不相同的，有的能够造出强大的势来，有的则不能。因而，要造势就必须选择优秀的管理者和指挥者。人们通常这样说，一头狮子率领的一群绵羊，胜过一只绵羊率领的一群狮子，也是讲的这个道理。因而，孙子归结到造势的关键之处，首先要选拔优秀的管理者和指挥人才，才能随心所欲地造出不同种类的势来，去对付各种类型的敌人。

孙子又说，随心所欲的造势者，当他指挥别人作战的时候，就好像转动木头与石头一样，挥洒自如。众所周知，木头与石头的特性是，当它们安放在平坦的地方，就静静地一动不动地待在那里；放在高且不稳定的地方，就会运动起来。方形的就容易停止，圆形的就容易滚动。孙子意在告诉那些准备造势的指挥者和管理者，必须了解下属的情况，如同了解木头与石头的特性一样。同时，木头与石头运动起来的势能是不一样的，而不同形状的木头与石头运动起来，也会具有各不相同的势能。孙子以这一比喻提醒造势者，必须充分地了解自己下属各自的个性特点，只有这样，才能在造势的时候，随心所欲，运用自如。否则，可能只会是水中月和镜中花。这些都是造势的前提和基础。在这个坚实的基础上，跨越四个重要的造势台阶，就一定可以造出强大的势来。

最后，孙子不由得称赞起那些善于造势者，说他们所创造出来的“势”，就如同在八千尺那样高的山上转动圆形的石头一样，必然能够创造出最强大、最理想的势来。孙子这里用词非常精辟。他一是用石头，而不是木头，去比喻造“势”。这是由于石头的质地要比木头坚实，象征事物本身质的优良。二是用“圆”字，而不是用“方”字，说明孙子特别注意思考和斟酌，“圆”代表了事物运动时飞快的速度。孙子的这两个字眼的应用绝不是随心所欲，而是恰到好处地揭示事物的本质。石头有圆有方，此处用“圆石”，就意味着把方形的石头也打造成圆形的石头，也就是要充分改造自己的部下，使之成为造势的理想载体。

虚实篇

6.1 孙子曰：凡先处战地①而待敌者佚②，后处战地而趋战③者劳④。故善战者，致人而不致于人⑤。

【注释】

①先处战地：首先占据交战之地。刘伯承《〈孙子〉笔记》："《孙子》上的'凡先处战地而待敌者佚（逸），后处战地而趋战者劳'（《虚实篇》），是指体力、地势之利。"

②佚：通"逸"，安逸。

③趋战：急急忙忙交战。

④劳：疲劳。

⑤致人而不致于人：操控敌人而不被敌人操控。致，控制。毛泽东《论持久战》："这里说的主动性，说的是军队行动的自由权，是用以区别于被迫处于不自由状态的。行动自由是军队的命脉，失了这种自由，军队就接近于被打败或被消灭。"毛泽东《先打弱的后打强的你打你的我打我的》："正太战役完成后，应完全不被敌之动作所迷惑，选择敌之薄弱部分主动地歼击之，选击何部那时再定。这即是先打弱的，后打强的，你打你的，我打我的（各打各的）政策，亦即完全主动作战政策。"毛泽东《抗日游击战争的战略问题》："一切战争的敌我双方，都力争在战场、战地、战区以至整个战争中的主动权，这种主动权即是军队的自由权。军队失掉了主动权，被逼处于被动地位，这个军队就不自由，就有被消灭或被打败的危险。"朱德《抗日的战略战术与建立新军问题》："怎样争取主动。过去的战争，都是摆开架子打，敌攻我守陷我们于被动地位，所以，我们吃了亏。经验教训启示了我们，现在已由被动变为主动，使我们知道在战斗中，不固守一点，专找敌人的弱点和空隙，也就是它打我不打，它不打

我打。"朱德《把红军的优良传统恢复起来》:"主动就是让敌将就我,而我不将就它,我能调动敌人,不受敌人调动。这就要不怕丢地方,你要占这个城,我就退出来,你要打我这个,我就打你那个,就是你打你的,我打我的,各打各的。怕丢地方,怕打掉昙昙罐罐,必然分兵把口,陷于被动。结果不仅昙昙罐罐被打掉,连房子也丢了。所以死守是没有用的。"刘伯承《对目前战术的考察》:"紧握主动权,灵活而有计划的袭击。我们在广大民众及自卫队组成与掩护之中作游击战争,机动自由,是具有主动的基本条件的。现在来说紧握主动权,这只是指挥艺术的问题。宽大机动地创造或寻找敌人的弱点,并抓住它的弱点,给以有计划地突然地袭击,是把握主动权最好的方法。积极的声东击西,利诱威胁敌人;消极的隐蔽自己的真实行动,使敌人误解我们的行动,使它在布置兵力时对付我们的刀尖不能向着我们,而是把松懈的弱点向着我们,给我们好去袭击它,这就是创造了敌人的弱点。"

【译文】

孙子说:首先到达交战之地而等待敌人前来交战者安逸,后来到达交战之地而急急忙忙交战者疲劳。因而,善于作战者,操控敌人而不被敌人操控。

6.2 能使敌人自至者,利之①也;能使敌人不得至者,害之②也。故敌佚能劳之,饱能饥之,安能动之,出其所不趋③,趋其所不意。行千里而不劳者,行于无人之地也。攻而必取者,攻其所不守也;守而必固者,守其所不攻也。故善攻者,敌不知其所守;善守者,敌不知其所攻。微乎微乎,至于无形④;神乎神乎,至于无声⑤,故能为敌之司命⑥。

【注释】

①能使敌人自至者,利之:能够使敌人自己前来,是利益引诱。

②能使敌人不得至者,害之:能够使敌人不敢前来,是危害阻止。

③出其所不趋：出击敌人不能援救之地。毛泽东《论持久战》："我们方面，尚可有意地制造敌之错误，即用自己聪明而有效的动作，在有组织的民众掩护之下，造成敌人错觉，调动敌人就我范围，例如声东击西之类。……我之计划宁可放在敌人少犯错误的假定上，才是可靠的做法。而且我乘敌隙，敌也可以乘我之隙，少授敌以可寻之隙，又是我们指挥方面的任务。"刘伯承《对目前战术的考察》："自卫队是担任消耗敌人任务的。它们主要是给敌人以精神上的打击，无论敌人多大，都可以突然袭击，达到消耗敌人之目的。即使是在动的静的敌人周围突然出现，打一次麻雀阵，挖毁突出的堡垒，甚至于放几声爆竹，烧一把野火，散一次传单，也要足够估计，可能引起敌人'草木皆兵'之感，增加其疲劳厌战心理。有些同志以为消灭敌人才有价值，这些是无足轻重之事，不知道这种消耗，正是协助基干军队消灭敌人，特别是直接从政治上瓦解敌人所不可缺少的。我们目前要从各方面强调消耗敌人的作用，更要军区、军分区指挥游击集团对敌人不断袭击、扰乱、破坏、散传单及作一切引敌恐慌之事。如嫌效力小，则分遣基干部队以加强之。一切军队在行动中，只要不妨碍自己基本任务的执行，都应尽一切手段消耗敌人。消灭与消耗敌人，也不能机械割裂实行。"

④微乎微乎，至于无形：微妙呵微妙，以至于不显露任何形迹。无形，没有任何形迹。毛泽东《论持久战》："灵活地使用和变换这些战术，就不容易了。这里有时机、地点、部队三个关节。不得其时，不得其地，不得于部队之情况，都将不能取胜。例如进攻某一运动中之敌，打早了，暴露了自己，给了敌人以预防条件；打迟了，敌已集中驻止，变为啃硬骨头。这就是时机问题。突击点选在左翼，恰当敌之弱点，容易取胜；选在右翼，碰在敌人的钉子上，不能奏效。这就是地点问题。"

⑤神乎神乎，至于无声：神奇呵神奇，以至于不发出任何声音。无声，没有任何声音。

⑥为敌之司命：成为敌人命运的主宰者。司命，命运主宰者。

【译文】

能使敌人自己前来，是利益引诱敌人；能使敌人不敢前来，是敌人担心对自己有危害。因而，敌人安逸，可以使之疲劳；敌人给养充足，可以使之饥饿；敌人安居不动，可以使之调动；出击敌人不能援救之地，攻击出乎敌人意料之外。行千里之遥，却不疲劳，是由于行进在没有敌人防守的区域。进攻敌人而且取得胜利，是由于进攻敌人不加防守的目标；防守能够做到坚固，是防守敌人不能进攻的目标。因而，善于进攻者，敌人不知如何防守；善于防守者，敌人不知如何进攻。微妙呵微妙，以至于不显露任何形迹；神奇呵神奇，以至于不发出任何声音。因而，成为敌人命运的主宰者。

6.3 进而不可御者，冲其虚也①；退而不可追者，速而不可及也。故我欲战，敌虽高垒深沟②，不得不与我战者，攻其所必救③也；我不欲战，画地而守之④，敌不得与我战者，乖其所之⑤也。

【注释】

①进而不可御者，冲其虚也：进攻敌人而敌人不能抵御，这是由于攻击的是敌人防守的虚弱之处。御，抵御。刘伯承《平汉战役某些战术问题的指示》："在战术上通常是，'攻弱则强者也弱，攻强则弱者也强'。故在兵力运用上，我们应以少数兵力箝制其他方面，借此腾出数量质量都强的部队，攻击敌人最弱的地方，常易得手。得手后而以破竹之势扩张战果。扩张战果的方向，就是努力继续发展胜利的方向。"聂荣臻《抗日模范根据地晋察冀边区》："要取得战斗胜利，特别是在敌人远后方被包围区域中的部队，要取得战斗胜利，必须灵活地运用游击战术，尽量发现和制造敌人的弱点，攻击它的弱点，以达到消灭敌人，发展自己的目的。一年以来，我们在战斗中的经验告诉我们：敌人的弱点是能够找到的，尤其是当敌人深入到山地区域，它的弱点也就更加暴露，更有利于运用游

击战术去打击它。”

②高垒深沟:高高的堡垒,深深的沟渠,形容防守十分坚固。刘伯承《上党战役经验的初步总结》:“一、围城打援。(一)围城。要先以压倒的优势兵力迫临城下,扫除外围据点,作真实攻城之处置,则可促使被围之敌紧急求援,以达打援之目的。(二)打援。最好先以伏击式的预期遭遇战形式捕击援敌。在敌人收缩已有半日以上时,则应按阵地攻击之原则进攻之。但必须多采用夜间攻击,使敌优势火力归于无效,我则可发挥手榴弹与刺刀的威力,从敌弱点割裂敌之防御体系,各个消灭,很为重要。占领一点时,必须构筑工事坚守。再配以侧射火力,多备手榴弹,配备强大的后梯队,以打击消灭敌人日间举行的纵队冲锋,尤其是军官队的冲锋(以我后梯队向敌人纵队之侧背行反冲锋很重要)。如能给这种军队以极大的杀伤,则使敌人失掉控制的能力而顿行动摇。从各方面合围敌人,使敌感到四面楚歌,可能增大其动摇,但有趋使其困兽犹斗之虞。如此际撤开一个缺口,则可使敌有逃退之希望,减弱其恋战之决心。在敌人初形动摇时,我若以优势之后续力量,故形暴露,更可加速其动摇。将敌诱围于人烟稀少之地区,使其粮水困难,亦能加速其动摇。二、夺城打援。(一)夺城。最好利用夜暗隐蔽接近,突然乘梯子登城,也可先行占领城关房屋,或拔除外围据点,挖穿房壁,或作交通壕接近城墙,实行攻城。而攻城则以用梯子登城为第一要着,同时组织火力,分工压制城上敌人,以掩护登城。工兵接近城墙或城门洞碉楼,施行内部或外部装药,常能炸开缺口,或将碉楼彻底炸坍,对步兵开辟道路作用特别大。但坑道作业因多延误时间,且挖不准确,所以只于必要时使用之。以坑道爆炸为辅,给敌以意外震惊,在此瞬息,由步兵从各方同时多路登城为有利,专靠坑道则不行。登城之后,先头部队应先横扫城上之敌,以接引友邻陆续上城;然后则应依城墙上及其他制高点之掩护,一意向纵深楔入,由后梯队肃清翼侧之残敌,尤要施行迂回。各部队应划清战斗分界线,防止混乱。阻塞街道巷口,占据要点,以为扩张战果之依托。以烧火、张灯等标示各分队到达位置,在联络上很觉便利。在敌人将被解

决时，应在城外分布伏兵，捕捉乘隙逃散之敌。（二）打援。各打援部队要极端耐心隐蔽，待援敌通过后，再行动作，一切焦急和过早被敌发觉，都会丧失打援的良机，须切戒。”

③攻其所必救：进攻敌人必须救援之地。刘伯承《对目前战术的考察》：“古人说：‘攻其所必救。’这也是我们选定吸援地点的原则。这要侦察和估计敌人驻军布防的系统，哪里是敌人驻军的本队，哪些是敌人驻军的分支，哪一分支是敌人驻军最关痛痒、十分爱护的环节。这环节就是我们吸援的地点。我们吸援的地点，决不是敌人驻军独立能守的本队。”

④画地而守之：划分界限，加以防守。

⑤乖其所之：背离敌人所要达到的意图。乖，违背，背离。刘伯承《〈孙子〉笔记》：“现代作战，掌握好虚和实这对环子，有五条要记住：一是要熟知敌方指挥官用兵的特点，多疑者使之更加狐疑，寡断者使之更加犹豫。二是虚得合理，虚中有实，切忌虚而虚之的冒险主义。三是弱军对强军，大体先示之以弱，后发制人，看出敌人破绽之后，再筹奇兵而击之。四是实中有虚，行动要特别注意伪装，巧妙而合理。使敌人难以预料，难以识破。一般先给敌人以甜头，诱敌深入，方好关门打狗。五是虚和实是辩证的统一，是变化的。因此，指挥官要聪明、多谋、善断、灵活、主动，才能正确掌握、巧妙运用。”

【译文】

进攻敌人而敌人不能抵御，这是由于攻击的是敌人防守的虚弱之处；我军撤退而敌人不能追赶，这是由于我军行动迅速而敌人来不及追赶。因而，我军想要与敌人交战，敌人即使防守十分坚固，但不得不与我军交战，这是由于我军进攻的是敌人必须要救援之地；我军不想与敌人交战，划分界限，加以防守，敌人不敢与我交战，这是由于违背了敌人所要达到的意图。

6.4 故形人①而我无形，则我专②而敌分③。我专为一，敌分为十，是以十攻其一也，则我众而敌寡。能以众击寡者，则吾之所与战者，约[4]矣。吾所与战之地不可知，不可知，则敌所备者多；敌所备者多，则吾所与战者，寡矣。故备前则后寡，备后则前寡；备左则右寡，备右则左寡；无所不备，则无所不寡。寡者，备人[5]者也；众者，使人备己[6]者也。

【注释】

①形人：使敌人显露形迹。形，使动用法，使……显形。

②专：集中。毛泽东《抗日游击战争的战略问题》："兵力的使用必须按照任务和敌情、地形、居民等条件作灵活的变动，主要的方法是分散使用、集中使用和转移兵力。……集中兵力并不是说绝对的集中，集中主力使用于某一重要方面，对其他方面则留置或派出部分兵力，为钳制、扰乱、破坏等用，或作民众运动。"刘伯承《平汉战役某些战术问题的指示》："在遭遇战斗中的进攻，常用横宽队形；对占领阵地敌人进攻，需用纵深配备。但不论那种，都要有重点地部署兵力，集中优势兵力，突击其一点、两点，努力冲破、截断其阵线，打乱其组织序列，击灭其指挥中枢，割碎其防御配备，以求各个消灭之（不要咬大核桃），这是我们成功的要诀。"

③分：分散。

④约：少，有限。

⑤备人：防备别人。

⑥备己：防备自己。

【译文】

因而，使敌人显露形迹，而我方却不显露形迹，那么我方的兵力集中，而敌人的兵力分散。我方兵力集中于一处，而敌人兵力分散在十处，因此，我方能够以十倍兵力去攻击敌人，那么我方兵力众多而敌人兵力寡少。能够以众击寡，那么与我方交战的敌人兵力就少了。我方与敌人交战之地敌人不知晓，不知晓，那么敌人防备的地方就多；敌人防备的地方多，那么敌人的兵力就会分散，与我方交战的敌人兵力就少了。因而，敌人防备前方，那么后方的兵力就少；敌人防备后方，那么前方的兵力就少；敌人防备左翼，那么右翼的兵力就少；敌人防备右翼，那么左翼兵力就少；敌人处处防备，那么处处兵力感到不足。兵力不足，是由于处处防备他人；兵力充足，是由于使得他人防备自己。

6.5 故知战之地，知战之日，则可千里而会战[①]。不知战地，不知战日，则左不能救右，右不能救左，前不能救后，后不能救前，而况远者数十里，近者数里乎？以吾度之，越人[②]之兵虽多，亦奚[③]益于胜败哉？故曰：胜可为[④]也，敌虽众，可使无斗。

【注释】

①会战：集中兵力交战。邓小平《跃进中原的胜利形势与今后的政策策略》："今后，我们要更加机动灵活，精细地寻找战机。我们的胜利决定在'脚'，发现战机，就要敢于奔袭敌人。要敢于走路，或者脱离敌人，或者远道去打击敌人。"

②越人：一说是越国之人，另一说是超越他人。后者之说为佳。

③奚：何。

④胜可为：胜利的条件可以创造。

【译文】

因而，预知我军与敌人交战之地，预知我军与敌人交战日期，那么我军可以远涉千里集中兵力与敌人交战。如果不能预知交战之地，不能预知交战日期，那么左翼不能救援右翼，右翼不能救援左翼，前队不能救援后队，后队不能救援前队，何况远处距离几十里，近处距离几里呢？根据个人考虑，虽然超越他人的兵力众多，对于战争的胜败又有什么补益呢？因此说，胜利条件是可以创造的。敌人虽然众多，可以使其不能与我军进行战斗。

6.6 故策之[①]而知得失之计，作之[②]而知动静之理，形之[③]而知死生之地，角之[④]而知有余不足之处。

【注释】

①策之：研究对敌之策。朱德《把红军的优良传统恢复起来》："要经常调查研究各个敌人的特点，研究出消灭它的方法，既不能抄袭别人，也不能千篇一律。"贺龙《在晋西北各军参谋会议上的讲话》："敌情研究问题。各级司令部对敌情要组织研究，不但要研究敌人的战术，还应该研究友军的战术、装备、教育等，这一点过去做得不够。我们在华北打了两年多，大小战斗不下几千次，但是我们在战斗中若不缴获敌人文件，不俘虏敌人，我们就不能知道他的番号、兵力布置等，而敌人对我们却知道很清楚，所以我们应很好了解和研究敌人。"

②作之：侦察敌人。陈赓《关于情报工作》："1.了解敌之'扫荡'计划和动向。2.及时查明敌之局部行动。3.侦察敌人资材储藏和敌人运输。4.查明敌之兵力、兵力调动、变动及其番号。此外，应加强对伪军的侦察。伪军番号、组织、装备，主官姓名、出自何部、出身、性格、嗜好、指挥能力、社会关系，部队的质量，部队成份、情绪、训练、薪饷、生活，敌伪关系，防区，是否与国民党有关。"

③形之：勘察地形。刘伯承《对目前战术的考察》："首先组织间谍的、部队的战役战术之敌情、地形的侦察，同时扫除敌人的侦察，使'我军耳目聪明，敌人耳目聋瞎'；其次，组织抗日戒严、盘察、巡查，建立我军通信网，同时封锁消息，特别注意肃清敌人通信机关，以'扩大我军聪明，增加敌人聋瞎'。"

④角之：试探敌人。角，角逐。

【译文】

因而，通过分析研究，知晓对敌策略的长短得失；通过侦察，知晓敌人活动的规律；通过实地勘查，知晓对敌作战战场的地形优劣；通过试探敌人，知晓敌人实力的强大与弱小。

6.7 故形兵之极[①]，至于无形[②]；无形，则深间[③]不能窥，智者不能谋。因形而措胜于众[④]，众不能知。人皆知我所以胜之形，而莫[⑤]知吾所以制胜之形[⑥]。故其战胜不复[⑦]，而应形于无穷[⑧]。

【注释】

①形兵之极：用兵的态势达到极致。极，极致。

②无形：不显露形迹。

③深间：隐藏很深的间谍。间，间谍。

④因形而措胜于众：根据敌人用兵的态势而采取超出常人智慧的制胜举措。因形，根据敌人的用兵态势。

⑤莫：没有谁。

⑥制胜之形：制胜敌人的态势。

⑦战胜不复：制胜敌人的方略，不再重复实施。朱德《谈几个战术的基本原则》："首先要知道事物是变动的，情况是迁移的，决不容有一成不变的老章法来指挥军队。我们的作战决心必须根据任务、敌情和地形来定下。任务、敌情、地形既然是时常变换，因而我们决心就不同，而运用战术的原则也就更不同了。"

⑧应形于无穷：应对敌人的态势无穷无尽。朱德《学习毛泽东军事思想》："这个经验就是：(一)有什么武器打什么仗。因为我们的武器很复杂，多数是从敌人手里夺来的，不能够整齐划一，每一种武器我们都要能够使用。(二)有什么样的敌人打什么样的仗。我们的敌人有日军，有伪军，又有蒋介石顽军，很复杂，但是我们遇到什么样的敌人就打什么样的仗。(三)什么时候打什么仗。早晨、晚上不同，天晴、下雨不同。(四)在什么地方就用什么办法。在平原就用平原的作战办法，在山地就用山地的作战办法，在河川就用河川的作战办法。这样，我们不管在什么地方，打什么仗都学会了，用什么武器学会了，对付敌人什么武器也学会了。对日本人可以打，对用美国最新式武器装备起来的蒋介石匪帮也可以打。敌人有很多飞机，我们当时一架没有，也可以打。"朱德《目前形势

和军队建设问题》:“看什么天候打什么仗,在什么地形条件下打什么仗,对什么敌人打什么仗等等,也都是重要的战术原则,都要好好研究。”

【译文】

因而,用兵的态势达到极致,以至于不显露出任何的形迹。没有任何形迹,所以即使隐藏很深的间谍,也不能窥探虚实;即使很有智慧的敌人,也不能为之谋划对策。根据敌人用兵的态势而采取超出寻常智慧的制胜举措,寻常之人却认识不到。寻常之人只知晓我制胜敌人的态势,却不知晓我们制胜敌人态势的微妙之处。因而,制胜敌人的方略,不可重复实施,应对敌人的态势,变化起来却是无穷无尽。

6.8 夫兵形①象水,水之形,避高而趋下;兵之形,避实而击虚②。水因地而制流,兵因敌而制胜③。故兵无常势,水无常形④,能因敌变化而取胜者,谓之神。故五行⑤无常胜,四时⑥无常位,日有短长,月有死生⑦。

【注释】

①兵形:用兵的态势。

②避实而击虚:避开敌人防守坚实之处,攻击敌人防守虚弱之处。毛泽东《中国革命战争的战略问题》:“我们决定的第一个方针,是由兴国经万安突破富田一点,然后由西而东,向敌之后方联络线上横扫过去,让敌主力深入赣南根据地置于无用之地,定此为作战之第一阶段。及敌回头北向,必甚疲劳,乘隙打其可打者,为第二阶段。此方针之中心是避敌主力,打其虚弱。”毛泽东《在山西应坚持普遍的游击战争的方针》:“关于使用一一五师配合国民党二三个师,待敌相当深入后,向灵、涞、广、蔚及其以北突击,捣其空虚后方的计划,请你们着重研究一番。如实行此着,可能在一个时期内展开一个新局面,虽然不能根本地破坏敌人战略计划,但暂时地部分地破坏是可能的,这就大有利于在山西全省创立我们的根据地。”朱德《目前形势和军队建设问题》:“我们就要经常研究敌人

的战术，研究如何打它，如何避开它的长处专找它的弱点打，如何才能干干脆脆地歼灭它。”朱德《论抗日游击战争》：“所谓‘避实击虚’‘避强攻弱’‘声东击西’‘围魏救赵’‘能进能退’‘速战速决’等类的话，都有争取主动的意义。做到这样，不打就罢，打则常胜，就是偶然吃点亏，多少也赚回一点，不会折大本。”

③因敌而制胜：根据不同的敌人，采取不同的制胜方略。朱德《目前形势和军队建设问题》：“要看清对象，是什么敌人就打什么仗。……打小敌、弱敌，可以用比较简单而直接的方法；但打大敌、强敌，必须定出系统的斗争方针，战斗开始必须懂得摆布它，懂得用迂回曲折的办法。”

④兵无常势，水无常形：用兵没有固定的态势，水流没有不变的形态。徐向前《决战防御，大纵深迂回》：“反六路围攻，是一场历时十个月的持久战。阵无常势，兵无常形。战役进程中，交织着攻与防、进与退、伸与缩、分散与集中、被动与主动、包围与反包围、突破与反突破、阻击与追击等诸多战斗形态。战况异常曲折、复杂、惨烈，形势千变万化。这就要求我们在兵力的保存、集中和使用上，尤需保持高度的自主性和灵活性。”刘伯承《〈孙子〉笔记》：“用兵打仗，施谋定策，创造新的战术，是一种创造性劳动。军事指挥员必须随机应变，灵活用兵。”毛泽东《论持久战》：“古人所谓‘运用之妙，存乎一心’，这个‘妙’，我们叫做灵活性，这是聪明的指挥员的出产品。灵活不是妄动，妄动是应该拒绝的。灵活，是聪明的指挥员，基于客观情况，‘审时度势’（这个势，包括敌势、我势、地势等项）而采取及时的和恰当的处置方法的一种才能，即是所谓‘运用之妙’。”毛泽东《中国革命战争的战略问题》：“战争情况的不同，决定着不同的战争指导规律，有时间、地域和性质的差别。”

⑤五行：金、木、水、火、土，古人认为构成自然万物的五种元素，它们之间具有相生相克的关系。毛泽东《在中国共产党全国代表会议上的讲话》：“世界上的事情，总是一物降一物，有一个东西进攻，也有一个东西降它。看《封神榜》就知道，哪有一个‘法宝’是不能破的呀？那样多的‘法宝’都破了。我们相信，只要依靠人民，世界上就没有攻不破的‘法宝’。”

⑥四时：一年四季，春、夏、秋、冬。

⑦月有死生：月亮有盈虚晦明。死生，指月相，即月亮的盈虚晦明。朱德《争取持久抗战胜利的先决问题》："必须清楚认识，敌我力量的对比，决不是一成不变的东西。在持久抗战的过程中，是必然会变动的，我们的力量会逐渐变强，而敌人的力量则会逐渐变弱的。"

【译文】

用兵的态势像水流一样，水流的态势是避开高处，流向低处；用兵的态势是避开敌人防守坚实之处，而攻击敌人虚弱之处。水流根据地势的高低而决定自己的流向，用兵是根据不同的敌人而采取不同的制胜方略。因而，用兵没有固定的态势，水流没有固定不变的形态，能根据敌人变化而灵活取胜之人，可以说是用兵如神。因而，金、木、水、火、土，相生相克，不能永远处于胜利的地位；春、夏、秋、冬，四季轮回，不能永远固定不变；白昼时间有长有短，月亮也有盈虚晦明变化。

【评鉴】

搞清楚对手是"鸡蛋"，还是"磨刀石"

《虚实篇》是《孙子兵法》中论兵较为精彩而极具价值的一篇，对《孙子兵法》情有独钟的唐太宗李世民曾说："朕观诸兵书，无出孙武；孙武十三篇，无出《虚实》。夫用兵识虚实之势，则无不胜焉。"唐太宗认为，自己阅读过许多兵书，但没有一本超过孙子所写的《孙子兵法》，孙子十三篇中又没有一篇比得上《虚实篇》。而且认为，只要能够了解敌人的虚实状况，那么就没有不能取得胜利的。

虚实显然是事物呈现出来的一种状态，它不同于形。形是事物外在的表象，虚实自然和"形"有一定的联系，这可从中医学理论当中的望、闻、问、切的诊断病症的方法进行考察，其中望就是对病人外形的观察，切就是对病人脉搏虚实的了解。大夫以此了解病情的严重程度，并对症下药。

孙子形象地把虚比作鸡蛋，把实比作磨刀石。就像我们用"坚如磐石”来形容事物坚固的状态,用“危若累卵”来形容事物脆弱的状态一样。虚实可以从不同角度进行考察,同样一种事物,由于自身结构的不同,所呈现的虚实状态不一样。在物质世界中,金刚石和石墨表现最为典型,他们是由同一种元素构成的,但由于二者结构分布不一样,其坚硬程度就不同。虚实是可以转化的,一个人休养充分,精神状态就饱满,那么他的身体就坚实,能够抵御疾病的入侵。如果这个人长时间吃不饱,睡不好,他的身体就会吃不消,逐渐变得精力不济,那么他的身体状态就一天比一天变得虚弱,抵御疾病能力下降,十分容易生病。

我们要学会观察事物的虚实状态,任何事物所表现出的状态都不过是虚实两种,但实际上还可以进一步地划分,那么就有四种情况:实包括较实和最实,虚包括较虚和最虚。要了解事物的虚实,就离不开对这个事物的调查研究,这需要系统的研究方法。就是一定要搞清楚敌人哪里是磨刀石,哪里是鸡蛋。孙子指明,善战者一定善于利用敌我的“虚实”:一是人为地制造“虚实”,以此来迷惑敌人;二是能够把敌人由实转化为虚,我们由虚转化为实。只有这样,才能为避实击虚创造条件,才能击败敌人。红军时代的一个重要战法是“敌退我追,敌疲我打”,其实就是一种“以实击虚”。

孙子担心有人不理解虚实是一种状态,为此进一步做出解释:凡是提前到达作战之地,而且等待敌人前来交战,就是一种安逸的状态;而后到达作战之地并且匆匆忙忙交战,就处于一种疲劳的状态。孙子实际告诉我们,前者“佚”是“实”,后者“劳”是“虚”。战国时期发生的阏与之战,赵军就做到了孙子所讲的“实”,秦军却处于孙子所讲的“虚”,因而,赵军战胜了秦军,正是以“实”待“虚”。周赧王四十六年(公元前 269 年),秦昭王借口赵国拒不履行交换城邑为由,派胡阳率军队进攻赵国要地阏与。赵惠文王命令赵奢领兵前去救援。赵奢见到秦军士气旺盛,为了隐蔽自己作战的意图,离邯郸 30 里,坚壁而守,不去进军。秦军进驻武安西面,耀武扬威,钳制赵军。赵奢不为秦军所动,制止驰援武安的建议,增设营垒,故意伪装出赵军怯弱,只保邯郸的假象,使秦军麻痹大意。赵奢停留 20 多天以后，乘秦军不加防备，偃旗息鼓，率军队快速前进，迅速赶到距阏与 50 多里之外修筑沟垒。秦军久攻阏与不能战胜，突然听到赵国援兵前来，仓促迎击。赵奢采纳军士建议，严阵以待，并派万人抢先占领北山的高地。秦军进攻不下，赵奢率兵反击，大败秦军，于是解除了阏与之围。由此可见，作战过程中，赵军是由虚变为实，而秦军却是由实变为虚，最后赵军成功实现了以实击虚。

四渡赤水之战是中央红军在川黔滇边进行的一次出色作战。毛泽东充分利用了敌人内部矛盾，根据当时实际情况，灵活改变红军的作战方向，纵横驰骋在川黔滇地区，从而取得红军在长征途中具有决定意义的胜利。这是人民军队战争史上以少胜多、变被动为主动的杰出战例。四渡赤水之战历时 3 个多月，转战 5000 多里，粉碎了国民党在川滇黔边围歼红军的计划，摆脱了数十万大军的围堵。肖华《长征组歌》写道："横断山，路难行，敌重兵，压黔境。战士双脚走天下，四渡赤水出奇兵。乌江天险重飞渡，兵临贵阳逼昆明。敌人弃甲丢烟枪，我军乘胜赶路程。调虎离山袭金沙，毛主席用兵真如神。"四渡赤水之战可以说是毛泽东指挥艺术的"神来之笔"。毛泽东本人也说，四渡赤水战役是他生平最得意之作。他根据情况的变化，灵活变换作战方向，调动和迷惑敌人，创造战机，在运动当中歼灭了国民党顽军，牢牢地掌握了战场主动权。这体现出毛泽东善于通过红军不停运动转移使国民党由实变为虚，而红军由虚向实，成功实现以实击虚。此外，世界历史上，日俄战争，俄国的黑海舰队远道而来，与早已在海上等待的日军舰队发生海战。同样，日本军队这种作战，也是孙子所说的以实待虚。孙子指出，善战者能够做到很好地操控他人而不被他人所操控。并告诉我们一个重要的道理：只有善于操控他人，主动权才能掌握在自己的手中。不然的话，自己的命运就掌握在他人的手中。

中国古代具有传奇色彩的鬼谷子，是纵横家的鼻祖，使他名扬天下的是他的几个出类拔萃的学生。他一生当中培养出两大军事家，一个是孙膑，一个是庞涓。善良的孙膑最终打败阴险狡诈的庞涓。他还培养出两大纵横家，一个是苏秦，一个是张仪。苏秦曾佩六国的相印，张仪主政秦国，两人合纵连衡，操纵战国时期列国外交的舞台。鬼谷子主张，做事贵在操控他人，而不被他人所操控。操控他人就掌握了主动权，被人操控就不能把握自己的命运。这与孙子的观点不谋而合。唐代李靖熟读《孙子兵法》，他认为其中的精髓就在于“致人而不致于人”这句话。

解放战争时期的三大战役中的辽沈战役，就是善于调动敌人的一个著名案例。毛泽东和周恩来鉴于林彪以优势兵力对付卫立煌的劣势兵力，却一筹莫展，指出这是指挥上造成的。毛泽东具体分析，认为先要进攻锦州。锦州是华北和东北地区的咽喉，取其咽喉，可以断绝敌军在华北与东北的相互策应，攻打锦州，就是攻其所必救，形成“关门打狗”之态势。敌人非增援不可，这就在战略上调动了敌人，争取了我军作战的主动权。

1986年，美空军上校约翰·沃顿在《空中战役：制定作战计划》一书中提出，在美军具有高技术空中优势的情况下，打击目标应当选择敌人最脆弱的重心——统帅指挥机构和支撑战争的经济目标。他认为，突出这两个重点最有可能取得决定性效果，并且迅速结束战争。基于这一思想，提出了著名的“五环”理论。“五环”理论的基点在于：把敌人看作一个系统。系统是由许多部分组成，从而形成一定的结构，系统中的各个部分因在系统结构中处于不同的位置而发挥不同的作用。“五环”就是针对敌方军政系统的各个组成部分的不同作用与地位来进行区分的，然后进行打击目标的选择。“五环”由内至外的打击顺序是：第一环为领导层环，也是最核心的一环，它包括军政领导层、指挥控制中心、防空预警系统等；第二环为系统关键要素环，是指支撑战争的关键经济目标，它包括国家主干企业、军工、石油、电力、化工等具有战争潜力价值的目标；第三环为基础设施环，包括道路、桥梁、机场等具有机动、战争物资输送价值的目标；第四环为民众环，即通过打击或收买来影响民众的精神心理状态；第五环为军队环。与以往的传统军事理论显著不同的是，沃顿不再把军队看作最重要的打击对象，而是将之置于最后的一环。

观念非常重要，是行动的先导。但没有正确的方法，也会无济于事，最后只能变成空而论道。孙子指明，操控敌人，让敌人听命，有两种方法：一种是以好处引诱。孙子明确讲，能让敌人自己亲自来，是让敌人认识到可以得到好处。例如，成语中有“香饵之下，必有死鱼”。钓鱼者常常利用香味十足的鱼饵来引诱鱼儿上钩，正是这种道理的应用。此外，“重赏之下，必有勇夫”，也是这个道理的反映。通过支付巨大的好处，让一些人自愿作出牺牲，从而达到操控他人行为的目的。另外一种是以危害胁迫对方。孙子明确地说，能够使敌人不敢前来，是让敌人意识到要冒巨大的风险，要付出高昂代价，所以敌人不敢前来。比如，强盗和坏人，经常采用威胁的手段，强迫他人交出钱财，不然的话，就会危及他人的生命安全。显然，这是一种操控他人行为的方法。例如，唐代少数民族突厥，犹如汉代的匈奴一样，长期以来被中原王朝视为大敌。唐朝初年，突厥不断南下侵扰唐朝的边境，有时还要深入内地，抢夺人口和财物，这种局面维持了很长的时间。后来，张仁愿彻底地打破了这一局面，他又是如何做到的？张仁愿的做法就是操控敌人，但他使用的方法就是以害威胁敌人，在突厥常常深入唐朝边境和内地路线的险要之处，修建了两座受降城，截断了突厥的退路。因此，后来突厥大军再也不敢随意南下，如果突厥大军入侵唐朝边境及内地，就要冒有去无回的风险。所以，突厥对唐代的危险，张仁愿就给解除了。张仁愿正是应用了孙子所说的第二种操控方法。

孙子认为，应用适当的操控方法，敌人安逸也能让其疲劳。比如，八路军武工队夜间不断骚扰炮楼里的敌人，让他们睡不好觉，吃不好饭，时间一长，敌人就会感到疲劳。敌人一疲劳，战斗力就会下降，这样敌人就容易被消灭了。由于掌握了具体的操控方法，所以，敌人吃得饱也能让其饥饿。曹操和袁绍官渡之战，双方相持不下的时候，曹操率轻兵偷袭乌巢，烧了袁军的粮草，袁军没有粮草可吃，最后就崩溃了。由于掌握了具体的操控方法，所以，坚守不动的敌人也可以让其动起来。三十六计当中的“调虎离山”就是说得这个道理，我们平常都说，老虎是兽中之王。

原因是老虎生活在深山老林，那里既是老虎食物来源之地，也是老虎隐蔽藏身之地，可以说是老虎自己的“根据地”。所以，老虎很厉害。而聪明的猎人把老虎从它的根据地山林引出来，那么老虎自然就容易消灭了。敌人也是如此，如果在防守险要之处固守，而且有充足的保障，自然难以消灭。想要消灭敌人，最好的办法就是引诱敌人离开这个地方。孙子指出，无论行军，还是攻击敌人，都要注意虚实。因而，行军路线要选择敌人意想不到的地方，那里就没有敌人防守。即使远行千里，军队也不会感到疲劳，因为没有敌人的阻击，那么就可以想休息就休息，当然不会感到疲劳。而攻击敌人时，要选择敌人意想不到的地方，那么攻击敌人的目标一定能获取，原因是攻击敌人不防守的地方。而防守时自己能做到坚固，原因是自己防守敌人不敢进攻的地方。孙子指出，所以善于进攻者，敌人不知应该防守什么地方；善于防守者，敌人不知应该进攻什么地方。这是为什么？原因是善攻者了解敌人的虚实，知道敌人哪里是鸡蛋，哪里是磨刀石；善守者能做到防守极其严密，让敌人不了解虚实，不知道我们哪里是鸡蛋，哪里是磨刀石。

吕蒙袭取荆州之战，他充分了解敌方指挥官关羽的个性特点，并利用其弱点，想方设法用计谋胜之。当时关羽水淹七军，活捉于禁，斩杀庞德，威震华夏。曹操为了解除樊城之围，于是写书信给孙权，劝他偷袭荆州。孙权于是召集众将领，以吕蒙为大都督，总领江东军马三万人，率韩当、周泰、蒋钦、朱然、潘璋、徐盛、丁奉等大将隐藏于船中，选一些精兵假扮商人，穿上白衣，摇橹向西，昼夜行进，直抵蜀军的烽火台。蜀军一时大意，让吴船泊岸避风。二更天，吴军齐出，将守军全部活捉。吴军长驱直入，悄然到达荆州，里应外合攻取了荆州。

孙子赞叹：微妙啊微妙，以至于没有任何形迹；神奇啊神奇，以至于无声无息。由于不显露虚实，而敌人的虚实能够清楚了解，所以，就能掌握敌人的命运，让其生存，就能生存，让其灭亡，就会灭亡。进攻敌人时，敌人不可抵御，是因为冲击敌人的虚弱之处；撤退时敌人不能追击，是因为行动快速而敌人来不及追赶。所以，我们想和敌人交战，敌人虽然高垒深沟，防守十分坚固，但不得不与我们交战，原因就是攻击敌人必然要救援的目标。我们平常所说的“围魏救赵”，就深刻体现了这一作战思维，“围魏”不是围攻魏国的一般目标，而是围攻魏国都城。一个国家不能没有都城，都城是一个国家的根本。所以，魏国军队不得不与齐国军队交战。

古今将领能够充分利用虚实与敌人周旋斗争。一是利用虚来欺骗敌人，著名者莫过于诸葛亮的空城计，诸葛亮的空城计就是利用了“虚而又虚”。当司马懿的大军赶到，城池不设任何防守，撤掉旗鼓，打开城门，百姓自由出入，有人清扫大街。城上的诸葛亮弹奏古琴，面带微笑，心神不乱。诸葛亮十分了解敌军指挥官司马懿的个性：一是多疑，二是谨慎。面对诸葛亮摆下的空城计，司马懿大军不知虚实，倒退四十里。究其底细，诸葛亮却是虚中之虚，带有一定的偶然性和冒险性，不足为训。

诸葛亮所演出的是古代版的空城计，而现代版的空城计也是有的，那就是石家庄保卫战。1948 年 10 月，傅作义集中了 94 军等精锐快速偷袭石家庄。而当时石家庄并没有我军主力部队，为了迷惑敌人，守城将领以冀中军区名义发表广播讲话，宣称军区首长命令冀中地方部队抗击敌军，在滹沱河一带构筑防御工事，同时命令张家口以南的三纵日夜兼程增援石家庄。傅作义派出空军侦察的结果，发现石家庄人心镇定，又有工事防护，而且我军南下增援部队越来越近。于是傅作义决心开始动摇，最后彻底绝望。同样是空城计，但二者性质却截然不同。保卫石家庄战役，所用“空城计”是以虚示实，延长敌人进军的时间，同时调兵南下增援石家庄，把实作为后盾。这样虚实并用，虚中有实，可以说是万全之策。而诸葛亮的空城计，却是虚中之虚，带有非常强的冒险性、偶然性。

孙子指出，使敌人的形迹败露，而我们却没有显露任何形迹，那么我们的兵力就可以集中，而敌人的兵力被迫分散。我们的兵力集中在一个目标上，而敌人的兵力分散在十个地点防守。因此，我们可以十倍的兵力攻击敌人，那么我们兵力强大，而敌人兵力不足，真正与我们交战的敌人就少了。我们与敌人交战的地点不可预料，所以敌人防守的兵力就多，敌人防备的兵力过多，那么真正与我们交战的敌人就少了。所以，敌人防备前方，那么后方就感到兵力不足；敌人防备后方，那么前方就会感到兵力不足；敌人防备左翼，那么右翼就会感到兵力不足；敌人防备右翼，那么左翼就会感到兵力不足。没有地方不去防备，那么就会感到兵力处处不够使用。自己兵力不够使用，原因是一味防备敌人。自己兵力绰绰有余，原因是使敌人处处防备。

所以，善战者有时故意显露形迹，让敌人看见，是为了误导敌人；有时让敌人捉摸不透，是为了更好地操控敌人。三国时东吴的周瑜友好接待自己的同学蒋干，让他到处参观自己的军营，从气势上震慑蒋干。在宴席当中，周瑜假装喝醉了酒，而蒋干趁机偷走了一封书信，并误认为是机密的信件。曹操见信之后，以为水军都督蔡瑁与吴蜀联军相互勾结，一怒之下，错杀蔡瑁。这证明周瑜非常善于做出形的伪装，有时故意显露外形，有时又防守得十分严密，让敌人看不出任何的破绽。

孙子强调，能够提前预知与敌人在什么地点交战，提前预知与敌人在什么时刻交战，那么就可以不远千里去作战，根本原因是我们相对于敌人是一种"实"的状态，有充分准备可以把自己打造成磨刀石。孙子这里表明一个重要的观念，那就是敢战。孙子《计篇》强调了一个重要战争观念——慎战，但慎战不是怯战和畏惧战争，而是要注意研究战争。孙子认为，当有确切胜利把握时，要敢于主动进行会战并且取胜。所以，我们在强调慎战的同时，也要注意孙子的敢战观念。二者是有机统一，不可分割的。

如果不能提前预知与敌人在什么地点交战，不能提前预知与敌人在什么时刻交战，那么我军就会陷入瘫痪。原因是我们相对于敌人是处于一种虚的状态，就有可能发生混乱不堪的状况。左方不能救援右方，右方不能救援左方，前方不能救援后方，后方不能救援前方，更何况距离几十里的目标。根据孙子的审视，对方军队的数量虽然超越自己很多，但也未必对取得胜利能有多大的帮助。所以孙子指出，胜利是属于可以创造条件的，有所作为的人。即使敌人很多，但可以做到让他们无法参加战斗。从历史上考察,使敌人无法参加战斗的方式有许多,但最主要的有三种:一是使敌人鞭长莫及,二是使敌人无法联络,三是使敌人无法进入战斗状态。

既然虚实如此重要,又如何去了解敌人的虚实呢?孙子《虚实篇》为我们提供了四种具体了解虚实的方法:一是通过研究分析,知晓对敌策略的优劣长短;二是通过侦察,知晓敌人活动的规律;三是通过实地勘查,知晓对敌作战战场的生死存亡地形;四是通过试探敌人,知晓敌人实力的强大与弱小。敌人究竟是得心应手,还是力不从心。敌人得心应手则为实,敌人力不从心则为虚。孙子使用这些方法,进而判断敌人是虚还是实。三国时期,刘备大举率军进犯吴国,陆逊事先进攻敌人的一个营寨,然后就知道如何使用战术击破敌人。

孙子认为,用兵虚实达到非常高的境界,以至于没有任何的形迹显露。如果有这样的表现,那么即使深藏在我们内部的间谍也不能窥测,即使敌人有非常聪明的谋士也不能为他们谋划。善于根据敌人显露出来的形迹,灵活地采取各式各样的措施与策略,因而他人不了解我们制胜的奥妙。人人都只是了解我们战胜敌人所采取的态势,却不了解我们为什么要采取这样的态势。因而,作战取胜的战术就没有重复,而回应敌人作战的战术变化却是无穷无尽的。英国思想家洛克说:“花招只能用一次,用过之后,再也行不通了。”这从根本上反映了孙子致胜战术思维的多元性。

孙子打比方说,用兵之形如同水流一样,水流的特点是避开高处的地方,流向低缓的地方,用兵之术就是要讲究避实击虚。水流是根据地形高低的特点而决定流向,用兵要根据敌人的虚实情况来实现胜利目标。所以,水流没有固定的形状,用兵没有固定的态势,能够根据敌人的虚实变化来获取胜利的人,可以说是真正的神人。孙子对水是情有独钟,仁者乐山,智者乐水。孙子是一位真正的智者,他把对自然当中水的认识与用兵有机融合在一起,这一点与老子有相通之处。老子说,上善若水,天下莫柔弱于水,而攻坚强者莫之能胜。意思是说,最高明者好像水流一般,天下事物没有比水更柔弱的了,但攻克坚固的事物再没有能比得上水的。这就是人们通常所说的“柔能克刚”的道理。孙子与老子在思维智慧上有一致的地方。

我们通过一个战例说明,战争当中,从来就是根据敌人的特点变化而变化。抗日战争初期,刘伯承率部进入山西平定地区去创建抗日革命根据地。日军为了打开晋北战局,建立和巩固自己的攻防体系,决定进攻南大路一带。当刘伯承获知日军二十师团的辎重部队将要宿营测鱼镇时,就判断敌人次日必然经过垣村,向平定地区输送军需物资。于是,刘伯承命令七七二团三营埋伏在垣村外的要道上,来伏击日军。第二天,日军果然沿着垣村大路向平定前进。当日军进入伏击圈时,七七二团三营发起猛烈攻击,毙敌300多人,缴获了大批军用物资,取得了伏击战的胜利。不久,日军又派出了辎重部队,增援平定地区。刘伯承深知日军将领的优点,大多数日军将官,熟读兵书,尤其对《孙子兵法》推崇备至,所以判定日军军官会对《孙子兵法》中的“战胜不复,而应形于无穷”兵学思想观点深信不疑。因此,刘伯承抓住了敌人这一特点加以充分利用,又在同一地点第二次设下埋伏,而日军将领却私下认为,我军不可能再在垣村埋伏了。于是又令辎重部队沿垣村向平定挺进,结果日军再次遭到重创。

孙子指明,五行当中的金、木、水、火、土不能永远处于兴盛的状态。中国古代的哲学家们认为,组成复杂纷繁的自然界的各种事物是由这五个最基本的要素构成的,而且它们之间是相生相克的关系。一方面,它们之间互相产生,如金生水,水生木,木生火,火生土,土生金。我们通常所说的“钻木取火”就是这个道理。另一方面,它们之间又互相制服,金克木,木克土,土克水,水克火,火克金。我们平常所说的“水来土掩”,就是这个道理。孙子通过五行原理,辩证地告诉世人一个非常关键的道理,世界万事万物,相互联系,相互产生。而且,万事万物都有自己的克星,也就是大家平常所说的“卤水点豆腐,一物降一物”。孙子以此告诉人们,敌人强大并不可怕,任何事物都有它的克星,关键是如何找到它的克星，只要找到其克星，即使强大的敌人也能老老实实地被制服。举个例子，大象体格健壮，身形庞大，即使狮子、老虎对它也敬畏三分。但森林中的大象，也有自己的克星，那就是老鼠。如果老鼠能够成功地钻进大象的鼻子里，大象就受不了。孙子这番谆谆告诫，本意是在增强弱者战胜强者的自信信念，再强大的东西都不是不可战胜的，关键是我们能否找到正确的方法去战胜它。

孙子还指明，一年四季春、夏、秋、冬，也是如此不停轮回，主宰气候的变化。世界上的事物时时刻刻都在变化，没有长盛不衰的事物。就犹如敌人不可能永远那么强大，也不可能永远那么弱小一样。又比如太阳、月亮，太阳光有强烈和不强烈的时候，月亮有极其明亮和看不清的时候。因而说，太阳、月亮的变化不是不可捉摸的，而是有规律的。中午的太阳是最厉害的，十五、十六的月亮是最圆的，任何事物都有它的最佳状态，也有它的低迷时期，最佳状态它们不会永远拥有，低迷时期也不会永远持续。因而，战争之中，就要善于观察敌人的变化，尽可能充分利用自己的最佳（最实）状态，同时尽可能利用敌人的低迷（最虚）状态。如果不了解事物本身发展的规律，就会错失时机。这是因为自己的最佳状态不会永远持续，敌人的低迷状态也不会永远不变。因而，孙子提醒人们，充分认识事物的虚实状态，尤其事物变化的临界点，也就是事物变化的转折点，把握这一时机格外重要。诚如古人所言，时乎时乎不再来。

军 争 篇

7.1 孙子曰：凡用兵之法[①]，将[②]受命于君，合军聚众，交和[③]而舍[④]，莫难于军争[⑤]。军争之难者，以迂为直[⑥]，以患为利[⑦]。故迂其途，而诱之以利，后人发，先人至，此知迂直之计者也。

【注释】

①法：法则。

②将：统帅。

③和：和门，军门。

④舍：驻扎。

⑤军争：两军相争。

⑥以迂为直：把曲线等同于直线。毛泽东《中国革命战争的战略问题》："为了进攻而防御，为了前进而后退，为了正面而向侧面，为了走直路而走弯路，是许多事物在发展过程中所不可避免的现象，何况军事运动。"刘伯承《战术问题》："创造弱点，诱敌深入，以迂为直，走迂回路比走直道好。长征时部队前进采取走迂回道的办法，常常出敌意外，而八军团过湘江一个师被歼灭，就是因为李德指挥走直路，所谓'甬道战术'而吃亏，因为直道常常是敌人有准备的地方，是硬的。"

⑦以患为利：把不利转变为有利。刘伯承《军事问题补充报告》："需要军事人材，若不就此时急急的利用中国军阀军官学校、国外兄弟党及其他公开或不公开的军事组织，以学习军事，则将来革命前途必蒙大多的不利。"刘伯承《太行军区二月反"扫荡"的军事经验教训》："日寇想在'扫荡'中不扑空，不费力，不吃亏，来消灭我们，曾不断向太行区发展短期的、长期的、局外的、局内的间谍网，直接瓦解抗日军队，始终未变。组

织青红帮，首先以循环方式煽动土匪与会门互相仇杀。以后才消灭土匪，把自己扮成'王者之师'，借此又利用会门扩大伪军。"

【译文】

孙子说：大凡用兵的法则，统帅接受国君的指令，动员民众，整合军队，与敌军对峙驻扎，没有比两军相争更艰难的事情了。两军相争最艰难的事情，就是把曲线等同为直线，把不利转变为有利。因而，在行军中迂回曲折，并以利益引诱敌人，虽然比敌人出发晚，却先于敌人到达，这是了解以迂为直计谋之人。

7.2 故军争为利，军争为危①。举军②而争利，则不及；委军③而争利，则辎重捐。是故卷甲而趋，日夜不处④，倍道兼行⑤，百里而争利，则擒三将军⑥，劲者先，疲者后，其法⑦十一而至。五十里而争利，则蹶⑧上将军，其法半至。三十里而争利，则三分之二至。是故军无辎重则亡，无粮食则亡，无委积⑨则亡。

【注释】

①军争为危：两军相争有危险。为，有。

②举军：全军。举，全。

③委军：丢弃部分军队。委，丢弃、舍弃。

④不处：不得休息。

⑤倍道兼行：倍道，速度加倍。兼行，日夜行进。

⑥三将军：三军将帅。

⑦其法：此种用兵之法。

⑧蹶：折损，挫败。

⑨委积：物资储备。

【译文】

因而，两军相争为的是利益，但也潜藏着危险。所有的军队都去争夺利益，那么就会失去宝贵的时机；丢弃部分军队去争夺利益，那么军队的辎重就会失去。因此，卷起衣甲，快速行进，白天黑夜不得休息，加快速度赶路，结果是三军将帅被活捉。这是因为精锐的将士先到达，疲惫的将士落在后面，这种争利方式只有十分之一的将士如期到达。急行五十里去争夺利益，那么上军的将帅就会遭遇挫败，只有二分之一的将士如期到达。急行三十里去争夺利益，只有三分之二的将士如期到达。因此，军队没有辎重，就会遭遇灭亡；军队没有粮食，就会遭遇灭亡；军队没有物资储备，就会遭遇灭亡。

7.3 故不知诸侯之谋者，不能豫交①；不知山林、险阻、沮泽②之形者，不能行军；不用乡导③者，不能得地利④。

【注释】

①豫交：贸然结交。

②沮泽：沼泽地带。

③乡导：向导。刘伯承《从实战中联想到我军教育要注意的事项》："向导是我军的耳目，特别在无好地图、缺少居民的地方行动，其作用更大。所以我们对于找来的向导，主要地应从物质生活上优待他，从政治上宣传他，使他安心而忠实地引路，决不可随便骂他，或把他当作犯人看待。自然要暗地防他偷跑，但这不是主要的。为防止泄漏军事秘密起见，在他身边讲话要检点，不使这一站的见下一站的向导。放向导回家，最好使他不走与敌人相遇的小路，以免敌人找得线索。"

④地利：地形有利条件。

【译文】

因而，不了解诸侯国的计谋，就不能贸然与其结交；不了解山林、险阻和沼泽的地形情况，就不能贸然行军；不使用向导，就不能利用地形的有利条件。

7.4 故兵以诈立①，以利动，以分合②为变者也。故其疾如风，其徐如林[3]，侵掠如火，不动如山[4]，难知如阴，动如雷震，掠乡分众[5]，廓地分利[6]，悬权而动[7]。先知迂直之计[8]者胜，此军争之法也。

【注释】

①兵以诈立：用兵打仗是以诡诈作为立足点。

②分合：分散和集中。毛泽东《论持久战》："为此缘故，在全国的数百万正规军中间，至少指定数十万人，分散于所有一切敌占地区，发动和配合民众武装，从事游击战争，是完全必要的。被指定的军队，要自觉地负担这种神圣任务，不要以为少打大仗，一时显得不像民族英雄，降低了资格，这种想法是错误的。"毛泽东《抗日游击战争的战略问题》："灵活地使用兵力，是转变敌我形势争取主动地位的最重要的手段。"

③其徐如林：军队行动舒缓，如林木一样森然有序。

④不动如山：军队安定不动，犹如泰山一样。毛泽东《论持久战》："一切敌人的'挑战书'，旁人的'激将法'，都应束之高阁，置之不理，丝毫也不为其所动。"

⑤掠乡分众：抢夺敌地的财富，分给部下。

⑥廓地分利：拓定疆土，把所得利益分给将士。

⑦悬权而动：权衡利害得失而行动。权，秤锤。

⑧迂直之计：以迂为直的计谋。朱德《目前形势和军队建设问题》："从钓小鱼与钓大鱼的办法不同来看，就可以理解打弱敌与强敌、打小敌与打大敌的不同。打小敌、弱敌，可以用比较简单而直接的办法；但打大敌、强敌，必须定出系统的斗争方针，战斗开始必须懂得摆布它，懂得用迂回曲折的办法。这是真理，要好好牢记、研究。"

【译文】

因而，用兵打仗是以诡诈作为立足点，根据利益的情况而采取行动，以兵力的集中或分散达成作战的变化。因此，军队行动迅速，犹如狂风一般；军队行动舒缓，犹如林木一样森然有序；军队入侵抢掠，犹如烈火一般；军队安定不动，犹如泰山一样；军队行动隐秘，犹如阴天一样难以预知；军队进攻行动，犹如雷霆一般。军队抢夺敌人的财富，要分给部下；军队拓定疆土，要把所得利益分给将士；将帅权衡利弊得失，相机行事。最先了解以迂为直计谋的将帅会取得胜利，这就是所谓的军争方法。

7.5 《军政》①曰："言不相闻，故为金鼓②；视不相见，故为旌旗。"夫金鼓旌旗者，所以一人③之耳目也。人既专一④，则勇者不得独进，怯者⑤不得独退，此用众⑥之法也。故夜战⑦多火鼓，昼战多旌旗⑧，所以变人之耳目也。

【注释】

①《军政》：上古时期的兵书。

②金鼓：即锣鼓，为打仗时指挥军队进退的号令。刘伯承《从实战中联想到我军教育要注意的事项》："第六，没有通信联络就说不上军队指挥。所以指挥员在战地指挥一排乃至上万的军队，使之在单一的战略或战术意旨之下协同动作，一定要靠由上而下的命令、由下而上的报告和由此而彼的友邻的通报，适时传达情况和指示，以使指挥正确而顺利。现在我们各级司令部建立了通信机关及无线电信和有线电话、乘马的、徒步的、旗语的、号音的种种工具，然而还有不能正确运用，甚至还有忽视它的，其原因在有些同志文化或指挥技能较差，不熟或不惯于运用通信工具，或以为自己忙于打仗，或没有特殊事件用不着通信，因而也疏于通信人员及维护工具，致其闲散和损坏，中断指挥，甚至贻误战机。今后我们要在教育上，先树立重视通信联络的观点，跟着在一切演习或战术作业中插入通信勤务，以养成其习惯。第七，首长在给予部属战术任务时，必须根据当前具体的际情况，发出适应情况的具体指示，这特别对于部属战术素养较差的更为必要。但不可因此而束缚其当机行事。我们拿使用重机关枪连来说，团长对于它的射击任务、弹药计算、隶属系统种种问题，要经常仔细考虑，才能得到战术上应有的效果。给予射击任务，必须适时确切指示之。譬如说'射击某敌人'，这是不够的，说'在某地点

占领阵地’也是不够的，必须说明：某连以援助某营的冲锋之目的，应于明(六日)五时在某地以袭击的火力侧射某高地之敌。这才算是确切指示其任务。为使该连长能预先侦察射击目标、火力阵地，并与所援助的某营发生联系，以及适时占领阵地起见，必须计算其需要的时间，适时指示这一任务。”

③一人：统一军民。一，统一。

④专一：集中统一。

⑤怯者：胆怯之人。

⑥用众：指挥众人。

⑦夜战：夜间作战。刘伯承《平汉战役某些战术问题的指示》：“夜间是我们最有利的战斗机会，我们要发扬‘夜老虎’的光荣传统，但需要精密的实际侦察和周到的计划。在进攻计划中，应使部队采取直路前进，避免弄错方向，如攻击点选在敌人侧背时，则对其侧背采取直路前进，更为方便。”刘伯承《从实战中联想到我军教育要注意的事项》：“夜间动作是我们部队良好的习惯。敌人所怕的事。特别是我们处在政治质量良好、技术兵器较差的条件之下，更要发扬夜间机动制胜敌人。一面准备刺刀熟练刺杀，一面加紧夜间的前进队形、冲击队形、标定方向、通信联络、侦察警戒乃至守备阵地的训练。”

⑧昼战多旌旗：白天作战设立更多的旌旗。毛泽东《论抗日游击战争的基本战术——袭击》：“还有一种办法，就是虚张声势。其法是在敌人驻地附近多插旗帜，多举烟火，即古人所谓设疑兵的办法。目的或在欺骗敌人，便于我方在他处之行动，或在恐吓敌人，增加其惊惶心理。”

【译文】

《军政》一书中说：“战场上言语听不见，因此创设了金鼓；视线看不清，所以创设了旌旗。”金鼓和旌旗是用来统一将士的行动。既然人人一致行动，那么勇敢的将士不能独自前去进攻，胆怯的将士不能独自后退。这就是指挥众人的作战方法。因而，夜间作战，使用更多的火把和战鼓；白天作战设立更多的旌旗，这是为了扰乱敌人的视听。

7.6 故三军可夺气①，将军可夺心②。是故朝气③锐，昼气④惰，暮气⑤归。故善用兵者，避其锐气，击其惰归⑥，此治气⑦者也。以治待乱，以静待哗，此治心⑧者也。以近待远，以佚待劳，以饱待饥，此治力者也。无邀正正之旗，勿击堂堂之陈⑨，此治变⑩者也。

【注释】

①三军可夺气：可以剥夺敌人三军的士气。夺，剥夺、打击。刘伯承《斗志和斗法是用兵的把柄》："斗志与斗法（战术）是用兵的把柄，要善于贯彻运用之。如无斗志，则不但一切谈不上，而且有覆灭的危险。斗法是建立在斗志之上的东西，军队无斗志，是自己宣布了死刑。"邓小平《胜利的回顾与胜利的期待》："我们要加强文化战线，与敌人进行顽强的宣传战。采用一切形式、不同方法，不疲倦地去加强民众的抗日爱国教育。要估计到由于战争频繁，敌人摧毁，可能引起部分群众失败情绪的增长；要估计到敌人的欺骗宣传如果不受到我们的揭破与打击，也可能在部分落后群众中起到若干影响；要估计到我们过去的宣传工作，一般是薄弱的，不够深入的，所以加强宣传教育工作，打破失败情绪，提高胜利信心，是非常重要的。"

②夺心：打击心理。徐向前《夺取全国胜利的伟大进军》："从大进军的开脚一步起，以'百万雄师过大江'的先声夺人气势，对准国民党的战略防线和重兵集团，实施连续不断的突破、分割、追击、围歼，决不给敌人以任何喘息之机。'三军可夺气，将军可夺心。'我军决水千仞的强大攻势，愈加造成敌军在心理上、行动上的绝望、崩溃状态，兵败如山倒，完全丧失其行动自由权和抵抗力。"

③朝气：初始士气。朝，早上，喻初。

④昼气：中间士气。昼，中午，喻中。

⑤暮气：末时士气。暮，晚上，喻末。

⑥避其锐气，击其惰归：避开敌人旺盛的士气，在敌人士气惰怠和思

归时进攻。毛泽东《中国革命战争的战略问题》:“孙子说的‘避其锐气,击其惰归’,就是指的使敌疲劳沮丧,以求减杀其优势。”

⑦治气:从士气上治服敌人。

⑧治心:从心理上治服敌人。

⑨无邀正正之旗,勿击堂堂之陈:不可进攻治理有方的敌人,不可进攻阵容强大的敌人。正正,齐整的样子,形容治理有方。堂堂,广大的样子,形容阵容强大。陈,通“阵”。

⑩治变:从节点变化上治服敌人。

【译文】

因而,可以剥夺敌人三军的士气,可以动摇敌方将帅的心理。因此,敌人早晨士气旺盛;中午时分士气变得惰怠;日暮时分,人心思归,士气衰落。善于用兵作战之人,能够避开敌人旺盛的士气,在敌人士气惰怠和思归时进攻,这就是从士气上治服敌人。以严整的军队等待敌人出现混乱,以镇静的军队等待敌人出现躁动,这是从心理上治服敌人。以近距离抵达战场的军队对付长途跋涉的敌人,以休养充分的军队对付疲劳的敌人,以给养充分的军队对付饥饿的敌人,这是从力量上治服敌人。不可进攻治理有方的敌人,不可进攻阵容强大的敌人,这是从节点变化上治服敌人。

7.7 故用兵之法:高陵勿向①,背丘勿逆②,佯北勿从③,锐卒④勿攻,饵兵⑤勿食,归师勿遏⑥,围师必阙⑦,穷寇勿迫⑧。此用兵之法也。

【注释】

①高陵勿向:占据山陵之敌,不可仰攻。刘伯承《从实战中联想到我军教育要注意的事项》:“一般战斗,在可能时就要采用迂回。特别在山地战斗,为要夺取高地起见,更要广泛地采用迂回,先占领敌人后面的高地。经验告诉我们,这样迂回常能压迫敌人自动放弃其良好的坚固的正面高

地，或者截获敌人。如果怕走迂回的弯路而直冲敌人正面的高地，那必然是多费兵力、兵器和时间才能打破正面之敌，并不易截获消灭敌人。”

②背丘勿逆：背靠丘陵之敌，不可正面迎击。

③佯北勿从：伪装逃跑之敌，不可追击。佯，假装。

④锐卒：精锐之兵。

⑤饵兵：诱饵之兵。

⑥归师勿遏：撤退的敌军，不可阻截。遏，阻截。

⑦围师必阙：包围敌军，一定预留缺口。阙，通“缺”。刘伯承《平汉战役的战术总结》：“围攻中应佯留一面缺口或弱点（即围师必缺之原则），在敌人可能突围之方向暗伏预备队（亦即攻击队形之梯阶配备），准备消灭敌人突围部队或截击援兵。”

⑧穷寇勿迫：陷入绝境的敌人，不可过分逼迫。穷寇，陷入绝境的敌人。刘伯承《平汉战役某些战术问题的指示》：“追击战斗。追击部署，为避免敌人困兽犹斗起见，可以放开一条退路，再于其退路伏击之。如识破敌人退却的征候，应注意抄其后路施行两面截击。必要时并以一部平行急追，超到敌人前面施行堵击、扇击、截击，三者配合，成功必大。当追击胜利告一段落时，要及时整顿与掌握部队，准备再战。”

【译文】

因而，用兵的法则是：对于占据山陵之敌，不可正面仰攻；对于背靠丘陵之敌，不可正面迎击；对于伪装逃跑之敌，不可追击；对于精锐之敌，不可进攻；对于敌人抛出的诱饵，不可贪图；对于撤退的敌军，不可阻截；对于被包围的敌军，一定要预留缺口；对于陷入绝境的敌人，不可过分逼迫。这些都是用兵的法则。

【评鉴】

争夺利益潜藏着巨大的危险

孙子《军争篇》的篇题“军争”两字清晰地表明本篇重点探讨“两军相争”的问题，在孙子眼里，两军相争是最困难的事情。其中原因又是什么？一则是两军相争，争的是利益，利益争夺背后充满各种风险。古人在所造的“利”字当中，就已喻示这种危险性。“利”字，左边是“禾”，表示果实，右边是“刂”，表示“刀”。因而，聪明的古人告诉我们“利”字背后有一把刀，只顾争利，不顾危险，可能伤及自己。二是争利必须懂得争利的方法，不懂得争利的方法，只能给自己带来更为严重的后果。争利当中有危险，因而，在争利的过程中，如何变害为利，是非常关键的。不然的话，利益可能会吞噬自己。人们常说“人为财死，鸟为食亡”，栩栩如生地刻画了这种悲惨结局，那么如何安全地争利呢？第一，要正确评估自己争利的风险有多大，如何把这种风险有效降到最低。第二，要有正确科学的争利方法，这些方法可以有效降低自己面临的危险，甚至能够变害为利，从而既争夺了利益，也保证了自己的安全。

显而易见，孙子《军争篇》对作战的指挥官提出了严厉的告诫：不能只看到利益，看不到利益背后的危险。只有清楚地认识到危险，才有可能规避危险。没有看到危险，后果显然要比看到危险严重得多，看到危险才有可能做好心理准备，去有效地采取防范措施。如果看不到任何的危险，就会像“盲人骑瞎马，夜半临深池”所形容的一样，身陷绝境。汉语言文化当中有“利害”“祸福”二词，每个词相反相成，连在一起使用。这说明利与害、祸与福是紧密相连的，而且是相互转化的。因而，利益的背后有危险，祸难的背后有好运。正如人们常说的“危机”一样，告诉我们“危险当中潜藏着美好的机遇、时机”，因此，古人告诉我们，坏的事情当中往往有着美好的转机，不要消沉低落，不要灰心丧气，关键要找到转害为利的正确方法，这样危险得到规避，获得利益也不会带来伤害。

孙子开篇指出，凡是用兵打仗的方法，统帅从国君那里接受指令，整合军队，两军军营相互对峙。孙子把这种情况叫“交和而舍”，对“和”字的理解，有两种解释：一是古代军队的营门叫和门，二是说军队外出打仗要团结一致。在冷兵器时代，两军交战，相互对峙，这是司空见惯的事情。孙子特别强调，这些事情都不是最难的，最困难的是两军相争。

而两军相争当中最困难的事情又是什么呢？孙子认为，那就是要做到“以迂为直，以患为利”。如何才能更好地理解“以迂为直，以患为利”？我们通过事例进行说明：几何学当中，两点之间直线距离最短。但在现实当中，往往走直线行不通，而且非常困难。所以走曲线要比走直线容易得多，最典型的例子那就是盘山公路，非常高的山岭，直着上去不容易，而且也很危险。如果我们打造一条不断盘绕的环山公路，上去的时候就容易多了，而且还很安全。因而，孙子“以迂为直”告诉人们，思维的转变可以减少危险和困难。在战争史上，对“以迂为直”这种创新性战术思维出神入化的运用，莫过于拿破仑。建立法兰西第一帝国之后的拿破仑，首先必须打败欧洲反法势力。1800 年，拿破仑率六万大军没有正面与奥军进行交战，而是穿越欧洲最高的、白雪皑皑的阿尔卑斯山，出人意料地出现在奥军背后，结果打败了数量众多的奥军。

另外，孙子这种“以迂为直”创新性战术思维也有相当重要的理论价值，英国的战略理论家利德尔·哈特受其启迪，创立了“间接路线”战略理论思想。利德尔·哈特从战争史的角度进行缜密的研究，证明了孙子“以迂为直”创新性战术思维在战争史上不断得到实践运用。间接路线战略是利德尔·哈特一生中提倡的战略观念。在《战略论》一书中，利德尔·哈特以西洋军事史上的三十场战争和二百八十多个战役的研究为例，归结出间接路线是最有希望而又最经济的战略形式，并在此基础上，为战略学构建出一套新的理论体系。而书中有关大战略的思考及游击战的阐述更是开风气之先，在核时代的今日，尤具启示意义。在研究古往今来许许多多的战役时，首先产生出来的一个思想是，间接路线要比直接路线优越得多。当时，利德尔·哈特还只是就战略学的观点来立论，只想更充分地把战略的实质揭露出来。可是，他在经过深入研究以后，开始认识到，间接路线的方法还可以有更加广泛的应用范围。他认为，在生活的一切领域之内，这种间接路线方法可算是一条定律，也是哲学上的一个真理。情况表明，对于人生道路上的一切问题，使用这种方法都能加以解决。每当各种相互矛盾的利益发生冲突的时候，人总是其中的决定因素。无论在何种情况之下，以新的观念进行直接攻击，总不免要招来顽强的抵抗，这样一来，反而会使观点的改变更加困难。如果采取出人意料的手段，把新的观念渗透进去，或者采取辩论的方式，则实现某种观点的改变，就会更加容易和迅速。这是因为在辩论当中，论敌的下意识抵抗，是比较易于用迂回办法去克服的。无论在政治领域中，还是在人与人之间的关系上，采用间接路线的方法都是一个基本的原则。在商业方面，只要有讨价还价的余地，则成交的机会就会多些。在其他任何一种情况下，大家都知道，要想说服一个人接受某种新的思想，最可靠的办法是设法使他相信，这个思想正是他本人提出来的。如同在战争中，在制服敌人以前，应首先削弱他的抵抗力，而达到这个目的的最好办法，就是把对方诱出他的防御阵地。

利德尔·哈特《战略论》中"间接路线"应用领域显然不局限于军事，有时甚至还应用在谈判和外交的场合。许多外交和谈判的高手，往往擅长运用"间接路线"。我们举一个例子来说明，曾经有一个刁钻、用心险恶的外国记者问周恩来总理："现在的中国有妓女吗？"当时，周恩来的回答可谓非常的巧妙。当他回答"有"时，这个记者脸上掠过阴险的一笑，紧接着周恩来又说"中国的妓女在我国台湾省"。这个外国记者一下子沮丧了。为什么说这个外国记者阴险，如果当时周恩来只回答一个"有"，那么就证明中国这个社会主义国家的社会风气并不是像大家所说的那样好。如果当时周恩来只回答一个"没有"，那么，这个外国记者就会借机小题大做，他就会说"台湾是有妓女的"，从而挑起有关台湾的话题。可是，我们聪明的周恩来总理正是看到这个圈套，不卑不亢，利用了"以迂为直"的高超战术，巧妙地把"大陆"与"台湾"纳入了一个中国政治法理的框架，清晰地表明了一个中国原则，同时彰显大陆的社会风气要比台湾好得多。

如何理解"以患为利"？我们还是通过一个事例来认识。从前，有两个销售鞋子的商人，一个商人甲，一个商人乙，商人甲到处寻找市场，他最先到达一个岛上，这里生活着许多人，可是人们都不穿鞋，商人甲看到这种情况，非常灰心，认为这里是没有销售市场的，于是就没有在岛上销售鞋子。另一个商人乙,后来到达了这个岛上,当他看到这里人们都不穿鞋子时,大喜过望,认为这里是一个巨大的潜在市场,是一个没有得到开发的销售市场。但是如何才能开发这个市场,显然又是一个问题,商人乙首先让岛上这些不穿鞋的居民认识到穿鞋的好处。果不其然,后来,商人乙在这里获得了巨大销售市场,赢得了巨大利润。从中可见,商人乙成功的最大原因,就是他做到了"以患为利",在别人眼中看到就是坏处,在他的眼里却恰恰是机遇,但也必须具备将两者转化的根本能力。

孙子因此认为虽然行走的路线迂回曲折,但通过引诱敌人,给予敌人好处,这样虽然比敌人出发得晚,却能先于敌人到达,这证明他已经充分把握了"以迂为直"的思想精髓。

孙子明确指出,两军相争为的是利益,而众多的人参与利益的争夺,本身就隐藏着一种极大的危险。第一种情况是整个军队都去参与争夺利益,这种争利的方式存在失去良好时机的危险性。为什么这样讲?原因是素质差的人员会拖累素质优秀的人员,素质优秀的人员要照顾素质差的人员,为了顾及整体,最后耽误了时机。第二种情况是不顾及全军,放弃一部分军队,以精锐的部队前去争夺利益,这种争利的方式存在失去后勤保障的危险性。这是因为部队的物资装备造成行军速度缓慢,不得不丢弃,但这样做物资很有可能被敌人抢夺。后勤保障可以说是一支军队的生命线,无疑特别重要。

孙子分三种情况讲述两军争夺利益的风险程度是不相同的:第一种是在一百里的范围内去争夺利益,往往是轻装快速前进,白天黑夜也不休息,加倍提高行军速度,这种争利的危险性极大,可能造成三军的统帅被活捉。孙子进一步解释这种危险是什么原因造成的,它是因为精锐的部队能够最先到达战场,而那些疲惫的部队却后到达战场,这种争利方法的结果是只有十分之一的军队能准时到达战场。由于敌我双方兵力极其悬殊,容易造成惨败的结果。第二种情况是五十里的范围内去争夺利益,那么上将之军可能遇到挫败,古代把军队分为上军、中军、下军。由于这种争利方式的行军里程有所缩短,因而半数的部队可以如期到达战场，这种情况要比百里范围内争利稍微好一些。第三种情况是在三十里的范围内去争夺利益，这种情况又比五十里范围争利的情况要好一些，那么就会有三分之二的军队能够到达战场。总之，孙子强调，两军争利的危险程度受距离远近的影响，距离越是遥远，危险性越大；距离越近，危险性越小。因而，两军争利的危险性与距离远近成正比。孙子最后警告军队的指挥员，两军争夺利益最大的危险在于：一是军队没有武器装备，可能就会灭亡。军队是一个武装的群体，没有武器，就不能在交战中生存。二是军队没有粮食，可能就会灭亡，“人是铁，饭是钢，一顿不吃饿得慌”，没有粮食的军队，生存都成问题，哪有精力去作战。三是没有储备，可能会灭亡。众所周知，凡事预则立，不预则废。没有充足的储备，军队使用武器装备和粮食终会有用光了的时候，这时候遭受灭亡的危险紧随而至。

军队后勤补给对于军队作战影响越来越重要，这是因为现代化装备下的军队，既需求的数量多，又消耗的速度快。由于科技进步，军队后勤补给的手段越来越先进，时至今日，有空中加油机对战机补充燃油，又有大型运输机从空中补给各种重要物资。但是战时，不比平时，战时环境险恶，各种补给会遇到想象不到的困难。

孙子进一步补充说明两军争利危险极多，方方面面都有可能产生意料不到的危险。他指出，在看似安全的行军当中，也隐藏着极大的危险，并提醒领兵者一定要注意。比如，不了解他国的计谋，不能贸然进行交往，防止受骗上当。历史上，这种教训屡见不鲜。一个典型的例子是，楚怀王受张仪欺骗，断绝与齐国的外交关系，后来遭受侮辱与系列攻击，国家利益损失严重。另一个例子是，秦国军队曾经偷袭郑国，中途计谋败露，于是放弃偷袭，但是没有注意当时晋国对秦国行为的不满，结果在崤山一带秦军遭受晋军的伏击，几乎全军覆没，秦军统帅被俘。孙子还指出，不了解行军途中有没有山地、森林、险要的地形和关隘，以及有没有泥泞、沼泽等特殊地形，就不能很好的行军。原因是有的军种，会受到地形条件的影响，比如车战部队就不能在泥泞的沼泽地带行军。孙子另外还指出，不使用土生土长的当地人作向导，就不能充分利用地形的有利条件。我们要注意的是，孙子用“乡导”而不用“向导”，显然是仔细斟酌过的，“乡”字强调的是长期生活在这个地方的人，因而对这个地方的地形环境十分熟悉，而不是随便找一个人指引哪儿条件有利。有人也指出孙子没有利用地图来了解地形，当然地图对了解地形很重要，但是古代地图制作很粗糙，即使今天的地图也有精确与非精确之分，不可能完全反映出地形和地貌。熟悉地理环境的人有时其实比地图更可靠。

其实，许多事情在现实当中，要比讲的东西复杂得多，尤其在双方交战的环境下使用向导，也是一件不容易的事情。刘伯承对使用向导有自己独特的认识，总结出了自己的实践经验。他认为，第一，好的向导很关键。向导是我军的耳目，特别在无好的地图、缺少居民的地方行动，其作用更大。第二，对待向导要友好。我们对于找来的向导，主要地应从物质生活上优待他，从政治上宣传他，使他安心而忠实地引路，决不可随便骂他，或把他当作犯人看待。第三，对待向导要注意安全保密防范工作。自然要暗地防他偷跑，但这不是主要的。为防止泄漏军事秘密起见，在他身边讲话要检点，不使这一站的见下一站的向导。放向导回家，最好使他不走与敌人相遇的小路，以免敌人找得线索。向导作用有时很大，从卫青远征匈奴之战，可以清楚地看出这一点。卫青远征匈奴大获全胜，不仅仅是卫青指挥才能杰出，还有一个重要的原因是有一个优秀的向导，这个向导就是张骞。大家都知道张骞曾经两次出使西域，是中国历史上著名的冒险家和外交家，他先后两次被匈奴扣留，长期生活在匈奴之地，甚至娶妻生子，他对匈奴的环境特别熟悉。因而，卫青远征匈奴，张骞成为最好的向导，汉军不会因为水草而发愁，由此可见，张骞的贡献不仅仅是在外交上的，他在军事上的贡献也要引起我们的重视。因此，对于一支军队，尤其是到了一个特别陌生的环境下作战，一个优秀的向导作用就会更大。

孙子指出，两军争夺利益的时候，诡诈是用兵的立足点，用利益引诱敌人，用分散和集中达到变化。分与合是变化的重要方法，最常见的儿童玩具变形金刚就能体现出灵活多样的变化，不同的分散与集中，事物的外形就在不断地改变。

孙子特别强调军队的行动是有节奏的，不是一成不变的。因而，军队在行动快速时犹如狂风一样猛烈。军队在行动缓慢时，就像森林一样森然有序。军队在发动侵掠时，犹如烈火一样迅猛。军队在安静不动时，犹如泰山一样。军队的变化好像阴天一样难以捉摸，这是因为阴天变化有数种情形，有时一直阴下去，有时会转晴，有时还会下雨、下雪。军队一旦采取行动，就犹如雷霆一般，势不可当。孙子告诫我们，军队行动一直迅猛不行，军队吃不消，一直纹丝不动也不行，必须要多样化，这样的军队才是富有生命力和战斗力的军队。

孙子把军队行动灵活变化的节奏用一些自然现象来比喻："侵掠如火，不动如山，难知如阴，动如雷震。"日本战国时代的名将武田信玄，非常崇拜孙子这种灵活的用兵节奏，就把这句话写在自己的军旗上，时时竖立在军门之上，让将士们认识军队行动是如何灵活而有节奏。不同的学习者，对《孙子兵法》欣赏的角度和认识是不一样的。有一次，在研究生课上，我问一个日本的留学生，你最欣赏《孙子兵法》哪句话？他说："胜兵先胜而后求战，败兵先战而后求胜。"他认为要想胜利，必先做好准备。当然，我自己最欣赏《孙子兵法》的一句话是，"兵因敌而制胜"，用兵要根据敌人的特点采取灵活的战术。

孙子这种告诫，不仅对军队而言有益，其实对每个人都是一个善意的提醒：生活要有节奏，不能只工作，不休息，不娱乐。要做到休息、娱乐、学习、工作相互调节。这样的生活节奏，才会充满朝气和阳光。

孙子提醒指挥官，掠夺敌人财物要分给部属一些，占据敌人领地要适当给予部属好处。孙子为什么要这样提醒，这与本篇主题是分不开的。争利本来就充满了危险，给部属好处，才能够调动部下与敌人争利的积极性，才能在遇到危险时，共同抵御危险。孙子强调，根据客观实际情况而灵活地采取行动，能够预先了解"以迂为直"计谋的争利者就会获得胜利，这是两军争利当中最重要的方法。

孙子是一个和平主义者吗？显然不是。为孙子大唱和平赞歌的，大有人在，而《孙子兵法》旗帜鲜明地表明孙子不是一个和平主义者。孙子《军争篇》“侵掠如火”“掠乡分众”，都实事求是地表明孙子不是一个和平主义者，而是一个有理性的战争主义者。如果说他是一个和平主义者，那么上述“侵掠如火”“掠乡分众”，以及前文提到的“千里而会战”，这些铁的事实告诉我们，认为孙子是和平主义者，只是一厢情愿。孙子是一个兵家，不是一个道德家。单纯用道德来评判兵家显然也是无知的，不科学的。兵家所追求的唯一目标就是胜利，正如美国麦克阿瑟将军所说的“在战争当中，没有任何东西能代替胜利”。兵家不是不注重道德，但兵家注重道德，显然与儒家注重道德是不一样的，兵家注重道德是为了胜利而服务的。当道德影响到兵家胜利的时候，兵家就会毫不犹豫地抛弃道德。这是因为兵家有兵家的用兵之道，儒家有儒家的治国之道，有时可以通融，有时却水火不容。

孙子援引古代兵书《军政》指出，指挥众多之人去争利，就必须有良好的指挥号令。距离遥远，耳朵就不能听到，因而就创造出战鼓；距离遥远，眼睛就不能看见，因而就创造出旌旗。孙子特别指明，为什么要创造这些战鼓和旌旗，原因是这些工具可以统一人们的耳朵和眼睛，让大家都能听得到，看得见。这样人们行动就会专心致志，而不发生混乱。因而即使勇敢的人也不能随意单独进攻，胆小如鼠的人也不能随意后退。孙子认为，这就是统率众人的一个重要方法。刘伯承指出，古代的指挥系统显然较为简单，而当代的通信指挥系统则复杂得多。没有通信联络就说不上军队指挥，所以指挥员在战地指挥一排乃至上万的军队，使之在单一的战略或战术意旨之下协同动作，一定要靠由上而下的命令、由下而上的报告和由此而彼的友邻通报，适时传达情况和指示，以使指挥正确而顺利。现在我们各级司令部建立了通信机关及无线电信和有线电话，乘马的、徒步的、旗语的、号音的种种工具。然而还有不能正确运用，甚至还有忽视它的，其原因在于有些同志文化或指挥技能较差，不熟或不惯于运用通信工具，或以为自己忙于打仗，或没有特殊事件用不着通信，因而也疏于通信人员及维护工具，致其闲散和损坏，中断指挥，甚至贻误战机。今后我们要在教育上，先树立重视通信联络的观点，跟着在一切演习或战术作业中插入通信勤务，以养成其习惯。

孙子讲两军争利的时候，注意到心理战的应用。他首先指出，夜间作战要更多地使用火把与战鼓，白天作战要更多地使用旌旗。孙子归结这种行为是为了改变人们耳朵所听到的和眼睛所看到的，也就是扰乱敌人的视听。我们需要注意的一点是，孙子首次从作战时间的角度，把战争分为夜战与昼战两种。总体来看，这种分法已经囊括全天，已经是一种全天候的作战。只要是任何有利的时机，都可以成为作战开始的时间，这是我们要注意的孙子的作战时间观念。

孙子还进一步指明心理战的作用是“三军可夺气，将军可夺心”。意思是说心理战可以动摇敌人三军的作战士气，可以动摇敌人统帅的作战心理。美国艾森豪威尔将军曾经这样认为：士气是打胜仗唯一的最大因素。士气虽然没有像艾森豪威尔将军说得那样夸张，但“破坏敌人的士气应该是每一个司令官的经常的目标之一”无疑是相当贴切的。《淮南子·道应训》记载，楚将子发爱结交有一技之长的人，并把他们招揽到自己的麾下。有个其貌不扬，号称“神偷”的人，也被子发待为上宾。有一次，齐国进犯楚国，子发率军迎敌。交战三次，楚军三次败北。子发旗下不乏智谋之士、勇悍之将，但在强大的齐军面前，简直无计可施。这时神偷请战。他在夜幕的掩护下，将齐军主帅的睡帐偷了回来。第二天，子发派使者将睡帐送还给齐军主帅，并对他说：“我们出去打柴的士兵捡到您的帷帐，特地赶来奉还。”当天晚上，神偷又将齐军主帅的枕头偷来，再由子发派人送还。第三天晚上，神偷连齐军主帅头上的发簪子都偷来了，子发照样派人送还。齐军上下听说此事，甚为恐惧，主帅惊骇地对幕僚们说：“如果再不撤退，恐怕子发要派人来取我的人头了。”于是，齐军不战而退。

从古至今，心理战得到广泛使用。楚汉垓下之战，韩信以悲怆的楚歌来瓦解楚军军心和士气，许多人也许对音乐的功能认识很有限，其实，音乐有一种强烈的教化和陶冶功能。澎湃激昂的乐曲能使人的心理受到震撼，起到激励斗志作用，而古人所谓的靡靡之音，长时间聆听，就能使人的意志变得消沉，斗志变得低落。由此可见，音乐也是一种武器，一种心理武器。成语“四面楚歌”就是昔日韩信对项羽军队有效实施心理战情景的经典浓缩。“九月深秋兮四野飞霜，天高水涸兮寒雁悲怆！最苦戍边兮日夜彷徨，披坚执锐兮骨立沙岗。离家十年兮父母生别，妻子何堪兮独守空房。虽有腴田兮孰与之守，邻家酒熟兮孰与之尝？白发倚门兮望穿秋水，稚子忆念兮泪断肝肠！胡马嘶风兮尚知恋土，人生客久兮宁忘故乡？一旦交兵兮蹈刃而死，骨肉为泥兮衰草濠梁。魂魄悠悠兮不知所倚，壮志寥寥兮付之荒墟。当此永夜兮追思反省，急早散楚兮免死殊方。我歌岂诞兮天遣告汝，汝其知命兮勿谓渺茫。汉王有德兮降军不杀，哀告归情兮放汝翱翔。勿守空营兮粮道已绝，指日擒羽兮玉石俱伤。楚之声兮散楚卒，我能吹兮协六律。我非胥兮品丹阳，我非邹兮歌燕室。仙音彻兮通九天，秋风起兮楚亡日。楚既亡兮汝焉归，时不待兮如电疾。歌兮歌兮三百字，字字句句有深意。劝汝莫作等闲看，入耳关心当熟记。”韩信这种心理战取得显著成效。如泣如诉的楚歌，使楚军将士离肠寸断，思乡厌战，纷纷逃离军营。项羽最后成为真正的孤家寡人，最终被刘邦大军击灭。心理战不只是在古代使用，现代战争中也被广泛使用。如淮海战役中，我军采取战场喊话、散发传单、广播劝敌投降等各种方法瓦解国民党军队，结果在战役第三阶段，在我军发起攻击前，有 14000 余名国民党将士向我军投诚。从孙子主张的心理战，我们看到：孙子已经清楚地认识到一个重要的战争现象，战争不只是刀与枪血的较量，而且还有心理上激烈的较量。忽视敌我心理上的较量，同样会打败仗。

孙子指出，军队的士气状态不是固定不变的，而是不断变化的。因此早上的时候士气精锐。到了中午，士气有所懈怠。到了晚上，士气变得低沉，想要回去。需要注意的一点是，孙子所讲的只是一种具体的现象，他用具体来指代抽象。并不是所有的军队早上士气精锐，中午士气懈怠，晚上士气低沉。众所周知，人与人的生物钟是不相同的，有的人早上精力充沛，有的人晚上精力充沛。因此，我们要正确对待孙子所说的这种现象，不能把它看作普遍现象。孙子根据这种现象的观察，得出“避其锐气，击其惰归”的结论。毛泽东曾经指出，孙子所说的“避其锐气，击其惰归”，就是指的使敌疲劳沮丧，以求减杀其优势。善于用兵打仗的人，能够避开敌人精锐的士气，当敌人士气懈怠急于回归时进行攻击，这就是从士气上战胜敌人。以自己的严整等待敌人的混乱，以自己的镇静等待敌人的躁动，这是从心理上战胜敌人。以自己近距离抵达战场等待敌人远道而来，以自己的安逸等待敌人的疲劳，以自己的丰饱等待敌人的饥饿，这是从力量上战胜敌人。例如，第一次世界大战当中，英国对德国实施潜艇战，严密封锁德国，希望德国陷于饥饿状态。不去引诱、不去攻击阵容严整强大的敌人，这是从变化上战胜敌人。春秋时期的齐鲁两军长勺之战证明曹刿善于从变化上战胜敌人。鲁庄公和曹刿共坐一辆战车指挥作战。两军刚一列阵，鲁庄公就想擂鼓进攻。曹刿说：“交战还不到时机。”等到齐军向鲁军发动了三次攻击都未获胜时，曹刿才说：“可以出击了。”结果把齐军打得大败而退。鲁庄公想趁齐军败退的机会驱车追赶。曹刿说：“不可以。”说完后，跳下车，仔细察看齐军战车的痕迹，又登上车轼，观察齐军撤退的情况，然后才说，“可以下令追击了”。于是把齐军赶出了鲁国国境。战斗胜利结束后，鲁庄公询问曹刿取胜的原因。曹刿说：“战争是要靠勇气的。齐军第一次冲锋时士气最旺盛；第二次击鼓冲锋时，士气就有些衰落；第三次击鼓冲锋时，士气已经没有了。敌人士气已尽，我们的士气正旺盛，所以我军就获得了胜利。”而“三鼓”正是齐国军队士气发生根本变化的临界点，如果不能抓住这一时机，齐国军队就又开始从衰落逐渐转向旺盛，那么鲁军恰好相反，由旺盛转向衰落。因此，长勺之战胜利的关键在于曹刿善于抓住变化，不失时机战胜敌人。

孙子最后指出，用兵打仗一定要考虑避开对自己不利的条件，降低自己面临的危险。敌人占据高处的山陵不要正面攻击，背着丘陵不要逆向进行攻击。孙子以此说明敌人“以佚待劳”，在地势和力量上占据优势，这种情况很难战胜敌人。敌人假装失败不要追击，敌人士卒精锐不可攻击，孙子以此说明敌人在变化上占据优势，这种情况很难战胜敌人。敌人诱饵之兵不可消灭，敌人回归不可阻遏，孙子以此说明敌人在心理上占据优势，这种情况很难战胜敌人。围困敌人要留缺口，穷途末路的贼寇不要紧攻不放，孙子以此说明敌人在士气上占据优势，这种情况很难战胜敌人。成语当中的“狗急跳墙”就是形容这种环境下的坏人会进行疯狂的反扑。孙子把这些归结为用兵的常规方法，但这些方法也不是一成不变的。例如，三十六计当中就有“关门捉贼”，就不给敌人留下任何逃亡的机会，关键是自己有没有足够的实力去消灭敌人。

孙子所说的这八种用兵方法，很大程度上局限于冷兵器时代，不可当作固定的用兵法则。尤其在火力极其猛烈的当今时代，这些情况并不是像孙子所说那样，而是有了实现的客观条件，变得容易起来。因此，我们在学习《孙子兵法》时，要注意到时代环境的变化，与当代科学技术的影响，孙子有的战术思想是需要修正的。敌人占据高处的山陵，也是可以正面攻击的，背着丘陵也是可以逆向进行攻击的。敌人假装失败也是可以追击的，敌人士卒精锐也是可以攻击的。敌人诱饵之兵也是可以消灭的，敌人回归也是可以阻遏的，围困敌人是可以不留缺口的，穷途末路的贼寇是可以紧追不放的。最典型的例子就是毛泽东所说的“宜将剩勇追穷寇，不可沽名学霸王”，就打破了孙子所说的“穷寇勿迫”的怪圈，号召人民解放军彻底干净地消灭国民党在大陆上的残余势力。由此可见，战法是随客观环境变化而变化的，但战争最基本的原则是不变的。那就是孙子所说的“因敌而制胜”。这也反映了人们常讲的“以不变应万变”。不变是指的“因敌而制胜”这个原则是永远不变的，根据不同敌人的特点，采取不同的战术，来回应敌人各种战术上的变化。

九变篇

8.1 孙子曰：凡用兵之法，将受命于君，合军聚众，圮地[①]无舍，衢地交合[②]，绝地[③]无留，围地[④]则谋，死地[⑤]则战。

【注释】

①圮地：难于通行之地。《孙子·九地篇》："山林、险阻、沮泽，凡难行之道者，为圮地。"

②衢地交合：在各国毗邻之地注意结交中立国。衢地，指各国相毗邻的要冲。《孙子·九地篇》："诸侯之地三属，先至而得天下之众者，为衢地。"

③绝地：难以生存之地。是自然造成的。《孙子·九地篇》："去国越境而师者，绝地也。"

④围地：四面险阻，出入狭隘的地形。《孙子·九地篇》："所由入者隘，所从归者迂，彼寡可以击吾之众者，为围地。"

⑤死地：难以生存之地。是敌人造成的。《孙子·九地篇》："无所往者，死地也。""疾战则存，不疾战则亡者，为死地。"

【译文】

孙子说：大凡用兵的法则，统帅接受国君的指令，动员民众，整合军队。对于圮地，不可驻营；对于衢地，注意结交中立国；对于绝地，不可停留；对于围地，注意谋划；对于死地，殊死搏战。

8.2 涂有所不由[①]，军有所不击，城有所不攻，地有所不争[②]，君命有所不受[③]。故将通于九变[④]之地利者，知用兵矣；将不通于九变之利者，虽知地形，不能得地之利矣。治兵[⑤]不知九变之术，虽知五利[6]，不能得人之用矣。是故智者之虑，必杂[7]于利害。杂于利，而务可信[8]也；杂于害，而患[9]可解[10]也。

【注释】

①涂有所不由：平坦的路途有时不去行军。涂，通“途”。

②地有所不争：土地有时不去争夺。毛泽东《论持久战》：“放弃土地是为了保存军力，也正是为了保存土地；因为如不在不利条件下放弃部分的土地，盲目地举行绝无把握的决战，结果丧失军力之后，必随之以丧失全部的土地，更说不到什么恢复失地了。”

③君命有所不受：国君命令有时不接受。朱德《黄陂东陂两次战役伟大胜利的经过与教训》：“服从命令与机断专行这两件事是不冲突的。决不能把机断专行误认为是违抗命令，也不能机械地执行命令，而抛弃机断专行。”刘伯承《太行军区二月反“扫荡”的军事经验教训》：“游击战争是千变万化，急转直下的战斗环境。凡独立行动部队的干部，特别是分遣连的干部，应是在上级总的意旨之下，从政治上积极负责，独立自主，刚胆沉着，机断行事，没有消极不做的事情，也没有犹豫不做的事情，也没有等待上级指示才做的事情。一般说来，在独立战斗时，估计能够胜利就打，不能胜利就撤走，或正在打，一见得不到胜利时，也要撤走。”徐向前《西路军失败的主要教训》：“‘将在外，君命有所不受’这句古话，指的就是军事指挥上的机断专行问题。寓于其中的经验教训，不知是用多少人的流血代价，才换来的。对于一支独立作战的军队来说，指挥员能否根据作战任务和战场情况，机断专行，灵活制敌，往往能对战局发生决定性的影响。”

④九变：九是极数，指多种多样的变化。刘伯承《〈孙子〉笔记》：“要用兵灵活，掌握战场主动权，巧、猛、疾三个字就特别重要。所谓巧，就是巧妙而精奇；所谓猛，就是要有猛虎扑羊般的气势；所谓疾，就是调动军队，指挥作战要快、要敏锐。”朱德《谈几个战术的基本原则》：“红军军人要以唯物的辩证法来研究和运用战术。首先要知道事物是变动的，情况是迁移的，决不容有一成不变的老章法来指挥军队。”

⑤治兵:治理军队。

⑥五利:是指前文所言“涂有所不由,军有所不击,城有所不攻,地有所不争,君命有所不受”。

⑦杂:结合。

⑧信:自信。

⑨患:祸患。

⑩解:解除,消除。

【译文】

对于平坦的路途,有时不去行军;对于敌军,有时不去攻击;对于城邑,有时不去攻取;对于土地,有时不去争夺;对于国君的命令,有时不去接受。因而,统帅知晓多种变化的好处,说明其懂得用兵;将帅不知晓多种变化的好处,虽然了解地形,但也不能发挥地形的有利条件。治理军队不了解多种变化的方法,虽然知晓上面所说的五种好处,但也不能充分发挥部下的作用。因此,有智慧的统帅思考事情,必定是把事情有利和有害的两个方面结合起来考虑。结合考虑事情有利的一面,那么一定会增加信心;结合考虑事情不利的一面,那么一定会消除祸患。

8.3 是故屈①诸侯者以害②,役③诸侯者以业④,趋⑤诸侯者以利⑥。

【注释】

①屈:使……屈服。

②害:危害。

③役:役使。

④业:事业。

⑤趋:奔走。

⑥利:利益。

【译文】

因而,使诸侯国屈服是通过有害的事情进行胁迫,役使诸侯国是通过伟大的事业进行号召，使诸侯国追随自己是通过利益进行引诱。

8.4 故用兵之法：无恃[1]其不来，恃[2]吾有以待[3]也；无恃其不攻，恃吾有所不可攻也。

【注释】

①无恃：不要心存侥幸。

②恃：依赖，依靠。

③待：对待，对付。

【译文】

因而，用兵的法则是不要心存侥幸指望敌人不来，而是依靠自己有足够的实力可以对付敌人；不要心存侥幸指望敌人不进攻，而是依靠自己有足够的实力使敌人不可进攻。

8.5 故将有五危[1]：必死[2]，可杀也；必生[3]，可虏也；忿速[4]，可侮也；廉洁[5]，可辱也；爱民[6]，可烦[7]也。凡此五者，将之过[8]也，用兵之灾[9]也。覆军杀将[10]，必以五危，不可不察也。

【注释】

①五危：孙子此处所言“五危”，是具体指代抽象，犹如古人所言“五行”一样，因而，“五危”意指多种危险。

②必死：勇敢不怕死。

③必生：贪生怕死。

④忿速：急躁易怒。

⑤廉洁：清廉不贪。

⑥爱民：爱惜民众。

⑦烦：烦扰，烦劳。

⑧过：过失，过错。

⑨灾：灾难，危害。

⑩覆军杀将：覆灭军队，杀害统帅。

【译文】

因而，统帅面临多种危险：勇敢不怕死，那么就会被敌人诱杀；贪生怕死，那么就会被敌人俘虏；急躁易怒，那么就会被敌人凌辱；清廉不贪，那么就会被敌人污蔑；爱惜民众，那么就会被敌人烦扰。凡是这些情形，都是统帅个性造成的过失，都会在用兵中带来灾难。覆灭军队，杀害统帅，都是由于这些情形造成的。因而，一定要注意研究。

【评鉴】

《孙子兵法》变化的极致——性格改变

杨少俊主编的《孙子兵法的电脑研究》一书，运用计量史学研究方法，对《孙子兵法》进行了多角度系统分析。该书指出，孙子对定量研究与定量分析在军事领域中的重要性有深刻认识。他对数量问题异常之重视，无怪乎，有的学者曾专门撰文研究孙子的数学思想，称他是“古代数学家”。马克思曾经说过，任何一门科学，只有充分地应用了数学之后，才算达到了真正完善的地步。孙子十三篇中曾 8 次使用数字“九”。在《孙子兵法》当中，数字用法分两种情况：一种是实指，一种是虚指。孙子使用“九”的用法，都是虚指。《形篇》使用 2 次，有“善守者藏于九地之下，善攻者动于九天之上”。《九变篇》使用 4 次。其中，篇题使用 1 次，内容使用 3 次，有“将通于九变之地利者，知用兵矣；将不通九变之利，虽知地形，不能得地之利矣。治兵不知九变之术，虽知五利，不能得人之用矣。”《九地篇》使用 2 次。其中，篇题使用 1 次，内容使用 1 次，有“九地之变，屈伸之力，人情之理，不可不察也”。

周振鹤在《中国地方行政制度史》中对于数字之用有精彩的论述，现援引于此。数是事物普遍存在的一种量的规定性，世上的万事万物莫不与数有关。古代东方和西方的哲人无不把数当作一种哲学范畴。古希腊的毕达哥拉斯学派就有“万物即数”“数是事物的原本”的观念。古代中国也有“万物皆有定数”的信念，例如“历数”的概念本来指的是根据天象运行规律推算的岁时节候次序，推而广之，受命于天的帝王，也必须按照“历数”来进行更替，所以尧在禅让帝位给舜时说“咨，尔舜，天之历数在尔躬。”历数也被赋予改朝换代的意义了，所以《史记·律书》说：“形然后数。”由于数的观念在古人思维中占据重要地位，所以《禹贡》以九州划分天下，有其深刻的思想背景。九表示多或终极的意思。所谓“天之至数，始于一，终于九焉”，因此天下有九隅，异族有九戎，人有九族，官有九卿，皇帝尊礼大臣而加九锡，河水入海而分九河，直到北宋著全国地理志，仍称为《九域志》。迷信数与事物的关系，今人视之似不可理喻，而在古人却是正常的文化心理状态。

孙子《九变篇》篇题的含义是什么？这要从“九”字说起，这个“九”不是我们通常所说的基数“九”，而是有它特定的语言环境，《九变篇》之“九”在文言文当中是一个极数，形容非常多。李白诗句当中有“飞流直下三千尺，疑是银河落九天”，就是典型的应用，吴承恩《西游记》中有意把唐僧西天取经所经历的艰难险阻设定为八十一难，其中也包含这样的道理。曾经一度流行的歌曲《九百九十九朵玫瑰》，也是学习和沿用了古人的数字使用方法，喻示所赠玫瑰极多，隐喻无限的爱意。孙子“九变”，显然不是通常所说的九种有限的变化，而是“灵活多变，千变万化”的意思。

变化是一支军队富有生机和活力的象征。在什么情况下要变化，孙子分不同的情况进行说明：一是要根据客观地理环境的变化来改变自己的行动，比如山地和平原。二是要根据客观面临的实际情况改变自己的行动。其中，这种改变既包括行军路线的改变，也包括攻击目标的改变，还包括不接受国君的命令。三是将帅的个性有时也需要改变。因而，孙子从多个方面强调一个将帅的应变能力，这是作为将帅必备的素质。孙子指出，将帅对他指挥下的军队负有重大职责，关系到这支军队的生死存亡。优秀的将帅特别善于变化，在用兵之时不讲规则。以至孙子指出，将帅的个性也需要适时发生改变。如果将帅不能根据环境的需要，适时转变自己的个性，就会被敌人利用，因而就会发生覆军杀将的危险。

总之，优秀的将帅用兵不讲规则，从来认为没有不可改变的东西。“变”是《孙子兵法》固有的灵魂，不变是孙子的制胜法则，诸如“水因地而制流，兵因敌而制胜”“合于利而动，不合于利而止”。这种变化处处体现，正如本篇所言：圮地无舍，衢地交合，绝地无留，围地则谋，死地则战。涂有所不由，军有所不击，城有所不攻，地有所不争，君命有所不受。故将通于九变之地利者，知用兵矣；将不通于九变之利者，虽知地形，不能得地之利矣。治兵不知九变之术，虽知五利，不能得人之用矣。

孙子还提出了一个衡量聪明人的标准，那就是“智者之虑，必杂于利害”。意思是说，聪明人考虑事情，好处与害处同时要考虑，不能只考虑一个方面。若是考虑一个方面，在孙子眼中，显然是愚蠢人的做法。如果只考虑好处，却不考虑害处，就会出现意想不到的后果，“人为财死，鸟为食亡”，就是形容这种悲惨结局。这些人眼睛一味盯着钱财，没有想到钱财背后有陷阱，有危险，结果丢掉了自己的性命。这些鸟儿只是看到了食物，却没有料到食物是有毒的，有害的，结果被毒死了。如果只考虑害处，不考虑好处，就会只看到危险与困难，信心发生动摇，就会出现“半途而废”“行百里者半九十”，最后常常放弃了自己的追求和梦想。《西游记》中的猪八戒，就是典型的例子。猪八戒在遇到困难的时候，就是这种表现，不想去西天取经了，想要回到高老庄享受美好的生活。原因就是猪八戒只看到眼前的害处，没有想到西天取经的好处，可以取得真经，可以得道成仙。唐僧则恰好相反，他念念不忘要到西天取得真经，可以弘扬佛法，普度众生。但他却总是看不到害处，遭遇多种挫折和磨难，幸亏有孙悟空等人的鼎力相助，才化险为夷，最后取得真经。因而，只是看到事情的害处，其中隐藏的机会最后就会白白浪费，古人所谓“危机”二字，清楚地告诉我们，危险之中潜藏着机遇，如果只考虑危险，那么就会与机遇失之交臂；只是看到事情的好处，看不到潜藏的危险，那不光达不成目标，自身都可能陷入绝境，遭遇不测。因此，孙子认为，考虑事情既要考虑好处，这样才能使事情真实可信，树立自己坚定的信念、必胜的信心；又要考虑害处，这样才能避免祸患，原因是自己有了充分的心理准备，估计到可能的危险，采取了有效防范措施，等到危险来临的时候，就会度过难关，得以胜出。

《梦溪笔谈》记载了一则故事，海州知府孙冕很有经济头脑，他听说发运司准备在海州设置三个盐场，便坚决反对，并提出了许多理由。后来发运使亲自来海州谈盐场设置之事，还是被孙冕顶了回去。当地百姓拦住孙冕的轿子，向他诉说设置盐场的好处，孙冕解释道：“你们不懂得作长远打算。官家买盐虽然能获得眼前的利益，但如果盐太多卖不出去，三十年后就会自食恶果了。”然而，孙冕的警告并没有引起人们的重视。他离任后，海州很快就建起了三个盐场，几十年后，当地刑事案件上升，流寇盗贼、徭役赋税等都比过去大大增多。由于运输、销售不通畅，囤积的盐日益增加，盐场亏损负债很多，许多人都破了产。这时，百姓才开始明白，在这里建盐场确实是个祸患。

利与害是紧密相连的，而且会相互转化。最著名的寓言“塞翁失马”，说明坏事可以转化为好事，好事也可以转化为坏事。许多人往往不明白这个道理，即使聪明人，也会“聪明一世，糊涂一时”。当初，项羽破釜沉舟，打败秦军，率领诸侯军队推翻秦朝。分封天下的时候，项羽自封为西楚霸王，分封过程中做得极不公正，与自己关系好的就分封到好地方，与自己关系不好的，就分封到坏地方。由于项羽对刘邦有成见，认为刘邦野心很大，就把刘邦分封到汉中，当时的汉中地区没有得到很好开发，偏僻而且荒凉。刘邦很生气，就要率部下跟项羽去拼命，张良劝阻刘邦说，到汉中这个地方，也是有好处的，可以暗暗发展自己的势力，而不引人注目，等待时机来临，羽翼丰满，再去争夺天下。刘邦觉得十分有道理。显然，张良分析事情，不仅考虑害处，还同时考虑好处。而刘邦只看到害处，没有考虑其中的好处。如果不是张良及时提醒，刘邦险些坏了大事，因为当时的刘邦根本就不是项羽的对手。

孙子生活的时代是列国争战的时代，操控他国为自己的战略利益服务，是一些国家追求的战略目标。孙子具体讲述了如何操控他国的相关问题，指明了三种操控他国的方式，第一种方式是以害处威慑他国，使他国屈从于本国。最显著的例子是战国时代的秦国,特别擅长运用武力威慑六国,让六国割地求和。

第二种方式是以一种伟大的事业或者伟大的精神理念激励他国,使他国受到本国役使。在中国历史上,这种操控方式得到广泛的应用,春秋时代出现的"五霸",其中最典型的莫过齐桓公的举动,他接受了管仲的建议,打着"尊王攘夷"的旗号,以尊崇周天子,抵御少数民族入侵作为战略指导思想,使华夏许多诸侯国团结到自己的旗帜之下,最后成就了他春秋霸主一代伟业。天下纷乱之际,这种操控其他诸侯的做法被广泛地使用,刘邦曾经打着"为楚怀王复仇"的旗号,团结、联合了许多诸侯,最终打败了项羽。汉末的曹操"挟天子以令诸侯",也是这种操控他国方式的沿袭。

第三种方式是以好处给予他国,达到调动他国、驱使他国为本国服务的目的。在历史上,一些大国和强国,往往承诺给小国、弱国以保护,使这些小国、弱国听从自己号令与调遣,为自己的战略利益服务。最典型的代表莫如二战结束后的美国,为了发动冷战,对抗苏联,马歇尔提出了著名的"欧洲复兴计划",帮助欧洲重建经济,恢复国家经济的元气,使西欧、中欧国家聚集在美国的周围。美国团结这些国家,建立了北大西洋公约组织,在意识形态、核军备竞赛等多条战线上全力对抗以苏联为首的社会主义阵营。

孙子指出,用兵打仗灵活应变的方法固然是重要的,但这些方法最终还是要建立在可靠的实力基础上。没有实实在在的可靠实力,纵然会变,也迟早会出问题。所以,孙子指出,用兵打仗,不要心存侥幸指望敌人不来,关键要看自己有没有足够的实力可以对付敌人;不要心存侥幸指望敌人不来进攻,关键要看自己有没有强大的防备力量使敌人不敢前来进攻。由此可知,孙子一是强调有了好时机,还须有实力来把握它;二是强调有了强大的实力,就会避免意外的危险。这里也充分表明了孙子的实力至上观念,单纯依靠侥幸心理是不行的,也许偶尔侥幸能够成功,但真刀真枪亮相的时候,真正的实力就显示出它的重要性。没有真正的实力，在关键的一些场合要想获得胜利，就犹如空中楼阁，沙滩建塔一样，很难成功。孙子是实力主义者，他虽然强调计谋非常重要，但他认为实力比计谋更可靠。三十六计讲究的是空手套白狼，但这种风险性很大，一不小心，就会身受其害。关键的时候，还是需要兵戎相见，一决胜负。孙子以实力至上的观念，破除了一些人投机取巧的心理。仅仅依靠花拳绣腿是不行的，平时必须注意打造自己的实力，只有强大的实力才是真正可靠的。这里隐含了孙子的忧患意识，许多人渴望和平，憎恶战争。但现实毕竟是现实，正如托洛茨基所说："也许，你对战争毫无兴趣；但是，战争对你却兴趣甚浓。"仅仅幻想战争不会到来，只会是一厢情愿。因此，积极备战，夯实国防应是国家长期不懈的工作。

将帅的性格往往被人利用，造成覆军杀将的严重后果。"将有五危，必死，可杀也；必生，可虏也；忿速，可侮也；廉洁，可辱也；爱民，可烦也。凡此五者，将之过也，用兵之灾也。覆军杀将，必以五危，不可不察也。"孙子告诫将帅一定留意自己的个性被敌人利用。

特别值得注意的是，孙子在此处指出，不光坏的个性，好的个性也会被对手利用。王羲之是东晋时期著名的书法家，素有"书圣"美誉。他的书法风格，时人评其为，"飘若浮云，矫若惊龙"。据说，王羲之十分爱鹅，王羲之所练就的书法，与鹅有着千丝万缕的渊源。王羲之从鹅的行走姿态和游泳姿式当中，体味出行笔时如何才能具有美的神韵，以及书写时如何运笔的奥妙。由于王羲之书法精湛，名重一时，所以，时人十分喜爱他的书法，均以得到他的真迹为荣。当时有个权贵，很喜欢王羲之的书法，渴望得到他的真迹，可是他有自知之明，也很了解王羲之的禀性，知道自己恐怕很难得到。可是这个权贵并没有就此放弃他的愿望。

有一天，一位老者赶着一群白鹅路过王羲之的住所，王羲之一听到鹅的叫唤声就马上跑出来，要求老者让他好好欣赏一下他的白鹅，老者显出不大乐意的样子说，人们都说你的书法写得好，你倒给我写些字让我看看呵。王羲之看见那群白鹅，心里自然十分喜欢，满口答应，就给老者一口气写了许多字，然后就兴致勃勃地观赏老者的白鹅去了。可是过了很长时间，王羲之却不见老者，觉得不大对头，回屋子一看，老者早已拿了他所写的书法，扬长而去。这里不难发现其中问题的奥妙：王羲之喜欢白鹅，所以这个权贵就特地让人养了一群优质的白鹅，并且故意让老者赶着白鹅吵闹地经过王羲之的住所来吸引王羲之。那个权贵正是充分利用王羲之喜爱白鹅的个性，让王羲之上了当，乖乖献出他的书法。喜爱白鹅，当然是一种好的、高雅的个性。

在谋略场中综合考察对手，对手实际上可以说是一个优点和弱点的混合体。从古至今，在谋略实际操作的领域中，在与对手对抗施谋的过程中，主张利用对手的弱点和攻击对手的弱点，一向占据上风。诸如孙子所主张的“攻其无备，出其不意”，“进而不可御者，冲其虚也”，“兵之形，避实而击虚”等。军事家、政治家对之推崇备至，不断将之付诸于实践，并取得良好绩效。相对而言，将对手的优点作为攻击目标却受到弱化和轻视。

孙子虽然最早提出了警告，指出“将有五危”，将帅必须防范对方攻击自己的个性。但是，孙子仅仅从防范的角度出发，却没有系统论述和强调利用对方优点攻击对方的思想，使得这种谋略思维的局限性进一步潜留在《孙子兵法》当中。尽管孙子也明确指出将帅“必死，可杀也”，将帅“廉洁，可辱也”，将帅“爱民，可烦也”，但是他却没有作进一步的升华和阐幽发微，指出对手的优点可以成为理想的攻击点。

如果逆而推之，站在敌方的立场上思考，利用对方优点攻击对方的这一论点，却是客观成立的。由于孙子阐明的是一种将帅防范思想，因而对利用对方优点攻击对方的这一思想在客观上造成了弱化，无形之中对谋略思维全面发展产生了一种消极的影响。他使深受《孙子兵法》影响的传统思维的谋略者在这一谋略思想的实际运用当中，缺乏一定的主动进取性和积极驱动力，所以一定程度上就造成这一谋略思维的长期缺失，使谋略整体思维被弱化。进而利用对手的优点攻击对手，也很少引起历代政治家、军事家的注意。

因此说来，在特定的谋略场中，矛盾对立的现象不是固定不变的，而是在不同的时空背景下会生成另一种现象，对手的优点往往在不同环境下会转换成自己的对立面——变成理想的攻击点。这是因为对手往往十分关注自己的弱点，并积极探索预防方案和补救措施，却对自己的优点相对大意和自负，因此不失时机地、有针对性地利用对手的优点，常常更能够出奇制胜。利用对手的优点前提条件首先是要了解对手，只有充分地了解对手的优点和弱点，才能找到利用对手优点的契合点，否则势必招致失败，聪明反被聪明误。

总而言之，充分了解对手的优点，因势利导，加以利用，那么对手的优点就可以变成理想的攻击点。因此说来，由于谋略整体思维的缺失，充分利用对手的优点，也是对《孙子兵法》谋略精神内核的发扬和光大。在冷静分析研究《孙子兵法》的同时，温故而知新，从新视角将《孙子兵法》所蕴含的思想向前延伸，是现代研究《孙子兵法》的应有之义。

《孙子兵法》自诞生以来，不断受到军界、政界、商界领导者的追捧和推崇。孙子被赞为“百代谈兵之祖”，《孙子兵法》被喻为“天下第一兵书”。《孙子兵法》已成为一些领导者案头必备之书，有的领导者还把《孙子兵法》奉为圭臬。时至今日，《孙子兵法》依然闪烁着智慧的光辉，给领导者以启迪。值得关注的是，《孙子兵法》对领导科学艺术也具有重要的借鉴价值。尤其是孙子关于领导者性格的论述，对于领导者事业的成败，有着重要的启示意义。

孙子关注领导者的性格对其事业成败的影响，并提出了自己的告诫。孙子在《九变篇》中说：“覆军杀将，必以五危，不可不察也。”孙子指出，军队覆灭，将帅被杀，必定是由五种危险造成的，对此要有充分认识。这五种危险又是由领导者的性格造成的。难道只有这五种性格才会对领导者的事业产生负面影响吗？显然不是。《孙子兵法》非常注重数理观念，从篇名上看，有《九变篇》《九地篇》，从内容上看，有“五事”“七计”，有“火攻有五”等。应当注意到的是，在《九变篇》中，孙子论述“五危”，是有一定的特殊含义。“五”在古代是一个很特别的数字，中国古代朴素的阴阳五行学说，就和数字“五”有着特殊渊源与联系。阴阳五行学说的灵魂在于"变"。孙子的旨意也正在于此。孙子是在强调领导者要懂得灵活变化,不可过分偏执于性格的某一个方面。张预在注解《孙子兵法》的这句话时说:"言须识权变,不可执一道。"由此可见,张预对孙子的这种旨意深有洞察。

在《火攻篇》中,孙子说明了领导者的性格因素可能会对事业造成重大的损害,有时甚至会导致事业彻底的失败。孙子说:"主不可以怒而兴师,将不可以愠而致战。合于利而动,不合于利而止。怒可复喜,愠可复悦。亡国不可以复存,死者不可以复生。故明君慎之,良将警之,此安国全军之道也。"这段话的大意是说,国家的领导者不可因一时的愤怒发动战争,军队的领导者不可因一时的怨恨而开战,只有符合国家的利益才用兵,不符合国家的利益就停止用兵。愤怒还可以重新变得欢喜,怨恨还可以重新变得高兴;国亡了就不能复存,人死了就不能再生。所以,对于发动战争这件事,明智的国家领导者格外慎重,优秀的军队领导者对之警惕,这是安定国家和保全军队的重要原则。对于孙子这段话的解读,大多数的学者是从慎战的观念出发,加以解说。却很少去关注导致这种国家覆灭、军民重大伤亡的巨大灾难最直接原因是领导者的一时冲动。因此,只有明确了事情的源头,才有可能做到防患于未然。这也是我们应当从《孙子兵法》当中汲取的教益。

在历史上,有很多的领导者由于性格的缘故,影响了自己的事业。这是因为一个人的性格过分偏执,很容易做出不理智的行为。"力拔山兮气盖世"的楚霸王项羽,垓下兵败,率兵突围,汉将灌婴率领骑兵追逐。项羽深感一人渡江归去,愧对江东的父老,不肯过乌江,最后羞愤自刎。项羽临死之时,仰天长叹说:"此天之亡我,非战之罪也。"唐人杜牧在《题乌江亭》一诗中说:"胜败兵家事不期,包羞忍耻是男儿。江东子弟多才俊,卷土重来未可知。"杜牧独具慧眼,他认为项羽如果能克服性格上的弱点,包羞忍耻,甘受屈辱,重整旗鼓,鹿死谁手,犹未可知。可见,项羽因为性格上的缘故,使自己丧失了最后一线成功的可能性。

古人有言:"自古为将,贵于持重;两军对阵,戒于轻动。"领导者不同于普通人，由于性格的原因，一旦造成危害，就会远远大于普通人所造成的危害。一个领导人徜若在性格上走了极端，是很容易做出傻事、糊涂事的。有的领导者因为一时的冲动，结果给自己的事业造成了莫大的损害，这种现象在历史上比比皆是。三国时期，吴国用计杀了关羽，刘备怒不可遏，亲率七十万大军讨伐吴国。蜀军沿长江顺江而下，势如破竹，深入吴国境内五六百里。吴国将领陆逊把蜀军阻滞在宜昌沿江山地一带。蜀军战线绵延数百里，在山林安营扎寨。结果，陆逊用火攻之计，一下子烧毁了蜀军七百里连营，蜀军伤亡惨重。正是由于刘备在性格上不够克制，因为一时之气，不能冷静考虑国家大计，盲目发动对吴战争，结果使蜀国军队元气大伤，使蜀国大业受到重创，本来弱小的蜀国更加弱小了。由此可见，作为一个领导者，不能不注意自己的性格对国家和事业的影响。

孙子在《九变篇》中说："将有五危：必死，可杀也；必生，可虏也；忿速，可侮也；廉洁，可辱也；爱民，可烦也。"孙子认为，军队将帅有五种危险存在，具有勇敢性格的军队将帅可能被杀；一味求生的军队将帅可能被俘虏；具有易于冲动性格的军队将帅可能受气；具有清廉不贪性格的军队将帅可能受辱；具有爱民性格的军队将帅可能被烦扰而不得安宁。显然，孙子在此提出明确的警告，军队的将帅，必须防范敌人攻击自己的性格。所以，从这里可以得到一些启示：领导者的性格常常是攻击目标，这就必须引起领导者个人的重视。否则，领导者就有可能上当，给自己的事业造成损害。

孙子明确指出，军队的将帅"必死，可杀也"；军队的将帅"廉洁，可辱也"；军队的将帅"爱民，可烦也"。但要注意的是，"必死""廉洁""爱民"与"必生""忿速"显然是两类不同性质的性格。这是因为"必死""廉洁""爱民"，在通常看来，是好的性格。这与"必生""忿速"不一样，"必生""忿速"意味着贪生怕死和容易生气冲动，是不好的性格。不管是好的性格，还是不好的性格，都一样可以成为对方的攻击点。这就更应引起各行各业领导者的注意。因而，在现实社会当中，作为一个领导者，就必须防范性格的负面效应。这是因为有的人一定会从领导者性格当中,寻找突破点,以达到自己不可告人的目的。因此,领导者不要总是固执于自己性格的某一个方面,要学会随着时空环境的变化,在性格上有所改变。楚汉战争时,韩信派使者请求刘邦封他为齐王。刘邦很是生气,正要发作。张良踩他的脚示意,刘邦恍然大悟。于是,刘邦马上改变口气,派遣张良封韩信为齐王。正是由于刘邦及时克制住自己,没有把内心的愤怒爆发出来,杜绝了内部事变的发生,从而没有坏了自己的大事。

孙子强调,作为领导者,必须锻造性格,以此成就自己的事业。孙子《九地篇》说:"静以幽,正以治。"他强调军队将帅在处置军政大事时,要冷静而沉着,幽静而深邃,严正而有条理。在历史上,有的重要人物非常注意锻造自己的性格。西门豹和董安于就是这方面的楷模人物。战国时期,魏国的西门豹,治邺有方,深受人民爱戴。可是,西门豹性格的不足之处在于他做事有些急躁,不够冷静。但他对此有特别清醒的认识,担心会损害自己的事业。于是,他就想出一个改变自己性格的方法。而董安于是春秋时期晋国卿大夫赵鞅的家臣,性格过于宽缓,所以,他也想出了一个办法,去锻造自己的性格。他们两人究竟想出了什么办法?《韩非子·观行》中有明确的记述:"西门豹之性急,故佩韦以自缓;董安于之性缓,故佩弦以自急。"西门豹知道自己有个性急躁的缺点,所以他经常佩带熟皮带,提醒自己做事要宽缓一些。董安于觉得自己性格过于宽缓,所以他经常佩带着琴弦,提醒自己做事要快速一些。这种锻造性格的作法也影响了后人。曹操在征讨孙权时,曾提醒留府长史徐奕要注意改变他性格过于威严的一面。据《三国志》的记载,曹操对徐奕说:"君之忠亮,古人不过也,然微太严。昔西门豹佩韦以自缓,夫能以柔弱制刚强者,望之于君也。今使君统留事,孤无复还顾之忧也。"曹操希望徐奕学习西门豹的作法,锻造自己性格当中的偏执之处。元代人许名奎在《劝忍百箴》中说:"西门佩韦,唯以自戒。"因而,作为领导者,更应注意锻造自己的性格,成就一番事业,而不使其成为自己事业上的障碍。

古希腊著名的哲学家赫拉克利特曾说:"性格即命运。"他把性格置于人生航向与事业终极的支配地位，显然过分夸大了人性格的作用。赫拉克利特完全抹杀了人的主观能动性，忽视了社会当中人还会受到其他客观因素的影响，而《孙子兵法》对于领导者的性格论述更具科学性。《孙子兵法》给领导者以重要启示：领导者的个人性格会对其事业产生一定的影响，有时甚至是致命的影响。因此，作为一个领导者，就必须关注自己的性格，因为无论好的性格，还是不好的性格，都有可能受到外来的攻击。因此，领导者不可过分偏执性格的某一个方面，要学会根据实际情况，灵活改变。作为一个领导者，必须对这一现象有清醒认识，早早确立自我防范意识，防范别人攻击自己的性格。在不同时空背景下，领导者要善于提升性格的应变能力，避免特定偏执的性格所形成的负面效应。总之，领导者必须注意锻造、雕琢自己的性格，锤炼心智，大力开发性格中对事业有利的一面，为事业的成功奠定坚实的基础。

行 军 篇

9.1 孙子曰：凡处军①、相敌②，绝山依谷，视生处高③，战隆无登，此处山之军也。绝水必远水，客④绝水而来，勿迎之于水内，令半济⑤而击之，利；欲战者，无附于水而迎客；视生处高，无迎水流，此处水上之军也。绝斥泽，惟亟⑥去无留；若交军于斥泽之中，必依水草而背众树，此处斥泽之军也。平陆处易，而右背高，前死后生⑦，此处平陆之军也。凡此四军之利，黄帝之所以胜四帝⑧也。

【注释】

①处军：部署军队。

②相敌：观察敌情。朱德《健全红军的侦察工作》："侦察工作是组织战斗的第一步工作，是首长下定决心的基点，是完满作战计划的主因，是战斗过程复杂环境中达到机动的先决条件。它能使战略更加巧妙，使红军的战斗力更加发扬。"刘伯承《在濮县白衣阁团以上干部会上关于军事问题的报告》："侦察的手段有两种：一种是观察，一种是战斗侦察。只有亲身的观察，才能真切地了解敌情之变化。战斗侦察可以暴露敌人的部署。注意侦察，作战的时候才不致于蒙头乱碰。"

③视生处高：占据高处向阳的地方。

④客：主、客是古代兵学术语，客是指敌人。

⑤半济：渡过一半。济，渡。陈毅《华中实战的经验教训》："河川水网以及江湖地带是一种比较特殊的地形地物，使我们生长在山谷平原，不熟悉水性的人，每每望而生畏。其实是由于无经验，只要我们去研究，把握住其中的特点与一般规律，则河川江湖以及海面仍是可以利用的极

好的地形地物，于坚持斗争上具有极大的战略战术价值。”

⑥亟：马上。

⑦前死后生：前面低，后面高。

⑧四帝：指黄帝周围的部落领袖。

【译文】

孙子说：大凡部署军队和观察敌情，横越山地要依靠有水草的谷地；部署军队要占据高处向阳的地方；敌人占据高处，不可登高而进攻。这是山地行军的原则。横渡江河之水，一定远离江河之水；敌人前来横渡江河之水，不要在江河之中迎击敌人，而是让敌人渡过一半时进行攻击，这样对自己有利；想要与敌人交战，不要依附江河之水去迎击敌人；部署军队要占据高处向阳的地方，不要面对江河之水。这是江河地区行军的原则。横越沼泽地带，需要迅速离去，不可停留；在沼泽地区与敌人交战，那么一定要依附着水草，背靠着众多的树木。这是沼泽地区行军的原则。平原陆地部署军队比较容易，要背靠高处，前低后高。这是平原陆地行军的原则。这四种部署军队的好处，是黄帝之所以战胜“四帝”的重要原因。

9.2 凡军好高而恶下①，贵阳而贱阴②，养生而处实③，军无百疾④，是谓必胜⑤。丘陵堤防，必处其阳，而右背之。此兵之利，地之助⑥也。

【注释】

①好高而恶下：喜好高处，厌恶低处。

②贵阳而贱阴：看重向阳的地方，回避阴暗潮湿之地。

③养生而处实：接近水草丰茂、便于生活的地方，驻扎在高处。

④军无百疾：军队没有各种各样的疾病。聂荣臻《对十二年科学规划中国防研究项目的意见》：“军队卫生勤务工作，在军队建设和今后的战争中，是十分繁重和复杂的，它不仅一般地要进行医疗、防疫、保健等，

而且要在敌人使用原子武器、化学武器和细菌武器的情况下，保障部队胜利地执行战斗任务。”聂荣臻《军事问题报告提纲》：“卫生与医疗工作，在部队中应大大加强。现在对疟疾、痢疾等流行病及急性病，预防工作很差，发生后也不能及时治愈，这对部队健康及战斗力的损害很大，而且浪费人力与经费。”

⑤必胜：必胜之军。

⑥助：辅助。

【译文】

大凡部署军队，总是喜好高处而厌恶低处，看重向阳的地方，回避阴暗潮湿之地，接近水草丰茂、便于生活的地方，驻扎在高地，军队不发生各种各样的疾病，这是必胜之兵应具备的前提条件。在丘陵、堤防地带部署军队，一定占据向阳的地方，而且背靠着它。这是用兵有利的条件，也是地形所起的辅助作用。

9.3 上①雨，水沫②至，欲涉③，待其定④也。

【注释】

①上：上游。

②沫：泡沫。

③涉：涉渡。

④定：稳定。

【译文】

江河上游下大雨，江河的水面就会有泡沫漂来，想要横渡江河之水，需要等到水势稳定之后。

9.4 凡地，有绝涧①、天井②、天牢③、天罗④、天陷⑤、天隙⑥，必亟⑦去之，勿近也。吾远之，敌近之；吾迎之，敌背之。

【注释】

①绝涧：两边陡峭，中间有溪水。

②天井：四周高，中间低陷。

③天牢：群山环绕，难以出入。

④天罗：草木茂盛，如同罗网。

⑤天陷：地势低洼，难以通行。

⑥天隙：道路狭隘，又多坑坎。

⑦亟：马上。

【译文】

地形方面，如碰到"绝涧""天井""天牢""天罗""天陷""天隙"这些特殊的地形，必须迅速离去，不要靠近它。我军远离这种地形，而让敌人靠近；我军面对这种地形，而让敌人背对着它。

9.5 军行有险阻、潢井[①]、葭苇[②]、山林、蘙荟[③]者，必谨[④]覆索[⑤]之，此伏奸[⑥]之所处也。

【注释】

①潢井：水塘。

②葭苇：芦苇。

③蘙荟：草木繁茂的样子。

④必谨：必须小心谨慎。刘伯承《太行军区夏季反"扫荡"军事总结》："警戒——指挥员在演习尖兵、侦察、小哨、军士哨和步哨时都应该说明，如要掩护被警戒部队的动作安全，就要发生两种作用：一种是观察敌情的作用，另一种是抗击敌人的作用。指挥员要按敌情的缓急来决定警戒的兵力和范围。如在紧急时，应从九分之一扩大到三分之一的兵力设置周围的警戒，甚至在外层警戒之外还要前出侦察。另外还要派出直接警戒。无论何时何地，各警戒都要能'隐蔽自己，观察敌情'。"

⑤覆索：全面搜索。刘伯承《在濮县白衣阁团以上干部会上关于军事问题的报告》："采取美国的战术，无论行军、宿营、作战，都派出强大的搜索部队。这种搜索部队最大的近五百人，携带轻重机枪、小炮等武器，前出到距主力部队半日行程左右，进行宽大正面的搜索。其战斗警戒则

是经常移动的。”

⑥伏奸：埋伏暗探、间谍。刘伯承《对目前战术的考察》：“1. 行军警戒，要以便衣武装侦察队（占全队九分之一的兵力），在本队先头五百米左右行进，不装子弹，并规定报警号。2. 尽量由纵深迅速前进，并须走隐蔽的小路，甚至没路的地方，尽可能利用夜间静肃行进。3. 规定在不利时机的后备集合场及撤退道路。”

【译文】

行军道路的两旁有险要阻隘、水塘、芦苇丛生、大山森林、草木繁茂的这些地形，必须小心全方位地搜索，这些地方往往有敌人暗探埋伏。

9.6 敌近而静①者，恃②其险也；远而挑战者，欲人之进③也；其所居易④者，利也。

【注释】

①静：安静。

②恃：依赖。

③进：进攻。

④居易：占据平坦地形。

【译文】

敌人距离我军很近却保持安静，这是依赖自己占据险要的地形；敌人距离我军很远却前来挑战，这是想引诱我军进攻；敌人占据平坦的地形，这是对自己有利。

9.7 众树动者，来也；众草多障①者，疑也；鸟起者，伏②也；兽骇③者，覆也。尘④高而锐者，车⑤来也；卑⑥而广者，徒⑦来也；散而条达⑧者，樵采⑨也；少而往来者，营军⑩也。

【注释】

①障：障碍。

②伏：埋伏，设伏。

③骇：惊骇。

④尘：尘埃，飞尘。

⑤车：战车。

⑥卑：低下。

⑦徒：步兵。

⑧散而条达：分散而且断断续续。

⑨樵采：打柴，砍柴。

⑩营军：驻扎军队。

【译文】

许多树木摇动，这是敌人已经来了；草丛中有许多障碍物，这是敌人想要迷惑我军；鸟儿突然飞起，这是附近有伏兵；野兽受到惊吓，这是敌人设有陷阱。尘埃很高而且尖锐，这是敌人战车部队来了；尘埃很低而且广平，这是敌人的步兵来了；尘埃分散而且断断续续，这是敌人正在打柴；尘埃数量很少而且来来回回，这是敌人正在安营扎寨。

9.8 辞卑而益备者①，进也；辞强而进驱者②，退也；轻车③先出，居其侧者，陈④也；无约而请和者⑤，谋也；奔走而陈兵车者，期⑥也；半进半退者，诱也。

【注释】

①辞卑而益备者：言辞谦卑，增加防备。

②辞强而进驱者：言辞强硬，进攻逼迫。

③轻车：轻型战车。

④陈：通"阵"，布阵。

⑤无约而请和者：没有约定前来请求讲和。

⑥期：约定日期。

【译文】

敌人使节言辞谦卑而敌军却增加防备，这是敌人要进攻了；敌人使节言辞强硬而且敌军向我进攻逼迫，这是敌人要撤退了；敌人轻车先出并且占据侧翼，这是敌人要布阵了；敌人没有事先约定却突然前来讲和，这是敌人有阴谋；敌人来回奔跑并将兵车布成阵势，这是敌人准备与我交战；敌人半进半退，这是敌人想要引诱我军进攻。

9.9 杖[①]而立者，饥也；汲[②]而先饮者，渴也；见利而不进者，劳[③]也。鸟集[④]者，虚也；夜呼者，恐[⑤]也。

【注释】

①杖：以……为拐杖。

②汲：打水。

③劳：疲劳。

④集：聚集。

⑤恐：恐惧。

【译文】

敌人把兵器当作拐杖而站立，这是敌人很饥饿；敌人打水而且抢先饮用，这是敌人缺水；敌人见到好处却不进取，这是敌人疲劳。敌人营寨之上有飞鸟聚集，这是敌人的营寨空虚；敌人夜间惊呼，这是敌人内心格外恐惧。

9.10 军扰者，将不重[①]也；旌旗动者，乱也；吏怒者，倦[②]也。粟马肉食[③]，军无悬甀[④]，不返其舍者，穷寇也；谆谆翕翕[⑤]，徐与人言者，失众也。数[⑥]赏者，窘也；数罚者，困也。先暴[⑦]而后畏其众者，不精[⑧]之至也；来委谢[⑨]者，欲休息也。兵怒而相迎，久而不合，又不相去，必谨察[⑩]之。

【注释】

①不重：没有威信。

②倦:疲倦。

③粟马肉食:拿人吃的粮食喂马,杀马吃肉。

④悬缻:悬挂的炊具。缻,陶制炊具。

⑤谆谆翕翕:耐心而又和顺。谆谆,耐心的样子。翕,和顺的样子。

⑥数:屡次。

⑦暴:残暴。

⑧精:精明,高明。

⑨委谢:借口谈判。

⑩谨察:谨慎研究。刘伯承《从实战中联想到我军教育要注意的事项》:"一切警戒的目的,在预防敌人突然的袭击,在打退敌人的侦察,在争取余裕时间使被警戒部队转入战斗姿势,以及在被警戒部队未进入战斗之前,扫除敌人警戒接触其主力。由此可见,警戒部队对被警戒部队的安全和便利上负有严重的任务。如果我们在行军时遭受敌人的伏击,在驻止和防御时遭受敌人的袭击,那一定是由于各警戒部队对于各方特别是侧背,疏于搜索监视、戒备和警报所致。今后我们在实施警戒教育时,应允假设敌人突然地伏击与袭击,以便学习人员的猛省,使之深刻了解警戒严密的重要。"刘伯承《对目前战术的考察》:"戒备动作——在进入宿营地以前,游击队长要率次级干部,察明周围地形、大小道路,要依靠地方民众打听周围的敌情,特别是防止敌探汉奸走报消息,要预定伏击来敌的地点和撤退的道路,特别要规定紧急集合场和后备集合场。在进入宿营地时,要在周围设便衣的潜伏哨,在重要路上,要设便衣军士哨和潜伏侦探并定出警报信号。在宿营后要规定宿营内部秩序(设有值班员),队长与队员宿在一处、不可分散。特别在敌情紧张时,要设置对敌汽车、骑兵的障碍物,挖枪眼。"

【译文】

敌人纷扰无序,这是敌人将帅没有威信;敌人旌旗乱动,这是敌人指挥混乱;敌人官吏生气发怒,这是敌人疲倦。敌人拿人吃的粮食喂马,杀马吃肉，抛弃炊具，不返回营寨，这是穷途末路的敌人；敌人将帅耐心而又和顺，慢慢与部下说话，这是敌人将帅失去人心。敌人将帅屡屡奖赏，这是敌人陷于困窘境地；敌人将帅屡屡惩治处罚部下，这是敌人陷于困境。敌人将帅先是凶暴，后又畏惧部下，这是敌人将帅极不精明；敌人借故前来谈判，这是敌人想要休兵。敌人盛怒前来迎战，却长久不交战，也不离去，这一定要谨慎研究敌人的企图。

9.11 兵非益多①也，惟无武进②，足以并力③、料敌④、取人⑤而已。夫惟无虑⑥而易敌⑦者，必擒于人。

【注释】

①兵非益多：兵员不是越多越好。益，好。

②武进：轻敌冒进。

③并力：集中兵力。

④料敌：研判敌情。

⑤取人：取胜于人。

⑥无虑：无深谋远虑。

⑦易敌：轻视敌人。毛泽东《把勇敢精神与谨慎精神联系起来》："凡那种自称天下第一、骄气洋溢、目无余子的干部，须以深切的话告诉他们，必须把勇敢精神与谨慎精神联系起来，反对军队中的片面观点与机械主义。"

【译文】

军队兵员并不是越多越好，只要不轻敌冒进，并能够集中兵力，准确研判敌情，就可以战胜敌人。既无深谋远虑，又轻视敌人，势必被敌人俘获。

9.12 卒未亲附①而罚之，则不服②；不服，则难用也。卒已亲附而罚不行，则不可用也。故令之以文，齐之以武③，是谓必取④。令素行⑤以教其民，则民服；令不素行以教其民，则民不服。令素行者，与众相得⑥也。

【注释】

①亲附：亲近归附。

②服：服气。

③令之以文，齐之以武：用武人之德教导，以军队纪律整饬。令，教导。齐，整饬。陈赓《加强政治领导，提高组织纪律》："纪律之重要。没有纪律是乌合之众。纪律是提高战斗力最重要的一环。"

④必取：必胜。

⑤素行：平时执行。

⑥相得：相互信任。毛泽东《坚持为人民服务》："我们的部队要和人民打成一片，我们的干部要和战士们打成一片。与人民利益适合的东西，我们要坚持下去，与人民利益矛盾的东西，我们要努力改掉，这样我们就能无敌于天下。我们的军队一向就有两条方针：第一对敌人要狠，要压倒它，要消灭它；第二对自己人、对人民、对同志、对官长、对部下要和，要团结。"毛泽东《论持久战》："军队政治工作的三大原则：第一是官兵一致，第二是军民一致，第三是瓦解敌军。这些原则要实行有效，都须从尊重士兵、尊重人民和尊重已经放下武器的敌军俘虏的人格这种根本态度出发。"

【译文】

士卒尚未亲近归附，贸然处罚士卒，那么士卒内心就不服气；士卒内心不服气，那么就难以使用他们。士卒已经亲近归附，而对犯错误的士卒处罚却不能执行，那么就难以使用他们。因此，以武人之德教导部下，以军队纪律整饬部下，这样的军队可以称之为必胜之军。将帅平时能够贯彻军令，教导士卒，那么士卒内心就会服气；将帅平时不能贯彻军令，不能教导士卒，那么士卒的内心就会不服气。军队命令平时能够贯彻执行，这是因为将帅与士卒之间相互信任。

【评鉴】

行军要注意的两大问题——军队部署与安全事务

孙子为什么要创作《行军篇》？这是因为在作战中行军是一个不可缺少的环节。在常人眼中，行军问题应该是无关紧要的问题。其实不然，行军问题看似无足轻重，实际关系重大。行军过程中需要注意多方面的问题，孙子《行军篇》提醒我们要特别留意以下两点。

一是将帅在行军过程中要特别注意军队的部署问题。例如，唐代的朔州、黑山之战，裴行俭率军到达朔州，得知萧嗣业因为运粮车被劫以至大败，决定将计就计。伪装运粮车300辆，每辆车中潜伏壮士五人，手持陌刀、劲弩，由老弱士兵押送粮车，精锐士兵尾随其后。突厥人果然中计，冲过来打劫运粮车队，老弱士兵弃车而逃。突厥人赶着粮车前往有水草的地方，解鞍牧马，准备取粮。唐军壮士当即跃出，伏兵也同时杀到，痛快淋漓地解决了敌人，抢粮的突厥人几乎无一幸免，从此，突厥人再也不敢靠近唐军的运粮车队。大军前进到单于府以北，已接近傍晚，唐军安营扎寨，挖好了周围壕沟，这时裴行俭却下令将士们向高岗上移营。将军们都说，士兵已安顿好了，大家都已疲倦，不想再搬迁了。裴行俭却语气坚决，按军令行事。大家虽心中有怨气，却不敢违背军令，起身搬迁营地。当天晚上，风雨大作，唐军原先的营地很快被大水淹没，水深竟达丈余。唐军将士个个庆幸，佩服裴行俭有先见之明，从此对裴行俭言听计从。

二是将帅在行军过程当中要特别注意军队的安全问题。孙子是东方最伟大的军事理论家，克劳塞维茨是西方最著名的军事理论家。《孙子兵法》有《行军篇》，而克劳塞维茨《战争论》也有专门的篇章讲解行军，这说明中西方这两大著名的军事理论家在行军问题上，真是“英雄所见略同”。《战争论》第十章“行军”，指出行军就是军队从一个配置地点向另一个配置地点的单纯转移。行军有两个主要要求：第一个要求是军队要舒适，避免无谓地消耗本可以有效使用的力量；第二个要求是运动要准确,军队要准确无误地到达目的地。

孙子认为部署军队和侦察敌情是行军过程中的两个重要事项。《行军篇》指出如何部署军队直接关系到军队行动和作战时生存与安全问题,因此不可等闲视之。

首先,孙子指出,在四种常见的环境下应该如何去部署自己的军队。第一,孙子讲了在山地环境下如何部署军队。分两种情况说明,一是横越山地不与敌人交战的时候,要依靠着山谷,保证水源的供应。往往还要占据高处并且向阳的地方,这有利于自己的生存和安全。二是在山地交战情况下,不要攻击占据有利地势的敌人。古人有言“山南曰阳,水北曰阳”,在山地环境下,山的东南是阳面,水与山恰好相反,水的西北是阳面,这主要是由于水对阳光的反射作用。当然,我们这里是站在北半球角度说的,如果到了南半球,那么就要颠倒过来。今天,我们都知道,阳光有杀灭病菌的作用。古人虽然不能科学地解释向阳的好处,但隐隐约约地感觉到向阳对人体健康有益。第二,孙子讲了水上环境如何部署军队。分三种情况说明:第一种情况是,横渡江河的时候要注意安全,一定要远离江河水流,注意观察情况。第二种情况是,当敌人前来横渡江河,不要在水中迎击敌人。在敌人渡过一半的时候,对敌人发起攻击是有利的。第三种情况是,水上环境想要与敌人交战,不要背靠着江河去迎击敌人,一定要占据高处向阳的地方,不要面对着江河,防止遭遇水攻。值得注意的是,孙子告诫军队不要背靠着江河,但我们知晓,历史上一些名将往往并没有依从孙子的告诫,例如项羽破釜沉舟,韩信背水阵都违背了孙子这种告诫,反而都取得了巨大成功。但我们要注意到,项羽的破釜沉舟,韩信的背水阵是在迫不得已的情况下实施的,是一种绝地反击战,正如韩信所指出,他并没有违背孙子用兵指导原则,“投之亡地然后存,陷之死地而后生”。可见,学习《孙子兵法》不可教条,要从实际的情况出发,因时、因地、因敌、因我制胜。第三,孙子讲了沼泽地环境下如何部署军队,“绝斥泽,惟亟去无留,若交军于斥泽之中,必依水草而背众树,此处斥泽之军也”。第四,孙子讲了平原陆地环境下如何部署军队。即使平原陆地也要占据交通便利的地方，之所以这样做，一是便于隐蔽，二是有利于生存。这就是在四种常见地理环境下如何充分发挥地形的有利条件，也是历史上黄帝之所以战胜其他部落首领的主要原因。

其次，孙子指出，部署军队都喜欢占据有利的地理环境，不喜欢占据不利的地理环境。喜欢占据向阳的环境，而不喜欢占据阴暗潮湿的地理环境。喜欢占据水草丰茂、便于生活的地方，喜欢驻扎在高处。军队不患疾病，这可以说是必胜之军的重要基础。孙子指出，对于一些不常见的地理环境，也要占据有利的地形。比如丘陵和堤防，也要占据向阳的地方而且后背依靠丘陵和堤防。孙子指出这就是用兵的有利条件，充分借助了地形作为辅助。显而易见，孙子不是“地理环境决定论”者，他强调地理环境会对作战起到一定的影响作用，但不是起决定作用，这是因为人是决定胜败的关键因素，人可以主动地选择地理环境，不要忘记人具有主观能动性。孙子还指出行军过程中要注意危险，尤其是横渡江河时，一定要注意水面情况，如果上流下大雨，有水涌过来，此时要横渡江河，一定要等到水流稳定，才能横渡。不然的话，可能会遭受洪水袭击，产生巨大损失。显然，孙子提醒带兵者，行军过程当中存在着各种危险，有的危险甚至是自然环境造成的，不可大意，以免产生意想不到的后果。

孙子还讲行军过程中如遇到一些特殊的地理环境，应怎样采取自己的行动。特殊的地理环境包括“绝涧、天井、天牢、天罗、天陷、天隙”，这些不是一般意义上的地理环境，从“绝”和“天”字的使用，可见其分晓，“绝”有“独一无二”的意思，“天”是说自然的造化，鬼斧神工。孙子指出，我们要远离这些特殊的地理环境，而让敌人靠近这些特殊的地理环境；我们要面对着这些地理环境，而让敌人背靠着这些特殊的地理环境。孙子还指出，行军两旁有“险阻、潢井、葭苇、林木、翳荟者”，一定要小心谨慎进行搜索，因为这些地方容易隐藏敌方的间谍和暗探。孙子充分认识到侦察敌情的重要性。

见微知著的观察能力很重要

综观《孙子兵法》，孙子了解敌情的途径不是单一的，而是具有多样性。世人往往只关注孙子《用间篇》，却很少关注《行军篇》。孙子认为了解敌情，不能只是依赖间谍，还要依赖观察敌情。因此，孙子提醒将帅在行军过程中也要注意观察敌人情况。《行军篇》提出的侦察敌情的方法独具一格，主要目的是培养将帅善于观察的能力，这种观察能力可以说是一种"见微知著"的能力，通过细微的事情分析出有关敌人的重要信息。具有善于观察的能力非常重要，主要表现在三个方面：一是善于观察可以化解风险，二是善于观察可以发现机会，三是善于观察可以发现隐秘之事。

古人把孙子行军中观察敌情的方法，总结为三十二种，称为"相敌"三十二法。从这里可以看出，观察敌情的方法是无穷无尽的。孙子善于观察敌情，不仅仅体现在方法上的多种多样，而且体现在观察对象的广泛性。

孙子是如何观察敌人，了解敌人重要信息的呢？第一种，敌人离我们很近，但是敌人却很镇静，表明敌人自己依仗占据险要的地方。这是从敌人整个群体的外在心态表现来观察敌人。第二种，敌人距离我们很远，而且敢于前来挑战，说明敌人想要引诱我们去进攻。这是从敌人的动作表现来观察敌人。第三种，敌人占据地形平坦的地方，是对敌人有利的。这是从敌人所占的地形上来观察敌人。第四种，许多树木在摇动，说明敌人已经来了。这是从植物的变化来观察敌人。第五种，有许多草结扎的草人或者障碍物，敌人是想要我们产生怀疑。这是从敌人布置的障碍物来观察敌人的。第六种，有鸟突然飞起，说明那里有敌人埋伏。这是从飞禽表现观察敌人的。第七种，有野兽受到惊吓叫着跑了出来，说明那里有敌人的陷阱。这是从野兽的表现来观察敌人的。第八种，尘埃很高而且尖锐，表明敌人的战车来了。这是从尘埃状况来观察敌人情况。第九种，尘埃很低而且广阔，表明敌人的步兵来了。这也是从尘埃状况来观察敌人情况的。第十种，尘埃分散而且断断续续，表明敌人正在打柴。这也是从尘埃来观察敌人的。第十一种，尘埃很少而且来来回回，表明敌人正在扎营。这还是从尘埃来观察敌人的。以上四种，都是从尘埃的状况观察敌人，根据不同的尘埃状况，发现敌人不同的信息。需要提醒的一点是，尘埃显然是不同于人、鸟、兽的，是属于无生命物质的观察。第十二种，敌人言辞低下而且防备严密，表明敌人是要进攻了。这是从敌人言辞去观察敌人。第十三种，敌人言辞强硬而且做出准备进攻的样子，表明敌人要撤退了。这也是从敌人言辞观察敌人的，但是由于口气不同，所反映出来的信息也是不相同的。第十四种，敌人轻型的战车事先出来占据两侧的，表明敌人要排兵布阵。这是从敌人特殊的兵种动作表现来观察敌人的。第十五种，敌人没有约定却前来讲和，表明敌人藏有计谋。这是从敌人反常表现来观察敌人的。第十六种，敌人来来回回奔跑排兵布阵，说明敌人确定日期准备开战了。这是从敌人的行动观察敌情的。第十七种，敌人半进半退，是想引诱我们。这是从敌人的行动表现来观察敌人的。第十八种，敌人拄着兵器而站立，表明敌人处于饥饿状态，这是从敌人行为来观察敌人的。第十九种，敌人刚刚打上水就抢着喝，表明敌人非常饥渴。这是从敌人行为来观察敌人的。第二十种，敌人看到利益也不来争夺，说明敌人非常疲劳。这是从敌人的行动表现来观察敌人的。第二十一种，有许多鸟儿聚集在敌人的营寨上空，说明敌人营寨已经空虚。这是从飞禽数量状况来观察敌情的。第二十二种，夜间敌人大声叫唤的，表明敌人极其恐惧。这是从敌人夜间表现来观察敌人情况的。第二十三种，敌人军队纷扰无序，说明统帅的威信不足。这是从敌人的纪律表现来观察敌人的。第二十四种，敌人的旌旗来回乱动，表明敌人状况混乱。这是从敌人的标志物来观察敌人的。第二十五种，敌人的低级指挥官生气发怒，表明敌人已经劳倦。这是从敌人的指挥官表现来观察敌人的。第二十六种，敌人拿人吃的粮食喂马，杀掉战马吃肉，悬挂炊具而不返回营寨，说明敌人穷途末路。这是从敌人对待饮食、对待驻地的表现来观察敌人的。第二十七种，敌人指挥官总是非常和气，慢慢与下属说好话，这说明敌人指挥官失去多数人的拥护。这是从敌人指挥官的语气来观察敌人的。第二十八种，敌人指挥官屡屡进行赏赐，表明敌人处于窘迫状态。这是从敌人指挥官赏赐状况来观察敌人的。第二十九种，敌人指挥官屡屡进行惩罚，表明敌人陷于困境。这是从敌人指挥官惩罚行为来观察敌人的。第三十种，敌人指挥官事先残暴而后又害怕部属，表明敌人指挥官是非常不精明的。这是从敌人指挥官行为前后比较来观察敌人情况的。第三十一种，敌人前来赔礼道歉，说明敌人想要休息。这是从敌人的礼节来观察敌人的情况的。第三十二种，敌人斗志昂扬准备进攻，然而很长时间并不兵戎相见，也不离去，一定要小心谨慎研究敌人的企图。这是从敌人行动变化来观察敌人情况的。

由此可见，孙子观察敌情的角度多种多样。既观察有生命的东西，也观察无生命的东西；既观察个体，也观察群体；既观察敌人的行为表现，也注意观察敌人周边环境的变化。孙子观察敌人的方法不是死板的，而是异常灵活的，这主要表现在孙子观察方法非常独到，观察敌情并不永远是集中在敌人本身，而是放眼与敌人密切联系的任何事物，甚至与敌人发生联系的一草一木也是观察的对象。这是因为世界上的万事万物都是相互联系的，不能孤立地去观察敌人。显而易见，孙子这些观察敌情的方法是非常科学的，效果也是非常显著的。孙子观察敌人的方法可以分为两种：一种是直接观察法，就是观察敌人的一举一动及其任何表现。另外一种是间接观察法，就是通过间接观察其他事物来了解敌情。孙子采用这两种方法多角度灵活机动地观察敌人，借此了解敌人的各种信息。无论是直接观察法，还是间接观察法，都要培养观察者“见微知著”的能力。

“见微知著”的能力对一个人非常重要。例如，陈平当初投奔刘邦的时候，曾经发生过一件事。陈平从项羽军营偷偷跑到河边，叫来一艘渡船。他上了这条船，感到有些不妙。船夫脸上露出凶恶之相，但又没有别的办法，他担心楚兵会追上来，只好上了船。船只慢慢离开了河岸，陈平总算松了一口气，但他敏锐地发现，船上之人窃窃私语，相互递着眼色，流露出不怀好意的举动。船到了大河的中央时，速度明显减缓了。陈平这时走出船舱说，舱内好闷热，热得我都出汗了。陈平一边说，一边装作若无其事的样子脱掉大衣，放在船舷上，并帮他们摇船。陈平这一举动，出乎船工的意料，使他们不知道如何才好。陈平用力地摇船。他又说，天气闷热，看来要下大雨了。又脱下一件上衣。过了一会儿，再脱下一件。最后，索性脱光了上衣，赤着身子，帮着摇船。船上的人看见陈平虽然穿着官员的服装，其实身上并没有带什么重要财物，就打消了谋害他的念头，很快船到对岸了。陈平能化险为夷，关键在于他善于观察，发现对方不怀好意，及时采取了应对之策，在不露声色之中把遭遇的祸难消解于无形。

又如，《史记·宋微子世家》记载，商纣王继位后不久，太师箕子入宫，忽然发现商纣王使用象箸进餐，他顿时感到恐惧，进行劝阻。商纣王便问箕子，使用象箸有何严重后果？箕子严肃地说，用了象箸，势必不用陶碗和陶杯，而是用玉碗和玉杯；使用象箸和玉杯，势必要吃山珍海味；要吃山珍海味，势必不穿布衣和住茅屋，而要住华丽宫殿。可是，商纣王拒绝接受箕子的进谏。箕子越想越害怕，连声叹息。见微知著，奢侈之门从此打开了，商王就要毁坏国家了！事情果然不出箕子的所料，而且结果比箕子料想的还要坏。

再如，因《货币战争》一书成功预测 2007 年美国次贷危机，宋鸿兵“一夜之间成名”。他在西南财经大学演讲时，会议厅座无虚席。演讲结束后，不少同学向宋老师取经，“怎样才能拥有敏锐的洞察力？”宋鸿兵说：“敏锐的洞察力来源于思维习惯的培养。”宋鸿兵又是如何发现全球金融危机的？他的发现竟然源于“咖啡机”的消失。2006 年 2 月 25 号，当时任职于美国房利美的宋鸿兵与往常一样，和同事一起喝下午茶。一般来说，下午茶就是公司免费提供的世界各地优质的咖啡。可是，咖啡厅里的咖啡壶却不见了，宋鸿兵隐隐约约地感觉到了一丝不妙。他给同事们打电话，同事们纷纷抱怨，免费的咖啡壶没有了，不是坏掉了。而且，所有楼层的免费咖啡都停掉了。宋鸿兵心想，这么一个大公司现在开始节省小钱，那就意味着这个公司的财务状况出了严重的问题。当晚，宋鸿兵在博客上写下被认为是最早预测美国次贷危机来临的文章："美国金融业的泰坦尼克号房利美，已经撞上次贷的冰山。"此时距美国次贷危机爆发已为时不远了，一年以后，美国遭遇的次贷危机的事实印证了宋鸿兵的判断是准确的。叶剑英曾经说，作为领导，必须有预见。所谓预见，就是要预先认识到事物发展的前途和趋向，留意现在还仅仅是萌芽的东西。如成语所说的"见微知著"，见到事情的苗头，就能知道它的实质和发展趋势。

行军与管理密不可分

孙子特别指出，军队并不总是越多越好。人多不一定是好事，有时可能会把事情办砸。与此同时，有时人少也不见得就能把事情办好。秦国将军李信认为灭楚需要军队二十万，而老将王翦认为灭楚需要军队六十万。结果是李信没有成功，而王翦却成功了。所以，有的时候需要数量多，有的时候需要数量少，数量多少要根据实际的情况来决定。同时，"兵非益多也"在某种程度上反映了孙子是精兵主义者。孙子强调进攻的时候不要鲁莽行动，能够做到集中兵力，审知敌情，才能从敌人那里获取利益，才能取得胜利。古人把审知敌情叫作"料敌"，如何才能很好地审知敌情，那就是古人所说的"料将不料兵"，重点了解敌方重要人物的情况。孙子坚决反对那些既不注意认真思考，又不把敌人放在眼里的鲁莽之人，认为这样的人必然被敌人活捉。从这里可以看出，孙子对敌人是何等重视。既不能高估敌人，也不能低估敌人，真正做到"战术上重视敌人，战略上藐视敌人"。

孙子告诫，将帅在行军过程中要注意军队的管理问题。行军可以说是军队处于运动的状态，因而，如何很好地管理军队，以免发生意外，或者在发生意外的情况下，如何去正确应对，自然是一个生死攸关的大问题。因而，孙子还特别强调了军队管理问题。孙子认为好的管理，离不开优秀的管理艺术，而优秀的管理艺术，不仅需要好的管理方法，而且对管理者自身提出要求。可见，好的管理艺术取决于两方面，一是好的管理方法，二是优秀的管理者。孙子认为，对将士的管理是要注意方式方法的。第一步，就是要建立双方的亲近关系。当管理者与将士之间还没有建立起亲近关系的时候，就去盲目处罚将士，将士就会心中不服气。将士心中不服气，就很难使用他们。第二步，建立亲近关系不等于纵容犯罪。孙子指出将士与管理者已经建立亲近关系了，但如果他们当中有人犯罪了而不去处罚他们，这样的部下也是不能使用的。原因是管理者包庇纵容他们，只会培养出骄兵悍将。显而易见，孙子主张，作为管理者，不能一味对部下好，还要让部下有所畏惧。要让部下“既爱又怕”，这样的管理者才是真正优秀的管理者。如何才能有效地改变纵容部下的错误做法？孙子主张“令之以文，齐之以武”，一方面要通过各种途径去教育他们，使他们遵守法令制度。另一方面，如果他们仍然违背法令制度，就要惩罚他们。只有这样，才有可能打造一支“战必胜，攻必取”的军队。孙子特别指出，管理者对管理成功与失败的影响至关重要。平时管理者能够做到“有法必行”，自己带头贯彻各种法令制度，这样去教导军民，才能上下团结一致，同心同德。如果管理者本身就不能做到“有法必行”，军民自然也不会心服口服。

地 形 篇

10.1 孙子曰:地形有通[①]者,有挂[②]者,有支[③]者,有隘[④]者,有险[⑤]者,有远[⑥]者。我可以往,彼可以来,曰通。通形者,先居高阳[⑦],利粮道[⑧],以战则利。可以往,难以返,曰挂。挂形者,敌无备,出而胜之;敌若有备,出而不胜,难以返,不利。我出而不利,彼出而不利,曰支。支形者,敌虽利我,我无出也;引而去之,令敌半出而击之,利。隘形者,我先居之,必盈[⑨]之以待敌;若敌先居之,盈而勿从,不盈而从之。险形者,我先居之,必居高阳以待敌;若敌先居之,引而去之,勿从也。远形者,势均,难以挑战,战而不利。凡此六者,地之道[⑩]也。将之至任,不可不察也。

【注释】

①通:四通八达的地形。

②挂:易入难出的地形。

③支:双方出击都不利的地形。

④隘:险要的通道。左思《蜀都赋》:"一人守隘,万夫莫向。"

⑤险:险峻的地形。

⑥远:相距较远的地形。

⑦高阳:高处向阳。

⑧粮道:军队运输补给线路。刘伯承《论游击战与运动战》:"对于敌人,运输的便利,不但在供给现代战争技术化兵器所需要大量的煤油、弹药等资材上有意义,而且在使中国各军策应不灵,而使敌人仍灵敏转移兵力于决战方面各方击破我军上更有意义。"

⑨盈:充满,充足。

⑩道:规律。

【译文】

孙子说:地形有通形、挂形、支形、隘形、险形、远形。我军可以前往,敌人也可以前来的地形叫通形。对于通形,首先占据高处向阳的地方,并且保持粮道便利通畅,如此与敌人作战就有利。我军可以前往,但难以返回的地形叫挂形。对于挂形,敌人没有防备,那么可以出击战胜敌人;敌人有了防备,那么出击敌人,就不会取胜,而且难以返回,作战对我军不利。我军出击不利,敌人出击也不利的地形叫支形。对于支形,敌人虽然以好处引诱我军,但是我军也不要出击;设法引诱敌人离开,敌人出来一半时发起攻击,如此作战对我军有利。对于隘形,我军事先占据,要以足够的兵力加以防守,等待敌人前来进攻;若是敌人事先占据,而且以足够的兵力加以防守,那么就不要对其进攻;若是敌人没有足够的兵力加以防守,那么就要对其进攻。对于险形,若是我军占领,就要占据高处向阳的地方等待敌人;若是敌人首先占据,那么就要设法引诱敌人离开,不要前去进攻。对于远形,敌我双方势均力敌,难以挑战敌人,与敌人交战,对我军不利。凡是这六种情形,体现了地形特有的规律。这是统帅非常重要的职责,一定要注意研究。

10.2 故兵有走[①]者,有弛[②]者,有陷[③]者,有崩[④]者,有乱[⑤]者,有北[⑥]者。凡此六者,非天之灾,将之过也。夫势均,以一击十,曰走;卒强吏弱,曰弛;吏强卒弱,曰陷;大吏怒而不服,遇敌怼[⑦]而自战,将不知其能,曰崩;将弱不严,教道不明,吏卒无常,陈兵纵横[⑧],曰乱;将不能料敌[⑨],以少合众,以弱击强,兵无选锋[⑩],曰北。凡此六者,败之道也。将之至任,不可不察也。

【注释】

①走:逃跑。

②弛：弛坏。葛洪《抱朴子·百里》："或有暗塞退愦而庶事乱者矣，或有潦倒疏缓而致弛坏者矣。"

③陷：沦陷。

④崩：崩溃。

⑤乱：混乱。

⑥北：败北。毛泽东《井冈山的斗争》："此次失败的原因是：(1)一部官兵动摇思家，失掉战斗力；一部官兵不愿往湘南，缺乏积极性。(2)盛暑远征，兵力疲惫。(3)从酃县冒进数百里，和边界失去联系，成了孤军。(4)湘南群众未起来，成了单纯的军事冒险。(5)敌情不明。(6)准备不好，官兵不了解作战的意义。"

⑦怼：怨恨。《说文》："怼，怨也。"

⑧陈兵纵横：列兵布阵杂乱无章。

⑨料敌：研判敌情。

⑩兵无选锋：军队没有选择精锐兵力。

【译文】

因而，用兵情形有逃跑、弛坏、沦陷、崩溃、混乱、败北。凡是出现这六种情形，不是上天造成的灾难，而是将帅的过失造成的。敌我双方势均力敌，而其中一方以一击十，这种失败现象叫逃跑。士卒强悍，将官懦弱，这种失败现象叫弛坏。将官强悍，士卒懦弱，这种失败现象叫沦陷。部将生气不服从指挥，遇到敌人，心中怨恨，擅自出兵交战，统帅不了解他的才能，这种失败现象叫崩溃。统帅懦弱而且不严明，教导部下的方法不明确，将士没有固定的纪律可以遵循，排兵布阵杂乱无章，这种失败现象叫混乱。统帅不能准确研判敌情，以少数兵力出击敌人多数兵力，以虚弱之兵出击敌人强大之军，军队没有选拔精锐之兵，这种失败现象叫败北。凡是这六种情形，体现了失败特有的规律。这是统帅非常重要的职责，一定要注意研究。

10.3 夫地形者，兵之助①也。料敌制胜②，计险厄、远近③，上将[4]之道[5]也。知此而用战[6]者必胜，不知此而用战者必败。

【注释】

①兵之助：用兵辅助条件。毛泽东《中国革命战争的战略问题》："弱军要战胜强军，是不能不讲求阵地这个条件的。但是单有这个条件还不够，还要求别的条件和它配合。首先是人民的条件。再则还要求好打的敌人，例如敌人疲劳了，或者发生了过失，或者该路前进的敌人比较地缺乏战斗力。这些条件不具备时，虽有优良阵地，也只得置之不顾，继续退却。"朱德《论抗日游击战争》："抗日游击队能存在与发展，主要的是依靠着人民做自己的堡垒，而不专靠武器与地形。不要以为没有好的武器就不能战胜敌人。"叶剑英《加强参谋业务基本功的训练》："地形是敌我决定作战行动的基础。参谋人员对到过的地方的地形要记得很熟，对没有到过的地方的地形，凡是和自己部队作战有关地区的战役、战术要地和重要的城镇、乡村，对军事行动有重要意义的山脉、河流、道路、桥梁、港口等等，都要通过经常读地图把它们的关系、位置记得很熟。对于地图上的比例尺、标高、坐标、各种地形地物的符号等等，都要搞得清清楚楚。"

②制胜：制定取胜方略。

③计险厄、远近：考虑地形险阻，计算路程远近。刘伯承《从实战中联想到我军教育要注意的事项》："关于敌情地形事项，我们要仔细侦察，冷静估计，踏实报告，精密处理，切不可因对我有利而放大良好的情况，因对我有害而缩小有利的情况，更不可事前轻视敌人，疏于戒备，临事仓皇失措，受制于敌。"

④上将：高明的统帅。上，高明的。孙子《谋攻篇》："上兵伐谋。"

⑤道：方法。

⑥用战：用兵作战。

【译文】

对于地形的作用而言，它是用兵的辅助条件。研判敌情，制定取胜方略，考虑地形险阻，计算路程远近，这些都是高明统帅的用兵方法。知晓这些方法去用兵作战，必然取得胜利。不知晓这些方法去用兵作战，必然遭遇失败。

10.4 故战道必胜[①]，主曰无战，必战可也；战道不胜，主曰必战，无战可也。故进不求名[②]，退不避罪[③]，唯人是保[④]，而利合于主[⑤]，国之宝也[⑥]。

【注释】

①战道必胜：合乎战争的规律，有必胜的把握。毛泽东《不要打无把握之仗》："你们作战方针，仍以确有胜利把握然后出击为宜。只要有胜利把握，则不论打主要敌人，或打次要敌人均可，否则宁可暂时忍耐，不要打无把握之仗。"

②进不求名：进军不追求个人的名声。

③退不避罪：撤退不逃避个人的罪责。

④唯人是保：只是为了保全军民。人，指军民。

⑤利合于主：符合君主的利益。由于古代政治特点是家天下，因此而言，就是符合国家的利益。

⑥国之宝也：国家的珍宝。

【译文】

因而，合乎战争的规律，有必胜的把握，即使国君命令不要开战，也要坚决开战；不合乎战争的规律，没有必胜的把握，即使国君命令开战，也要坚决不开战。因而，进军不追求个人的名声，撤退不逃避个人的罪责，只是为了保全军民，合乎国家利益，这样的统帅是国家的珍宝。

10.5 视卒如婴儿[①]，故可与之赴[②]深溪[③]；视卒如爱子，故可与之俱死[④]。厚[⑤]而不能使，爱而不能令，乱而不能治[⑥]，譬若骄子[⑦]，不可用也。

【注释】

①视卒如婴儿：照顾士卒如同照顾婴儿一样。邓小平《军区建设中

诸问题》:“爱护人民的子弟兵,如同爱护自己的手足一样。”

②赴:奔赴。

③深溪:深深的溪水。比喻危险的地方。

④与之俱死:一同去拼死,指同生共死。

⑤厚:优厚。

⑥治:治理,管理。

⑦骄子:骄生惯养的孩子。

【译文】

照顾士卒如同照顾婴儿一样,就可以与他们一同奔赴危险的地方;关爱士卒如同关爱孩子一样,就可以与他们同生共死。士卒给养丰厚,却不能使用他们;过分关爱士卒,却不能命令他们;士卒出现混乱,却不能治理他们。这好比骄生惯养的孩子一样,是不可以使用的。

10.6 知[①]吾卒之可以击,而不知敌之不可击,胜之半[②]也;知敌之可击,而不知吾卒之不可以击,胜之半也;知敌之可击,知吾卒之可以击,而不知地形之不可以战,胜之半也。故知兵[③]者,动而不迷[④],举而不穷[⑤]。故曰:知彼知己,胜乃不殆[⑥];知天知地,胜乃不穷[⑦]。

【注释】

①知:了解。

②胜之半:胜利的概率是一半。

③知兵:知晓用兵。

④动而不迷:行动而不迷茫。刘伯承《平汉战役某些战术问题的指示》:“各级指挥员要随时注意观察敌情,指定专人组织观察或亲自观察,对于下级的情况报告要加以考虑和判断,不为无根据的传闻所迷惑。”

⑤举而不穷:用兵方略无穷无尽。

⑥知彼知己,胜乃不殆:了解对方,了解自己,夺取胜利,不出危险。

殆，危险。毛泽东《中国革命战争的战略问题》："经验多的军人，假使他是虚心学习的，他摸熟了自己的部队（指挥员、战斗员、武器、给养等等及其总体）的脾气，又摸熟了敌人的部队（同样，指挥员、战斗员、武器、给养等等及其总体）的脾气，摸熟了一切和战争有关的其他的条件如政治、经济、地理、气候等等，这样的军人指导战争或作战，就比较有把握，比较地能打胜仗。这是在长时间内认识了敌我双方的情况，找出了行动的规律，解决了主观和客观的矛盾的结果。"罗荣桓《锄奸工作的几个问题》："对侦察与了解情况开始被重视，有了一些零碎材料的搜集与片断的整理，但仍是非常微弱的。对'知己知彼'没有统一的认识，如果只知己而不知彼，则知己亦不是好的知己，会发生自以为是；如果只知彼而不知己，则知彼亦不是好的知彼，会发生失掉信心，这就永远不能够避免自己的弱点与找出敌人的弱点，以造成对自己有利，也就无法使自己摆脱敌人的打击转为自主的打击敌人。尤以对情况的搜集与分析，还满足于一些现象的罗列，甚至加以夸张，往往把群众落后性的表现与敌人活动混为一谈。"

⑦知天知地，胜乃不穷：既了解天时，又了解地利，胜利是没有穷尽的。

【译文】

了解我军的士兵可以出击，而不了解敌人不可以攻击，那么胜利的概率是一半；了解敌人可以攻击，而不了解我军的士兵不可以出击，那么胜利的概率是一半；了解敌人可以攻击，也了解我军的士兵可以出击，而不了解地形不可以进攻，那么胜利的概率是一半。因而知晓用兵之人，行动起来不迷茫，用兵方略无穷无尽。因而可以说：既了解对方，又了解自己，夺取胜利，就不会出危险；既了解天时，又了解地利，就可以取得无穷无尽的胜利。

【评鉴】

《孙子兵法》中的"以人为宝"的思想

中国古代"以人为宝"的思想由来已久，在诸子和史书中都有所反映,甚至在兵书《孙子兵法》中也有这样的书写。

《韩诗外传》卷十记载,齐桓公外出打猎,追逐白鹿,到了麦丘,见到一个麦丘人,便问他是谁?此人回答:麦丘人。齐桓公又问他年龄多大?回答:八十三岁了。齐桓公称赞:“美哉寿也!”并和这个麦丘人一起饮酒,齐桓公希望这个麦丘人以其寿数为自己祝寿。可是,这个麦丘人并未顺从齐桓公的心意,而是说:“野人不知为君王之寿”,“使吾君固寿,金玉之贱,人民是宝”。桓公曰:“善哉祝乎!”从这个故事看出,不知姓名的麦丘人祝寿辞中的“金玉之贱,人民是宝”,隐含了“以人为宝”的观念。他建议齐桓公把“人民”视为宝贝,而不是把“金玉”视为宝贝,这样才能达到自己想要的寿数。

《资治通鉴》卷二周显王十四年(前355年)记载,齐威王和魏惠王在郊外相会,一起打猎。魏惠王问:齐国也有宝贝吗?齐威王说:没有。魏惠王说:我的国家虽然小,尚且有十颗直径一寸以上并可照亮前后的十二乘车子的明珠。难道这么大的齐国,就没有什么宝贝?齐威王回答,他与魏惠王对宝贝的看法是不相同的:“寡人之所以为宝者与王异。”齐威王告诉魏惠王,自己把四位臣子视为宝贝。第一位臣子是“檀子”,“使守南城,则楚人不敢为寇,泗上十二诸侯皆来朝”。第二位臣子是“盼子”,“使守高唐,则赵人不敢东渔于河”。第三位臣子是“黔夫”,“使守徐州,则燕人祭北门,赵人祭西门,徙而从者七千余家”。第四位臣子是“种首”,“使备盗贼,则道不拾遗”。在齐威王的眼中,这四位臣子“将照千里,岂特十二乘哉!”要远远胜过魏惠王所说的那些明珠。魏惠王听了,面露惭愧之色。由此可见,齐威王对答魏惠王的言语表明了“以人为宝”的观念,他是把四位有才能的臣子作为宝贝。他不同于魏惠王的观念,魏惠王是以明珠为宝,本质是一种“以物为宝”的观念。

《新序》卷一《杂事》记载,秦国想要讨伐楚国,派使者前往观看楚国的宝器。秦国虽是以“观宝器”为名,实际却是想要侦察楚国的强弱和虚实。楚王听说此事,便召见令尹子西询问:秦国想要观看楚国的宝器,我们的和氏璧、随侯珠,可以展示给秦国使者吗?令尹子西回答:这样做不聪明。楚王又召见大臣昭奚恤询问此事，昭奚恤分析指出，秦国此举不善，“欲观吾国得失而图之”，想要侦察楚国的情况，图谋进攻楚国。他态度鲜明地指出“宝器在贤臣”，珠玉玩好之物，并非“宝之重者”。楚王决定让昭奚恤来应对秦国的观宝之行。

秦国的使者到了，昭奚恤对他说：君是客人，请坐东面的上位，令尹子西坐西南面，其次是太宗子敖，再次是叶公子高，最后是司马子反。昭奚恤自己坐在西面，他对秦国使者说：“客欲观楚之宝器，楚国之宝者，贤臣也。”昭奚恤特别指明，楚国的宝器就是贤良的大臣。然后，他一一指出，令尹子西可以“理百姓，实仓廪，使民各得其所”；太宗子敖可以“奉珪璧使诸侯，解忿悁之难，交两国之欢，使无兵革之忧”；叶公子高可以“守封疆，谨境界，不侵邻国，邻国亦不见侵”；司马子反可以“理师旅，整兵戎，以当强敌，提枹鼓以动百万之众，所使皆趣汤火、赴白刃，出万死不顾一生”；本人可以“怀霸王之余议，摄治乱之遗风”，敬请大国使者进前观看，秦国使者十分惊骇，无言以对。秦国使者回到秦国向秦王报告：楚国有很多贤良的大臣，不可图谋。因此，秦国最后决定不讨伐楚国。这一事例反映出楚国大臣昭奚恤“以人为宝”的观念：“宝器在贤臣。”他明确提出，要以贤良的大臣作为国家的宝贝，而不是以“珠玉玩好之物”作为国家的宝贝。

再看《孙子兵法》“以人为宝”的思想，它体现在孙子《地形篇》：“战道必胜，主曰无战，必战可也；战道不胜，主曰必战，无战可也。故进不求名，退不避罪，唯民是保，而利合于主，国之宝也。”其中，《孙子兵法》“以人为宝”的思想核心，集中体现在孙子所说的“国之宝也”这四个字上。孙子所谓“国之宝也”的“宝”，显然不是指“物”，而是指“人”。而且它既不同于《韩诗外传》中“以人为宝”的“人”（人民），也不同于《资治通鉴》中“以人为宝”的“人”（臣子），还不同于《新序》中“以人为宝”的“人”（贤良的大臣），它是指“优秀的统帅”。

为何这样讲？这是因为孙子一方面强调：“战道必胜，主曰无战，必战可也；战道不胜，主曰必战，无战可也。”只要合乎战争的规律，有必胜的把握，即使国君命令不要开战，也要坚决开战；不合乎战争的规律，没有必胜的把握，即使国君命令开战，也要坚决不开战。这种表述显示出：只有军队的“统帅”才具有如此独立指挥军队的权力。另一方面，孙子强调：“进不求名，退不避罪，唯民是保，而利合于主。”进军不是追求个人的名声，撤退也不逃避个人的罪责，只是为了保全军民，合乎国家利益。这种表述反映出：只有“优秀的统帅”才能有如此的担当精神，他们不是因为个人的荣辱而进军，或者因为个人的荣辱而撤军。因此，《孙子兵法》中“以人为宝”思想所说的“人”，不是指一般的个体，也不是指一个群体，而是指“优秀的统帅”，国家特定的军事精英人物。

“以物为宝，不如以人为宝。”这是被历史和社会实践证明的事实。昔日晋献公采用荀息的计谋，以“屈产之乘”和“垂棘之璧”进献虞国的国君，借道灭虢。虞君贪图晋国的这些宝物，使唇齿相依的虢国被晋国灭亡。当晋军凯旋时，顺便又一举灭掉了虞国。由此可以看出，晋献公暂时舍弃了自己所谓的“宝物”(“屈产之乘”和“垂棘之璧”)，最后却一举灭掉了两个国家，晋国国土大大增加，“屈产之乘”和“垂棘之璧”又重新回到了晋国手中。这给后人留下一个宝训：“以人为宝者，人宝皆得；以宝为宝者，宝终必失。”这与《孙子兵法》中“国之宝也”的表述有异曲同工之妙。

《孙子兵法》这一思想与中国早期“以人为宝”的思想是一脉相承的，孙子将之进一步拓展、运用到军事领域，明确地把“优秀的统帅”作为“国之宝也”，认为这样可以使国家“人宝皆得”。这一思想的提出分明告诫国家最高统治者和广大民众，要珍惜和爱护自己国家“优秀的统帅”，不可自坏“长城”，使亲者痛，仇者快。当年岳飞被害时，金国人“闻其死，酌酒相贺”。历史留下的教训是，《孙子兵法》中“优秀的统帅”是“国之宝也”这一思想观念，并未让南宋最高统治者接受和铭记，这令后世之人扼腕相叹。

九 地 篇

11.1 孙子曰:用兵之法,有散地[①],有轻地[②],有争地[③],有交地[④],有衢地[⑤],有重地[⑥],有圮地[⑦],有围地[⑧],有死地[⑨]。诸侯自战其地,为散地。入人之地而不深者,为轻地。我得则利,彼得亦利者,为争地。我可以往,彼可以来者,为交地。诸侯之地三属,先至而得天下之众者,为衢地。入人之地深,背城邑多者,为重地。行山林、险阻、沮泽[⑩],凡难行之道者,为圮地。所由入者隘,所从归者迂,彼寡可以击吾之众者,为围地。疾战则存,不疾战则亡者,为死地。

【注释】

①散地:诸侯在本国地域作战。

②轻地:进入敌国国土尚未深入。

③争地:我军占据有利,敌人占据也有利的地域。

④交地:便于敌我双方往来的地域。

⑤衢地:四通八达的地域,各国相毗邻的要冲。

⑥重地:深入敌国,背后有许多敌国城池的地域。

⑦圮地:难以通行的地域。

⑧围地:进路狭隘,退路曲折,敌人可以少击众的地域。

⑨死地:果断行动才能生存,否则就会灭亡的地域。

⑩沮泽:水草丛生之地。

【译文】

孙子说:用兵作战的方法,分为散地、轻地、争地、交地、衢地、重地、圮地、围地、死地。诸侯与敌人在自己的国土上交战,这是散地。进入敌国境内，但还不深入，这是轻地。我军得到有利，敌人得到也有利，这是争地。我军可以前往，敌人也可以前来，这是交地。诸侯国处在三国交界的要冲，谁最先抵达就可以赢得多数中立国的支援，这是衢地。深入敌国境内，而且越过敌人许多城市，这是重地。行军于山林、险阻、沼泽地形，凡是难以通行的道路，这是圮地。进入时道路狭隘，回归时道路曲折，对方很少的兵力可以攻击我军很多的兵力，这是围地。迅速搏战就能生存，不迅速搏战就会灭亡，这是死地。

11.2 是故散地则无战，轻地则无止，争地则无攻，交地则无绝①，衢地则合交②，重地则掠③，圮地则行，围地则谋④，死地则战。

【注释】

①无绝：不可断绝。

②合交：结交。

③掠：掠夺。

④谋：谋划。

【译文】

因此，对于散地，不要立即与敌人交战；对于轻地，军队不可停止进军；对于争地，不可去进攻；对于交地，不可断绝自己的后勤保障；对于衢地，就要注意结交中立国；对于重地，就要掠夺物资；对于圮地，就要快速行军；对于围地，就要巧设计谋；对于死地，就要拼死作战。

11.3 所谓古之善用兵者，能使敌人前后不相及①，众寡不相恃②，贵贱不相救③，上下不相收④，卒离而不集⑤，兵合⑥而不齐。

【注释】

①及：策应。

②恃：依靠。

③救：救援，救应。

④收：接收。

⑤集：聚集。

⑥合：集合。徐向前《围点打援，外线歼敌》："那时，敌人虽在鄂豫皖革命根据地周围集中了很大兵力，准备第三次'围剿'，但尚未部署就绪，杂牌部队多，缺乏统一指挥，'卒离而不集，兵合而不齐'。"

【译文】

古代所说的善于用兵之人，能使敌人的军队前部与后部不能相互策应，主力与偏师不能相互依赖，将领与士兵不能相互救援，上级与下级不能相互接收信息，士卒分散不能聚集，军队聚合也不整齐。

11.4 合①于利②而动③，不合于利而止④。

【注释】

①合：符合。

②利：国家利益。

③动：行动。

④止：停止。毛泽东《中国革命战争的战略问题》："必须打胜。必须敌情、地形、人民等条件，都利于我，不利于敌，确有把握而后动手。否则宁可退让，持重待机。机会总是有的，不可率尔应战。"

【译文】

符合国家利益，就采取行动；不符合国家利益，就停止行动。

11.5 敢①问：敌众整而将来，待②之若何③？曰：先夺其所爱④，则听⑤矣。

【注释】

①敢：冒昧。

②待：对付。

③若何：如何，怎样。

④夺其所爱：剥夺敌人的所爱。一是争夺其重要的战略区域，二是争夺其重要的战略资源，三是争夺其重要的依靠力量，四是剥夺其重要的精神象征（参见阎盛国《〈孙子兵法〉经世致用研究》）。聂荣臻《嘉奖黄土岭战斗中炮兵部队的通令》："在黄土岭战斗中，我第一军分区炮兵连充分发挥炮兵的作用，给予敌人以极大的杀伤和威胁，以准确的射击命中敌酋，使敌失指挥与掌握，致全线动摇而陷于极端混乱状态中；并密切配合我之步兵获得黄土岭战斗的胜利。"

⑤听：听从。

【译文】

冒昧地问：敌人兵力众多，队伍整齐，将要前来，应该如何对付敌人？回答是：首先剥夺敌人的所爱，那么敌人就会乖乖听从于我。

11.6 兵之情主速①，乘人之不及，由不虞之道②，攻其所不戒③也。

【注释】

①兵之情主速：用兵情形，讲求神速。毛泽东《中国革命战争的战略问题》："速决战不是心里想要如此做就做得成功的，还须加上许多具体的条件。主要的条件是准备充足，不失时机，集中优势兵力，包围迂回战术，良好阵地，打运动中之敌，或打驻止而阵地尚不巩固之敌。不解决这些条件，而求战役或战斗的速决，是不可能的。"叶剑英《伟大的战略决战》："'兵贵神速'和'出敌不意'的军事原则，为一般军事家所熟知，但毛泽东同志运用之妙，却超乎寻常。'围而不打'和'隔而不围'的作战方针，以及延续华东战场对杜聿明集团残部最后歼灭部署的指示，则更表现了军事指挥上的高度艺术，而为一般军事家所望尘莫及。"

②不虞之道：料想不到的路线。虞，料想，意料。

③攻其所不戒：进攻敌人不加警戒的目标。

【译文】

用兵情形，讲求兵贵神速，乘敌人来不及做出反应，由敌人意想不到的路线，进攻敌人不加警戒的目标。

11.7 凡为客之道①：深入则专②，主人不克③；掠于饶野④，三军足食；谨养而勿劳，并气积力⑤；运兵计谋，为不可测。投之无所往，死且不北；死焉不得，士人尽力。兵士甚陷则不惧，无所往则固，深入则拘，不得已则斗。是故，其兵不修而戒⑥，不求而得，不约而亲，不令而信，禁祥去疑⑦，至死无所之。吾士无余财，非恶货也；无余命，非恶寿也。令发之日，士卒坐者涕沾襟⑧，偃卧者涕交颐⑨。投之无所往者，诸、刿⑩之勇也。

【注释】

①为客之道：进入敌国作战的方法。为客，进入敌国作战。

②深入则专：深入敌国境内，那么意志统一。专，统一。

③主人不克：在本土作战的军队无法取胜。

④掠于饶野：在丰饶的地方掠夺。饶，丰饶。

⑤并气积力：提升士气，积蓄力量。刘伯承《从实战中联想到我军教育要注意的事项》："我们指挥部队动作，必须尽量休养和顾惜人马的体力，以为在紧要关头争取胜利之用。如在战斗前无故使部队疲劳、欠睡觉或不以饱食，那是直接从物质上削弱了战斗力而应避免的事情。"

⑥不修而戒：不修明军令，就自我警戒。

⑦禁祥去疑：禁止迷信，消除疑虑。

⑧涕沾襟：泪水洒湿衣襟。涕，泪水。

⑨偃卧者涕交颐：睡卧的士兵泪流满面。颐，颊。

⑩诸、刿：专诸、曹刿，二人是春秋时期的勇士。专诸，吴国人，曾刺杀吴王僚；曹刿，鲁国人，曾劫持齐桓公。

【译文】

凡是进入敌国作战的方法：深入敌国境内，那么意志统一，守卫之军将无法战胜;在物产丰饶的地方掠夺,满足军队的给养;军队注意保养,不使疲劳,提升士气,积蓄力量;灵活运用兵力和计策谋略,使敌人不可预测。把军队投送到无路可走的地方,至死不会逃跑;甚至连死都没有机会,士兵就会竭尽全力作战。士兵深陷危亡之地,那么就不再畏惧;无路可去,那么军心就稳固;深入敌国内部,就会自我约束;万不得已,就会拼死作战。因此,这样的军队不修明军令,就会自我警戒,不去追求,也会得到,不用约束,就会亲近,不用命令,就会信守,禁止迷信,消除疑虑,即使战死,也不会逃跑。我军士兵没有多余的财货,并不是他们厌恶财货;没有贪生怕死的人,并不是他们厌恶长寿。作战命令下达之时,坐着的士兵,泪水洒湿了衣襟;躺着的士兵,泪流满面。将帅把军队投送到无路可去之地,士兵作战就会像专诸、曹刿一样的勇敢。

11.8 故善用兵者,譬如率然[①]。率然者,常山[②]之蛇也。击其首则尾至,击其尾则首至,击其中则首尾俱至。敢问:兵可使如率然乎?曰:可。夫吴人与越人相恶[③]也,当其同舟而济[④],遇风,其相救[⑤]也如左右手。是故方马埋轮[⑥],未足恃也;齐勇若一[⑦],政之道[⑧]也;刚柔皆得,地之理也[⑨]。故善用兵者,携手若使一人,不得已也。

【注释】

①率然:生活在恒山地区的一种蛇。刘伯承《〈孙子〉笔记》:"《孙子》的用兵如'率然','击其首则尾至,击其尾则首至,击其中则首尾俱至'(《九地篇》),'避实而击虚''能因敌变化而取胜者,谓之神'(《虚实篇》)等表述,是虚和实的中心思想。"

②常山:古山名。本名恒山,西汉避文帝刘恒讳、北宋避真宗赵恒讳改。为五岳中的北岳,在今河北曲阳西北。

③吴人与越人相恶:吴国人与越国人相互厌恶。

④同舟而济:坐同一条船渡过江河。

⑤相救：相互救援。

⑥方马埋轮：缚住战马，埋住车轮。指结成方阵，防止士卒逃散。

⑦齐勇若一：齐心协力勇敢作战，好似一人。

⑧政之道：治理军队的方法。

⑨刚柔皆得，地之理也：使地形的有利条件和不利条件都能得其所用，关键在于掌握运用地形的原则规律。

【译文】

因而，善于用兵之人，行动好像率然之蛇一样。率然之蛇，是生活在恒山之上的一种蛇。打击它的头部，尾部就会前来救援；打击它的尾部，头部就会前来救应；打击它的腹部，头部和尾部都来救应。冒昧地问：用兵可以像率然之蛇一样吗？回答：可以的。吴国人与越国人互相憎恶，当他们坐一条船渡过江河时，遇到狂风，他们互相救援犹如一个人的左手和右手一样。因此，拴牢马匹，埋住车轮，这种强制手段也是不能依赖的；使军队齐心协力奋勇作战，好似一人，关键在于治理得法；使地形的有利条件和不利条件都能得其所用，关键在于掌握运用地形的原则规律。因而，善于用兵之人，使军队人人团结，好似一个人一样，这是由于人人都迫不得已。

11.9 将军之事，静以幽①，正以治②。能愚③士卒之耳目，使之无知；易其事④，革其谋⑤，使人无识；易其居，迂其途⑥，使人不得虑。帅与之期，如登高而去其梯；帅与之深入诸侯之地，而发其机⑦；焚舟破釜，若驱群羊，驱而往，驱而来，莫知所之。聚三军之众，投之于险，此谓将军之事也。九地之变⑧，屈伸之利⑨，人情之理⑩，不可不察。

【注释】

①静以幽：冷静方能深入思考。

②正以治：公正方能治理军队。刘伯承《从实战中联想到我军教育

要注意的事项》:"首长要拿自己忠实于革命事业的表现,要拿自己本职的军事技能或政治修养,要拿自己关心部属生活的行动,来取得部属的信仰。"

③愚:蒙蔽。陈赓《在参谋长会议上的讲话》:"保密问题:(1)不能把机密的间谍信息材料全盘发下,下达命令时要变口气,改成估计。(2)作战室打电话,要注意经常变字,都不能随便泄露出去。(3)不应下边知道的,不能全告诉下边。"

④易其事:改变军队的作战行动。

⑤革其谋:变更军队行动的计谋。

⑥易其居,迂其途:改变军队的居住地点,迂回军队的行军路线。毛泽东《行军中严格注意隐蔽》:"隐蔽行动,避敌发现,为争取胜利之严重条件。"刘伯承《对目前战术的考察》:"老住一地,将遭袭击,老走一路,将遭伏击,这是最有害的被动。……袭击目标与部署应适时分别职务等级实行次序分段传达;其次就是迷惑敌人,严守秘密,封锁消息;再其次对民众,特别是找向导,不要使他知道袭击企图;必要时先向假方向走一段,然后转向真方向走。"

⑦发其机:指挥军队行动,如同击发弩机。

⑧九地之变:根据不同地理环境进行灵活变化。

⑨屈伸之利:前进、后退的好处。

⑩人情之理:士兵心态变化的规律。徐向前《决战防御,大纵深迂回》:"有人主张兵退汉中,并不奇怪,因为当时的确已经到了存亡绝续的危急关头。这个时候,我们更没有被敌人貌似强大的攻势所迷惑,所吓倒,沉着冷静,审时度势,毅然决然'聚三军之众,投于险地',实施万源决战防御。从而,又一次渡过了最大难关,终于赢来了胜利反攻的时刻。"

【译文】

统帅处理重要的事情,冷静方能深入思考,公正方能治理军队。能够蒙蔽士兵的耳目,使他们无从知晓军事行动;改变军队的作战行动,变更军队行动的计谋,使人无从识破;改变军队的居住地点,迂回军队的行军路线，使人无从考虑。统帅与之约定日期行动，犹如登上高处抽去梯子一样；统帅与军队深入诸侯国的领地，发动攻势如同击发弩机一样。打破炊具，凿沉船只，如同驱赶羊群一样，驱赶过去，驱赶过来，没有谁知道要到哪里去。聚合全军将士，把他们投送到危险之地，这就是统帅关注的重要事情。根据不同地理环境进行灵活变化，考虑进退的好处，以及士兵心态的变化规律，这些一定要认真研究。

11.10 凡为客之道，深则专，浅则散①。去国越境而师者②，绝地也；四达③者，衢地也；入深者，重地也；入浅者，轻地也；背固前隘④者，围地也；无所往者⑤，死地也。

【注释】

①浅则散：刚刚进入敌国境内，那么军队容易涣散。

②去国越境而师者：离开自己国家，越过他国而出兵。

③四达：四通八达。

④背固前隘：背后险要，前面狭隘。

⑤无所往者：没有地方可以前往。

【译文】

凡是进入敌国作战的方法是：深入敌国境内，那么意志就统一；刚刚踏上敌国领地，那么容易逃散。离开自己的国家，越过他国而出兵，这是处于绝地；四通八达之地是衢地；深入敌国境内，这是重地作战；刚刚踏上敌国领地，这是轻地作战；后面险要，前面狭隘的地方是围地；没有地方可以前往的是死地。

11.11 是故散地，吾将一其志①；轻地，吾将使之属②；争地，吾将趋其后③；交地，吾将谨其守④；衢地，吾将固其结⑤；重地，吾将继其食⑥；圮地，吾将进其涂⑦；围地，吾将塞其阙⑧；死地，吾将示之以不活⑨。

【注释】

①一其志:统一军队意志。

②使之属:使军队接连不间断。

③趋其后:快速进击此地后方。

④谨其守:谨慎防守此地。

⑤固其结:巩固与中立国的外交。

⑥继其食:保证此地的粮食供应。

⑦进其涂:迅速通过此地。

⑧塞其阙:堵塞此地的缺口。

⑨示之以不活:表明死战到底的决心。

【译文】

因此,对于散地,就要统一军队的意志;对于轻地,就要使军队相互接续;对于争地,就要迅速进军其后;对于交地,就要谨慎防守;对于衢地,就要巩固与中立国的外交;对于重地,就要继续保证粮食供应;对于圮地,就要快速通过;对于围地,就要堵塞其缺口;对于死地,就要向部下表明死战到底的决心。

11.12 故兵之情①:围则御②,不得已则斗,过则从③。

【注释】

①兵之情:用兵的情形。

②围则御:被敌人包围,就会全力抵御。

③过则从:灾祸降临,就会听从指挥。过,通"祸",祸难。

【译文】

因而,用兵的情形是,被敌人包围,就会全力抵御;迫不得已,就会拼死战斗;祸难降临,就会听从指挥。

11.13 是故不知诸侯之谋者,不能预交;不知山林、险阻、沮泽之形者，不能行军；不用乡导者，不能得地利。四五者，不知一[①]，非霸王之兵[②]也。夫霸王之兵，伐大国，则其众不得聚；威加于敌[③]，则其交不得合。是故不争天下之交[④]，不养天下之权[⑤]，信己之私[⑥]，威加于敌，故其城可拔，其国可隳[⑦]。施无法之赏，悬无政之令[⑧]，犯三军之众，若使一人。犯之以事，勿告以言；犯之以利，勿告以害。投之亡地然后存，陷之死地然后生[⑨]。夫众陷于害[⑩]，然后能为胜败。

【注释】

①四五者，不知一：九地的利害不知晓其中之一。四五者，指九地。

②霸王之兵：帝王和霸主之兵。

③威加于敌：威慑施加于敌人。

④不争天下之交：不必争着结交天下的诸侯国。

⑤不养天下之权：不必培养掌控天下的权势。

⑥信己之私：大力发展自己的实力。信，伸展。

⑦其国可隳：敌国可以毁坏。隳，毁坏。

⑧施无法之赏，悬无政之令：实施超出法定的奖赏，颁布打破常规的军令。

⑨投之亡地然后存，陷之死地然后生：把自己的军队投入危亡之地，只有这样才能存活下来；使自己的军队陷于死亡之地，只有这样才能生存下来。

⑩众陷于害：把兵众陷于危亡境地。

【译文】

因此，不了解诸侯国的计谋，不可以贸然结交；不了解山林、险阻、沼泽的地形情况，不可以行军；不使用向导，不可以利用地形的有利条件。对于九地的情况，不了解其中的一种，就不是霸主和帝王之兵。霸主和帝王之兵，征伐大国，那么这个国家的兵众来不及聚集；威慑施加于敌人，那么这个国家的盟国不敢与它联合。因此，不必争着与诸侯国去结交，不必培养掌控天下的权势，大力发展自己的实力，以强大的武力施加于敌人，那么可以攻取敌人的城市，毁灭敌人的国家。实施超过法定的奖赏，颁布打破常规的军令，使全军之众进攻敌人，如同使用一个人一样。准备实施重大行动，却不告诉他们；以利益奖赏诱导部下去进犯敌人，却不把危害告知他们。把自己的军队投入危亡之地，只有这样才能存活下来；使自己的军队陷于死亡之地，只有这样才能生存下来。把兵众陷于危亡的境地，只有这样才能奠定胜利的基础。

11.14 故为兵之事①，在于顺详敌之意②，并敌一向③，千里杀将④。此谓巧能成事⑤者也。

【注释】

①为兵之事：用兵作战的事情。

②顺详敌之意：假装顺从敌人的意图。详，通“佯”，假装。

③并敌一向：集中兵力，进击敌人一点。毛泽东《中国革命战争的战略问题》：“作战时选择突击方向和突击点，要按照当前的敌情、地形和自己兵力的情况去规定。”刘伯承《从实战中联想到我军教育要注意的事项》：“每一进攻战斗，必须选定主要突击方向，集结主力，以争取决战的胜利。但同时对于次等方向，必须以另一部箝制敌人，吸引其注意力及后续梯队，借此保障我主力突击的成功。换句话来讲，我们可以在次等方向用一个人去扭打三个敌人，这样就能在主要方向抽得三个人来痛打一个敌人，求得总体上的胜利。”

④千里杀将：长驱直入千里，斩杀敌人将帅。刘伯承《平汉战役某些战术问题的指示》：“攻击目标要选择其弱点，一般是部队的接合部，阵地的侧背或突出部，特别注意寻找其指挥机关，打碎反动派的首脑，收效特大。”

⑤巧能成事：巧妙成就大事。

【译文】

因而，用兵作战的事情，在于假装顺从敌人的意图，集中兵力，进击敌人的一点，长驱直入千里，斩杀敌人的将帅。这就是所说的巧妙成就大事之人。

11.15 是故政举之日①，夷关折符②，无通其使，厉于廊庙之上，以诛其事③。敌人开阖④，必亟入之。先其所爱⑤，微与之期。践墨随敌⑥，以决战事。是故始如处女，敌人开户；后如脱兔，敌不及拒⑦。

【注释】

①政举之日：军政大计举行之时。

②夷关折符：封锁关隘，销毁符信。夷，封锁。符，通行凭证。朱德《组成第一野战纵队的命令》："保持军事秘密。应加强警戒，封锁消息，各部队机关一律用代字，极力隐蔽原来番号名称。关于行动方向须绝对保守秘密。每日出发前，须检查驻地，不得遗留关于军事秘密的文字。"

③厉于廊庙之上，以诛其事：在庙堂之上反复研究，以此保密其事。

④敌人开阖：敌人敞开门户，比喻敌人露出破绽。

⑤先其所爱：首先关注敌人的所爱。

⑥践墨随敌：随着敌情的变化而灵活变化。朱德《把红军的优良传统恢复起来》："用兵的基本原则就是：有什么武器打什么仗，在什么地方打什么仗，遇到什么敌人打什么仗。学通与行通了这三条，就学好了用兵。要善于了解判断敌人，善于使用自己的武器。遇到伪军、自卫团是一个打法，遇到蒋介石的队伍必须用另一个打法。"

⑦始如处女，敌人开户；后如脱兔，敌不及拒：开始好像处女一样，文静不露声色，等待敌人敞开门户；而后好像脱兔一样，疾速行动，使敌人来不及抗拒。徐向前《孙祖战斗的总结》："又如当敌人进到铁峪时，我埋伏不动，使敌无从知我所在，即所谓'静如处女'。当敌离开铁峪村进到孙祖、铁峪间平坦地时，我伏击部队先以一部迅速抢占铁峪据点，造成以后突击敌人于无险可守的平原地上的有利条件，即所谓'动如脱兔'。这是当日作战胜利的第一要着，它是以果敢的机动性来完成的。"徐向前

《晋中战役总结报告》:“当一个指挥员要大胆心细,尤其是团以上高级指挥员,要深思熟虑,但不要把深思熟虑变为犹豫,各种条件具备以后,要英勇果敢不顾一切,如二十四旅某部在南庄撤退,十三纵在张名退出战斗,都缺乏坚持最后一口气,而这最后一口气即是胜败分水岭,孙武子说:‘静如处女动如驰兔’。有些人说起话来滔滔不绝,打起仗来犹豫不决,另有些人勇敢是勇敢,打打打,不知如何打法。胆大心细,心细胆大,以小胜多,以多胜少,这个素质要锻炼修养,向古人学,向敌人学,向别人学,自己学习,取人之长,除自己之短才行。”

【译文】

因此,军政大计决定之时,封锁关隘,销毁符信,不与敌国使者往来,(国君与统帅)在庙堂之上反复研究,借此保密其事。敌人敞开门户之际,一定迅速行动。首先关注敌人的所爱,不与敌人约定日期。随着敌情的变化而灵活变化,以此决定战争行动的事情。因此,开始好像处女一样,文静而不显露声色,等待敌人敞开门户;之后好像脱兔一般,疾速行动,使敌人来不及抗拒。

【评鉴】

夺其所爱——制敌的绝招

《孙子兵法》有没有制敌的绝招,当然是有的,它隐含在《九地篇》中。《九地篇》先后两次使用“所爱”一词。前者是“敢问:敌众整而将来,待之若何?曰:先夺其所爱,则听矣。”后者是“是故政举之日,夷关折符,无通其使,厉于廊庙之上,以诛其事。敌人开阖,必亟入之。先其所爱,微与之期。”孙子先后两次使用“所爱”一词,绝对不是简单的重复。实际上,孙子是在强调,无论自己处于被动防守的态势,还是处于主动进攻的态势,必须“先夺其所爱”和“先其所爱”。

孙子“夺其所爱”究竟包括那些属性层面?这里借助约米尼研究战争理论的方法,结合具体的战例,对孙子“夺其所爱”的属性层面尝试概括,以弥补先前注解的缺憾。约米尼在《战争艺术》一书中的《序言》说:

“一切战争艺术的理论，其惟一合理的基础就是战史的研究。”通过战史的研究，与前人注解的成果进行综合，可以推知，孙子“夺其所爱”包含四个属性层面。

孙子“夺其所爱”的第一个属性层面是指争夺敌人的战略要地。曹操、杜牧、赵本学等注家，都指出敌人重要的地理区域可视作敌人的“所爱”。祁连山地处青海与甘肃两省之间，是青藏高原东北部一个巨大的边缘山系，由几条平行排列的山岭和谷地组成。祁连山地到处是崇山峻岭，峰顶上面积雪终年不化。祁连山地储有巨大容量的冰川，水量丰富，是河西走廊一带主要的水源。从河西走廊望去，祁连山横亘南面，像一列绵延不断的青色屏障。祁连山还有“万宝山”的美誉。自古以来，祁连山地一直是游牧民族与中原王朝争夺的战略要地。根据《史记》记载，汉元狩二年(公元前121年)春，骠骑将军霍去病率领数万骑兵出陇西，讨匈奴，过焉支山千有余里。同年夏天，霍去病“过居延，攻祁连山，得胡首虏三万余人，裨小王以下七十余人”。另外，从《史记》三家注可以看出祁连山地重要的战略价值。《史记正义》引《括地志》云：“焉支山一名删丹山，在甘州删丹县东南五十里。”又引《西河故事》云：“匈奴失祁连、焉支二山，乃歌曰：‘亡我祁连山，使我六畜不蕃息。失我焉支山，使我妇女无颜色。’其悯惜乃如此。”《史记索引》引《西河旧事》云：“山在张掖、酒泉二界上，东西二百余里，南北百里，有松柏五木，美水草，冬温夏凉，宜畜牧。匈奴失二山，乃歌云：‘亡我祁连山，使我六畜不蕃息。失我燕支山，使我嫁妇无颜色。’”尤其注解中提及的匈奴人哀歌，画龙点睛般地说明祁连山地是匈奴人的“所爱”。在与汉朝几百年的争战当中，祁连山地不仅是匈奴抗拒汉朝的天然屏障，更是匈奴人绝好的牧场。一代名将霍去病出世之后，千里出击匈奴，奇袭匈奴王廷，封狼居胥，实现了孙子所说的“夺其所爱”。从此匈奴重要的战略要地丧失，被迫退居大漠以北。霍去病由此也打通了前往西域的河西走廊，汉朝并且建立了河西四郡。汉军从此掌握了战争的主动权，随时出击匈奴。霍去病去世后，汉武帝给他修筑的坟墓，外形也像祁连山，以此象征霍去病不朽的功业。可见，祁连山地在西汉历史上是名副其实的战略要地。

孙子“夺其所爱”的第二个属性层面是指争夺敌人重要的战略资源。杜牧、王晳、张预、赵本学等人，都注意到敌人的粮食、财帛、积聚可视为敌人的“所爱”。汉建安五年（公元 200 年），曹操和袁绍在官渡交战，袁绍命令淳于琼率兵万人，护送军粮，这些粮草屯积在袁军大营以北约 20 公里的故市（今河南延津县内）和乌巢（今河南延津东南）。袁军与曹军长期对峙，难分胜负。恰在这时，袁绍的谋士许攸投降了曹操，他建议曹操轻兵奇袭乌巢，烧其辎重。《三国志·魏书》卷一《武帝纪》裴松之注引《曹瞒传》中许攸对曹操说：“公孤军独守，外无救援而粮谷已尽，此危急之日也。今袁氏辎重有万余乘，在故市、乌巢，屯军无严备。今以轻兵袭之，不意而至，燔其积聚，不过三日，袁氏自败也。”曹操听从了许攸的建议，留下曹洪、荀攸守卫曹军的营垒，亲自率领 5000 精兵，打着袁军的旗号，口衔枚，马缚足，每人带一束干柴草，利用夜暗，走小路，偷袭乌巢。袁绍听说曹操袭击乌巢，误以为曹军的营垒空虚，想趁机釜底抽薪，一举歼灭曹军的主力，便只派了一小部兵力救援乌巢。当曹军急攻乌巢的淳于琼军营时，袁绍增援的部队已经迫近。曹操励士死战，大破袁军，杀淳于琼，并烧毁其全部的粮草。由于袁绍一时的糊涂，没有认清乌巢粮草是三军的“所爱”，竟然弃之不顾。粮草全部被烧，消息传到袁军的阵营，结果军心动摇，内部产生分裂。袁军战局飞转直下，饥饿的袁军从此丧失了战争的主动权。曹军乘势出击，大败袁军。袁绍仓皇率领残军，退回河北，从此一蹶不振。可见，曹操“夺其所爱”，破坏袁军重要的战略资源——粮草，改变了自己被动危险的局面。相反，袁军丧失了重要的战略资源——粮草，因而也丧失了主动进攻的能力，最后陷于被动的局面。众所周知，官渡之战是袁绍、曹操双方力量发生根本性转变的一次关键性战役。这里需要关注的是，袁绍三军“所爱”的粮草被焚毁是官渡之战当中袁军走向失败的一个转折点。

孙子“夺其所爱”的第三个属性层面是指争夺敌人重要的依靠力量。赵本学注意到敌人重要的救援力量可以视为敌人的“所爱”。其实，有时单个的核心人物也是敌人的“所爱”。孙子《地形篇》曾说优秀的将领是“国之宝也”。无疑，敌人的良将与贤能之士也是敌人之“所爱”。东汉光武帝时，高峻占据陇地，不愿向光武帝屈服投降。光武帝刘秀决定派遣寇恂前去招降。寇恂带兵前往高峻的驻地，高峻派军师皇甫文出面拜见。双方见面后，皇甫文言辞强硬，傲慢无礼。寇恂非常生气，命人斩杀皇甫文，诸将纷纷劝阻，寇恂没有理会，于是皇甫文被砍了脑袋。《后汉书》卷一六《寇恂列传》记载，寇恂派皇甫文的副使回去禀告高峻：“军师皇甫文无礼，已遭处斩，若有归顺之意，请立即投降，否则就请准备一战。”高峻惶恐万分，立即打开城门，请求投降。诸将纷纷向寇恂道贺，并且询问他杀了高峻的使者反而使高峻投降的原因。寇恂说：“皇甫文，峻之腹心，其所取计者也。今来，辞意不屈，必无降心。全之则（皇甫）文得其计，杀之则（高）峻亡其胆，是以降耳。”由此可知，寇恂所言的“皇甫文，峻之腹心，其所取计者也”，证明皇甫文是高峻之“所爱”，而寇恂却“夺其所爱”，使高峻如失左右手，高峻突然失去了平日里重要的依靠力量，所以他最后乖乖地向寇恂屈服了。

孙子“夺其所爱”的第四个属性层面是指剥夺敌人重要的精神象征。李荃注意到敌人将军的妻子可视为敌人的“所爱”，陈皞注意到敌人所顾忌的“事”可视为敌人的“所爱”，其实这些“所爱”都涉及敌人的精神心理层面。1942 年 7 月，德国军队侵入顿河，企图迅速攻占斯大林格勒，由此引发了斯大林格勒战役。这是第二次世界大战中最残酷的战役之一。赫尔曼·沃克在《战争与回忆》一书中认为，斯大林格勒除了具有重要的军事战略地位以外，在当时，这个城市以希特勒最强大的敌手斯大林的名字命名，更具有伟大的政治象征意义，是布尔什维主义的象征。这是苏德双方不惜一切代价争夺这一城市的一个重要原因。在顿河西岸的辽阔草原到伏尔加陡峭的河岸之间的 10 万平方公里的土地上，一百多万人在长达半年多的殊死进攻与防御中丧生。1943 年 2 月 2 日，希特勒的第六集团军在苏军的包围下最终投降。德军企图夺取苏联的“所爱”最后没有成功，而德国无比珍爱的精神象征“天下无敌”，却由于斯大林格勒战役的失败而彻底地破灭。德军的整体士气开始日渐低落，东面战线开始出现了真空，德国不得不收缩防线，从战略进攻转变为战略防御，失去了战略主动权。相反，苏联军队由于保住了重要的精神象征——斯大林格勒，苏联全国上下变得空前团结，从战略防御转变为战略进攻。

综上所述，汲取前人注解的成果，结合古今具体的战例，我们从中认知孙子《九地篇》中"夺其所爱"是指争夺对敌人具有重要影响的战略因素。而且，通过上面具体战例的分析，既可以归纳出《孙子兵法》"夺其所爱"包含的属性层面，也可以从中验证孙子这一战术思维的高明之处。孙子认为，在作战过程中，己方如果能够"夺其所爱"，势必给予敌人致命的精神打击和心理破坏，从而可以夺取和控制战场的主动权。概括而言，笔者认为孙子"夺其所爱"包含四个属性层面：一是争夺敌人的战略要地，二是争夺敌人重要的战略资源，三是争夺敌人重要的依靠力量，四是剥夺敌人重要的精神象征。孙子《虚实篇》中提倡"兵因敌而制胜"，因此，孙子没有明确界定"夺其所爱"的具体属性和内容，这是留给后世战争实践者更多的想象空间，使其避免因为思考战争而思维变得僵化不灵活。分析至此，不由赞叹，孙子在《九地篇》中仅仅使用了"夺其所爱"寥寥四字，就赋予了本书丰富的兵学思想内涵，真无愧于"《孙子》是东方兵学的鼻祖，武经的冠冕"的美誉。一言以蔽之，《孙子兵法》制敌的绝招，就是"夺其所爱"。

火攻篇

12.1 孙子曰：凡火攻有五：一曰火人①，二曰火积②，三曰火辎③，四曰火库④，五曰火队⑤。

【注释】

①火人：火烧敌人。人，敌人。邓小平《关于粉碎敌人对大别山围攻的十份电报》："发扬高度进攻精神，捕歼小敌、土顽，尤应以爆破、阻击、夜袭、火攻、捕捉、破线、破路等，才能杀伤敌方人马，破坏交通、物质，消耗疲敌。"

②火积：火烧敌人的储积。积，储积，储备。

③火辎：火烧敌人的辎重。辎，辎重，随军运载的武器装备、粮秣等。刘伯承《论游击战与运动战》："截毁敌人停留的或运送中的武器、军用品及其他资材，特别是飞机场、弹药库、煤油池、粮食站，以及运送中的各种辎重。在敌人收集原料制造军火的区域，如河北（棉花食盐）、山西（煤铁）等地，更要繁殖游击战争，使敌人不能利用中国的资材来做杀中国人的工具。这就是从物质方面来加速消灭敌人侵略战争的实际办法。"

④火库：火烧敌人的仓库。库，仓库。

⑤火队：火烧敌人的运输路线。队，运输路线。刘伯承《对目前战术的考察》："破坏敌人的军实资源，尤其是交通，在游击队一切动作中，都是很重要的。……敌人后方的铁路、汽车路，特别是铁路，是它前送兵员、弹药、汽油、被服、粮食（特别因我空室清野要运粮食）和后运伤病员等的一条生命线。飞机载重有限，是不能代替它的。如果敌人的交通线被我们截断了，那敌人不但不能打仗，而且不能活命。这首先要抗战军民，人人深刻认识其重要性，才能坚决执行截断敌人的交通，才能做到

‘使它血管不能流通，手脚不能动弹，而走到困死’。一、截断铁路、汽车路。对敌铁路、汽车路，或用重兵截断破毁之，或用游击队经常破毁之，或军民联合乘夜全线破毁之。二、劫夺或烧毁兵站辎重。敌人兵站辎重，应由基干军队、游击队、自卫队尽可能地劫夺或烧毁之。劫夺不但可断敌接济，而且可以供给自己。万一自己运走或散发民众都来不及时，则毫不犹豫地烧毁之。”刘伯承《武工队在敌后活动的战术问题》：“交通斗争是敌人战略前途上最重要的一环。飞行爆破、大众破坏和技术破坏，细部的破坏和大部的破坏，都要互相结合。”

【译文】

孙子说：凡是火攻，有五种情形：一是火烧敌人，二是火烧敌人的储积，三是火烧敌人的武器装备等辎重，四是火烧敌人的仓库，五是火烧敌人的运输线路。

12. 2 行火必有因①，烟火必素具②。发火有时③，起火有日④。时者，天之燥⑤也；日者，月在箕、壁、翼、轸⑥也。凡此四宿⑦者，风起之日也。

【注释】

①行火必有因：实施火攻必须有所借助。行火，实施火攻。因，借助。

②素具：平时准备。素，平时。具，具备，准备。

③时：时机，天时。

④日：日子，日期。

⑤燥：干燥。

⑥箕、壁、翼、轸：星宿名，分别为二十八星宿之一。

⑦四宿：箕、壁、翼、轸。

【译文】

实施火攻必须有所借助，燃火的器材必须平时准备。发起火攻要看时机，燃起大火要看日子。时机是天气干燥，日子是月亮处于箕、壁、翼、轸四个方位。凡是处于这四个星宿方位时，就是大风刮起的日子。

12.3 凡火攻，必因[①]五火之变而应之。火发于内，则早应[②]之于外。火发兵静[③]者，待而勿攻；极其火力[④]，可从而从之，不可从而止。火可发于外，无待于内，以时发之。火发上风，无攻下风[⑤]。昼风久，夜风止。凡军必知有五火之变，以数守之[⑥]。

【注释】

①因：根据，依据。

②应：响应。

③静：安静，镇静。

④极其火力：火势极其旺盛。

⑤火发上风，无攻下风：从上风头纵火，不可以在下风头进攻。

⑥以数守之：根据相应的方法抵御敌人的火攻。数，术、方法。

【译文】

凡是使用火攻战术，必须根据五种火攻的不同变化情况而灵活应对。在敌人内部发起火攻，那么就要提早在外部响应。火攻发起而敌人依然保持安静，不可贸然进攻；火势极其旺盛，可以进攻就进攻，不可以进攻就停止。火攻可以从外部发起，不必等待内部响应，按照时机发起火攻。从上风头纵火，不可在下风头进攻。白天刮风时间长久，夜晚刮风容易停止。凡是军队一定要了解火攻战术的变化情形，根据相应的方法抵御敌人的火攻。

12.4 故以火佐攻[①]者明[②]，以水佐攻者强[③]。水可以绝[④]，不可以夺[⑤]。

【注释】

①佐攻:辅助进攻。

②明:鲜明,明显。

③强:强大。

④绝:阻绝。

⑤夺:剥夺。

【译文】

因而,使用火攻战术辅助进攻的效果鲜明,使用水攻战术辅助进攻的威力强大。水攻可以阻绝敌人,但不能剥夺敌方的人马和物资。

12.5 夫战胜攻取,而不修其功者①,凶②,命曰"费留③"。故曰:明主虑之,良将修之④,非利不动⑤,非得不用⑥,非危不战⑦。

【注释】

①不修其功者:不去奖赏有功勋者。修,推举,论列。

②凶:未来有祸患。

③费留:花费无数,军队滞留。

④良将修之:贤良的统帅研究战争。

⑤非利不动:于我无利,不可行动。朱德《学习毛泽东军事思想》:"我们反对打击溃战或平手战。我们认为那种仗就是赔本的仗。凡是赔本的仗,我们干脆就不打。"

⑥非得不用:不能取胜,不可用兵。

⑦非危不战:不到危急时刻,不可决战。

【译文】

凡是作战胜利,攻取了敌人领土,而不去奖赏立功者,未来会有祸患,这种情形叫"费留"。因此说,英明的国君慎重考虑战争,贤良的统帅研究战争,对我无利,不可行动,不能取胜,不可用兵,不到危急关头,不可决战。

12.6 主不可以怒而兴师①，将不可以愠而致战②；合于利而动，不合于利而止③。怒可以复④喜，愠可以复悦。亡国不可以复存，死者不可以复生。故明君慎之，良将警之⑤，此安国全军⑥之道⑦也。

【注释】

①怒而兴师：因生气而兴兵开战。

②愠而致战：因怨恨而出兵交战。愠，怨恨。

③合于利而动，不合于利而止：合乎国家利益就行动，不合乎国家利益就停止行动。毛泽东《关于华北作战的战略意见》："若在敌之主力尚未集中于其主要的攻占点、敌之后方尚未十分空虚之时，暴露红军目标，引起敌人注意，那是不利的。若仅派遣战术支队，那是无益的。"邓小平《反对麻木，打开太行区的严重局面》："还有一种人，一提到对敌斗争，只知道一个打字，如何打，如何斗争，他是不想的，局势如何严重，他都觉得不在乎，这种在政治上害麻木病的人，其前途也必然是悲观失望的。"贺龙《抗战第六周年战术经验总结》："敌人多，我们就拿小的力量打（麻雀战、埋地雷、打冷枪），目的是杀伤他、消耗他、迟滞他；敌人少，我们就拿大的力量打（兵力超过敌人一倍到三倍），目的是打垮他、消灭他。多打外出的敌人，少打据点的敌人。"

④复：再，重新。

⑤良将警之：贤良的统帅警惕战争。毛泽东《论持久战》："一切有把握的战役和战斗应坚决地进行决战，一切无把握的战役和战斗应避免决战，赌国家命运的战略决战应根本避免。"

⑥安国全军：使国家安定，使军队保全。毛泽东《战争和战略问题》："在这个意义上，我们可以说，整个世界只有用枪杆子才可能改造。我们是战争消灭论者，我们是不要战争的；但是只能经过战争去消灭战争，不要枪杆子必须拿起枪杆子。"

⑦道：事理，道理。

【译文】

国君不可因一时生气而兴兵开战，统帅不可因一时怨恨而出兵交战。合乎国家利益可以行动，不合乎国家利益就停止行动。生气还可转变为欢喜，怨恨还可转变为喜悦。国家灭亡了，不能重新恢复；军民死亡了，不能再生。因而，英明的君王慎重对待战争的发动，贤良的统帅警惕战争的发生，这是安定国家和保全军队的重要道理。

【评鉴】

火攻——孙子超前的战术思维

“火”对我们每个人都不陌生，人类的生存和社会的发展离不开“火”。火是很猛烈的燃烧物，成语当中有“赴汤蹈火”，以此形容不惧险恶的英雄气概。孙子所说的“火攻”战术虽是具体可见的，但孙子也阐明了一个非常重要的道理，那就是操纵自然的力量去攻击敌人。因而，孙子在论述火攻时，不忘记探讨水攻：“以火佐攻者明，以水佐攻者强。水可以绝，不可以夺。”值得注意的是，这种写法属于具体指代抽象，孙子《火攻篇》中的思想，代表的是一种超前思维。无论是“火”，还是“水”，都是一种自然物质，但这些自然的力量如果被有意识地应用于军事领域，有计划、有组织地加以操控，这种杀伤力无疑是巨大的。随着人类科技水平的日益增长，操纵自然力量的能力变得越来越强。因而，孙子利用自然的力量攻击敌人的这一战术思维，将会得到更为广泛的应用。这种应用是孙子“火攻”思想的进一步延伸与发展。而自然力量的范畴又相当广泛，包括地震、海啸、天气变化等在内，这些自然力量被人为操控的可能性越来越大，而不是越来越小。人类在战争中面临的危险，也越来越多样化。

2011年，一场巨大的海啸引发了日本社会空前的灾难，尤其是核辐射，着实使日本有些孤苦，有些狼狈不堪。日本社会不少阴暗面第一次显露在世人面前，给日本民众留下许多教训。世人把目光投向日本的同时,的确再次领教了自然的威力。自然力量可以轻视乎?当然不能。即使在将来,人类也不能小看它。俗话说:举头三尺有神明。不要把人类想象得无所不能,人类的局限性其实是很大的。在《孙子兵法》中,孙子早已认识到自然力量的伟大。值得一提的是,孙子《火攻篇》还有意识地将自然力量应用到军事攻击当中,那就是"五火"战术理论。当然,古代"火攻"显然在规模上无法与现在同日而语。因而,孙子所说的操控自然力量攻击敌人,可以视为一种超前的作战理念。这种战争理念的确也掀动人类历史上无数次火攻与水攻,中国最著名、最让人震撼的火攻,莫过于赤壁之战,几乎让曹军片甲不留。历史的硝烟已经淡去,日本海啸却再次唤醒了人们的记忆。假如这不是自然造成的,而是一种人为地有意识地应用,那么将会是一种什么样的后果?我仿佛在这里看到未来战争的一幕。因而说来,孙子的"火攻"战术思维具有超前性。

孙子火攻战术对太空战的启示

时至今日,现代作战空间已经从陆、海、空延伸到外层空间。美国人詹姆斯·奥伯格《天权论》的发表,预示了人类将把外层空间作为主战场,而太空战必然成为将来一种新的战争形态。

孙子《火攻篇》蕴含着"攻人"(火人)、"攻器"(火积和火辎)、"攻地"(火库)、"攻人与器"(火队)等战术思维,由此可以衍生出一些新的作战思路,创造和开辟新的战场。它可以为未来的太空作战提供一些具体的作战思路。第一,孙子"火人"(攻人)战术思维的具体启示是,要有重点、有针对性地向与太空战有密切联系的敌人发动攻击,通过各种手段和方法消灭敌人所拥有的太空作战的有生力量。第二,孙了"火积""火辎"(攻器)战术思维的具体启示是双重性的。虽然太空战的作战目标是通过各种手段破坏敌人太空战的作战武器平台,但同时要注重打击和摧毁敌人储备的潜在准备使用于太空战的作战武器平台。第三,孙子"火库"(攻地)战术思维的具体启示是,可以打击和摧毁敌人太空作战武器存在的具体空间,包括地面与太空空间,使其空间不再适应太空武器的生存和贮藏。第四，孙子“火队”（攻人与器）战术思维的具体启示是，打击敌人在太空战当中的各种运输和传输系统，包括打击和摧毁辅助敌人作战的供电动力系统、信息指挥系统和物质能量输送系统。第五，与孙子的“攻器”理论相辅相成的理论有“夺器”理论。它的具体启示是，可以夺取和控制敌人的太空武器平台，操纵与控制敌人的军用卫星、航天飞机等飞行器用来武装自己，增强自己的太空作战和防卫能力。

综上所述，依据孙子《火攻篇》中五种火攻方法所针对的具体目标重新归类，重新加以组合，并进行归纳和演绎，可以探寻出孙子《火攻篇》中蕴含着“攻人”“攻器”“攻地”“攻人与器”的单一战术思维，和“以攻击敌人作战资源为根本目标”的复合战术思维。这些战术思维应用的根本目的是削弱和降低敌人的作战和生存能力。我们从中可以获得一种新的“太空战”战术思维，为未来的太空战提供新的作战思路，在太空战中可以创造开辟不同的战场和衍生不同的作战方法，以此削弱和降低敌人太空战的作战和生存能力。

用 间 篇

13.1 孙子曰：凡兴师十万，出征千里，百姓之费，公家之奉，日费千金；内外骚动，怠于道路，不得操事①者，七十万家。相守②数年，以争一日之胜，而爱爵禄③百金，不知敌之情者，不仁之至也④，非人之将也，非主之佐也，非胜之主⑤也。故明君贤将，所以动而胜人⑥，成功出于众者，先知也⑦。先知者，不可取于鬼神⑧，不可象于事⑨，不可验于度，必取于人，知敌之情者也⑩。

【注释】

①操事：从事农业生产。

②相守：相互对峙。

③爵禄：爵位和俸禄。

④不知敌之情者，不仁之至也：不去了解敌人的情况，那么这样的人，不仁义到了极点。刘伯承《从实战中联想到我军教育要注意的事项》："查明敌人部署、地形、道路，以及敌人和居民的政治情况，无论是为自己遂行战斗任务而取得下决心的情报，或为遵行上级首长的指示而搜送情报，都成为战斗胜利的主要条件之一。因此，每一军人都应该把侦察勤务当作人民吃饭穿衣的事情一样看待，审问敌人俘虏、逃兵，探问战地逃出的居民，搜集并研究邮电信件刊物，以及在敌人被俘及被打死者的身上取出的文件及军用品，偷听电话，观察敌人飞机的活动，使用间谍暗探，特别是使用步兵侦察队、骑兵侦察队，一般指挥员以及特种兵的专门人员实地侦察等，都是我们取得敌情、地形及政治材料的手段，我们要以政治动员及侦察训练，使每一军人都熟习于不断地侦察情况，尤其速

送情报，好适时地正确地下决心，争取战斗胜利。同时对于视个人享用资财放弃侦察任务的分子，作严肃的斗争。”

⑤主：主宰。

⑥动而胜人：采取行动，取胜于人。

⑦成功出于众者，先知也：建立的功业超越许多人，就在于他们事先了解敌人的情况。毛泽东《中共中央关于调查研究的决定》：“（一）中央设置调查研究机关，收集国内外政治、军事、经济、文化及社会阶级关系各方面材料，加以研究，以为中央工作的直接助手。（二）各中央局、中央分局、独立区域的区党委或省委，八路军、新四军之高级机关，各根据地高级政府，均须设置调查研究机关，收集有关该地敌友我政治、军事、经济、文化及社会阶级关系各方面材料，加以研究，以为各该地工作的直接助手，同时供给中央以材料。（三）关于收集材料的方法，举例如下：第一，收集敌、友、我三方关于政治、军事、经济、文化及社会阶级有关系的各种报纸、刊物、书籍，加以采录、编辑与研究。第二，邀集有经验的人开调查会，每次三五人至七八人，调查一乡、一区、一县、一城、一镇、一军、一师、一工厂、一商店、一学校、一问题（例如土地问题、劳动问题、游民问题、会门问题）的典型。从研究典型着手是最切实的办法，由一典型再及另一典型。第三，在农村中，应着重对于地主、富农、商人、中农、贫农、雇农、手工工人、游民等各阶层生活情况及其相互关系的详细调查；在城市中，应着重对于买办大资产阶级、民族资产阶级、小资产阶级、贫民群众、游民群众及无产阶级的生活情况及其相互关系的详细调查。第四，利用各种干部会、代表会收集材料。第五，写名人列传。凡地主、资本家财产五万元以上者，敌军、伪军、友军团长以上的军官，敌区、友区县长以上的官长，敌党、伪党、友党县以上的负责人，名流、学者、文化人、新闻记者在一县内外闻名者，会门首领、教派首领、流氓头、土匪头、名优、名娼，以及在华活动分子，替他们每人写一数百字到数千字的传记。此种传记，要责成地委及县委同志分负责任，传记内容须切合本人实际。同时注意收集各种人员的照片。第六，个别口头询问。或派人去问，或调人来问，问

干部、问工人、问农民、问文化人、问商人、问官吏、问流氓、问俘虏、问同情者，均属之。第七，收集县志、府志、省志、家谱，加以研究。（四）除中央及各地的调查研究机关外，必须动员全党、全军及政府各级机关及全体同志，着重对于敌友我各方情况的调查研究，并供给上级调查研究机关以材料。（五）向各级在职干部与训练干部的学校，进行关于了解客观情况（敌、友、我三方）的教育。鼓励那些了解客观情况较多较好的同志，批评那些尚空谈不实际的同志；鼓励那些既了解情况又注意政策的同志，批评那些既不了解情况又不注意政策的同志。”

⑧不可取于鬼神：不可通过祈祷鬼神而获知。

⑨不可象于事：不可通过事情的类比而获知。象，类比。

⑩不可验于度，必取于人，知敌之情者也：不可通过事物的计算而验证，一定是从了解敌情之人那里获取。度，度量。刘伯承《〈孙子〉笔记》：“《孙子》兵法最可贵之处，就是能从战争实际出发，在了解敌情基础上制定战略战术。”刘伯承《太行军区夏季反“扫荡”军事总结》：“我们打仗是一件胆大心细的工作，对于敌情要不断地侦察、研究和判断，才能适时定下正确的决心。决心定下之后，就要坚决实现之。这样才能成为有勇有谋的指挥员。我们要把这次反‘扫荡’中那些善于搜集、研究与判断敌情和坚决实现正确决心的作风发扬起来，反对主观主义的作风！”刘伯承《军事问题补充报告》：“必须在各部队和参谋部成立通信的组织，其目的在时时侦察军队的情绪，并研究实行军事政治工作之最适当的对象。敌人军队的历史，军官成份（上级官、老军官），过去的斗争力，军官财产的来源与状况，人数与武装，营房生活条件，以及关于思想情况等，如能确切知道，我们一切工作才有正确的发展。其通信传达的方法，无论各部队或参谋部，可以利用我们的人在其中当号兵、伙夫，出入比较自由，至于借做小贩、洗衣、补衣亦可。”

【译文】

孙子说：凡是征发一支十万人的军队，远出千里，进行征战，百姓的花费，国家的开支，每天耗费巨大；国家内外骚动不安，民众疲惫于道路之上，七十万家不能从事农业生产。战争双方相互对峙数年，就是为了争取有朝一日的胜利。可是，一味爱惜爵位、俸禄和金钱，不去了解敌人的情况，那么这样的人，不仁义到了极点。他不适合作为军队的统帅，不适合作为国君的辅佐，不适合作为胜利的主宰。因此，英明的君王，贤良的统帅，之所以采取行动就可以战胜敌人，并且建立的功业超越许多人，就在于他们事先了解敌人的情况。而要事先了解敌人的情况，不可以通过祈祷鬼神而获取，不可以通过事情的类比而获取，不可以通过事物的计算而验证，一定是从了解敌情之人那里获取。

13.2 故用间①有五：有因间②，有内间③，有反间④，有死间⑤，有生间⑥。五间俱起，莫知其道，是谓神纪，人君之宝也。⑦因间者，因⑧其乡人而用之。内间者，因其官人⑨而用之。反间者，因其敌间而用之。死间者，为诳事⑩于外，令吾间知之，而传于敌间也。生间者，反报也。

【注释】

①用间：使用间谍。朱德《加强军队中的保卫工作》："我们的敌人除公开与我们打仗以外，同时并与我们进行隐蔽斗争，采用一切办法来破坏我们的军队建设和国防建设。"

②因间：收买当地人作为间谍。邓小平《加强平汉线两侧敌伪军的政治瓦解工作》："目前每县都要找出三个以上同志，利用社会关系，深入铁路线，进行长期埋伏工作和秘密情报工作。"刘伯承《现在游击队要解答的问题》："游击队应有计划地建立间谍侦察网及其通信网。这须要找当地居民忠实可靠者来担任此种秘密工作。"

③内间：收买敌国的官员作为间谍。

④反间：利用和收买敌国间谍作为间谍。

⑤死间：向敌人传递假情报的间谍。

⑥生间：可以返回来汇报敌情的间谍。

⑦五间俱起，莫知其道，是谓神纪，人君之宝也：五种间谍同时使用，敌人谁也不了解我方间谍活动的规律，这可以说是神妙的纲纪，是国君制胜的法宝。道，规律。神纪，神妙的纲纪。刘伯承《对目前战术的考察》："特务机关——扮着各色各样的人，秘密散布于各要点，收买小孩、小贩、邮差、流氓、僧道、要把戏的、妓女、相公、窃贼及其他种人员之类，有计划地构成局外间谍网，侦察我军政要闻和盗取机要文件。但他最厉害的还算是打入我抗战机关作局内间谍，如我们在枣强、深县战斗所俘的间谍中，竟有国民党河北省府的无线电报务员及副官。"

⑧因：借助，利用。

⑨官人：指敌国官员。

⑩诳事：指散播假情报。诳，欺骗，迷惑。

【译文】

使用间谍有五种情形：一是因间，二是内间，三是反间，四是死间，五是生间。五种间谍同时使用，敌人谁也不了解我方间谍活动的规律，这可以说是神妙的纲纪，是国君制胜的法宝。所谓的因间，是利用敌国的平民作为间谍。所谓的内间，是利用敌国的官员作为间谍。所谓的反间，是设法诱导敌国的间谍为我所用。所谓的死间，是有意散布虚假的信息，使我方间谍知晓并传递给敌人。所谓的生间，是能够活着回来汇报敌情。

13.3 故三军之事，莫[①]亲于间，赏莫厚[②]于间，事莫密[③]于间。非圣智[④]不能用间，非仁义[⑤]不能使间，非微妙[⑥]不能得间之实[⑦]。微哉微哉[⑧]，无所不用间[⑨]也！

【注释】

①莫：没有。

②厚：丰厚，优厚。

③密：保密。陈赓《司令部工作的制度建设》："情报网的工作人员，

必须有地方党政机关的同意或直接的介绍入组，但不能公开他的工作职务（如，站长、情报员、交通员等）。过去我们只注意吸收青年壮丁（进步的群众和党员），而忽视了利用各阶层、各界的人群，也是使工作没有开展的一个主要原因。”

④圣智：圣明睿智之人。

⑤仁义：仁爱正义之人。

⑥微妙：心思精微巧妙之人。毛泽东《中国革命战争的战略问题》：“指挥员的正确的部署来源于正确的决心，正确的决心来源于正确的判断，正确的判断来源于周到的和必要的侦察，和对于各种侦察材料的联贯起来的思索。指挥员使用一切可能的和必要的侦察手段，将侦察得来的敌方情况的各种材料加以去粗取精、去伪存真、由此及彼、由表及里的思索，然后将自己方面的情况加上去，研究双方的对比和相互关系，因而构成判断，定下决心，作出计划，——这是军事家在作出每一个战略、战役或战斗的计划之前的一个整个的认识情况的过程。”

⑦实：真实，真实性。刘伯承《南昌暴动始末记》：“估量敌人，自然要靠谍报。估量自己，就要靠仔细的认识，切实的工作。此次估量敌人力量，何以太小，是谍报的罪过；此次估量自己农民的力量，何以太大，是我们不认识不切实的罪过。”刘伯承《太行军区夏季反“扫荡”军事总结》：“建立情报整理工作——这就是把我们侦察得来的材料，经过分析研究，制出成品的工作。这首先要从军分区、野战旅司令部做起。只做二种：一种是敌情登记，另一种是敌情通报。敌情登记是根据敌人的师团、旅团的系统来整理材料，以便找出它所属兵种如何，番号如何，单位如何（从中队、大队了解起），组成如何（敌国何地人，或伪军何地人），隶属何人指挥，装备如何，战斗力如何，现在对付我们哪个部队，如何行动。同时我们要把材料在何时、何地、用何种手段取来的，可信的程度如何，都要附带注明。至于敌情通报，就是根据敌情登记，将其必要事项通报于相关部队。在通报时或用文字，或用标示要图，或用统计表格。总之以较易述明内容者而用之。至于兵要地志的整理法，师曾有专门指示。”

⑧微哉微哉:微妙呀微妙。

⑨无所不用间:无时无处不使用间谍。陈赓《司令部工作的制度建设》:“对建立情报网应有计划的分为‘进攻的、防卫的’两种。进攻性质的情报网布置在敌占区,特别是敌人的军事重点;防卫性质的情报网布置在根据地内各个交通要口及集镇上,担任社会路线的调查及反敌探的工作。只注意到根据地内的布置(如,过去我们在宋家庄)或只注意到敌占区的布置(如在太岳区及太北),都不妥当。”陈赓《关于组织边地游击警备地带的指示》:“实现群众性的侦察情报与通讯工作。由警备地带上着手建立起,逐渐地推到敌占区,推向敌人据点内部去。具体要求每个自然村有两个情报员,每个编村有一个侦察组(三到五人),随时注意侦察掌握敌人真实动向,使敌特爪牙无所乘其隙。将所得情况及时传达有关各方该地带上之指挥首脑机关(如县指挥部),应保证将重要情报送达于驻在最近之基干兵团或后方之分区统率部,在可能条件下与分区架通电话,使分区能做适应情况的机动,这是特别重要的。”

【译文】

因此,军队中的各种事务,没有比间谍更亲近的,奖赏没有比间谍更丰厚的,事情没有比间谍更保密的。不是圣明睿智之人,不能任用间谍;不是仁爱正义之人,不能使用间谍;不是心性精微巧妙之人,不能得知间谍情报的真实性。微妙呀微妙!真是无时无处不在使用间谍!

13.4 间事未发而先闻[①]者,间与所告者皆死。凡军之所欲击,城之所欲攻,人之所欲杀,必先知其守将、左右、谒者[②]、门者、舍人[③]之姓名,令吾间必索知之。必索敌人之间来间我者[④],因而利之,导而舍之[⑤],故反间可得而用也。因是而知之,故乡间、内间可得而使也。因是而知之,故死间为诳事,可使告敌。因是而知之,故生间可使如期[⑥]。五间之事,主[⑦]必知之,知之必在于反间,故反间不可不厚也。

【注释】

①先闻:事先听说。朱德《战役法是高级指挥员的必修课》:“关于保密问题,大家应该引起严重注意。我们高级干部常常在娱乐场所、饭厅中交换一些不应讲的机密问题,这是不好的。必须严格遵守保密规定,养成良好的保密习惯。”

②凡军之所欲击,城之所欲攻,人之所欲杀,必先知其守将、左右、谒者:凡是准备进击敌人的军队,准备进攻敌人的城市,准备刺杀敌人的重要人物,必须提前知晓敌人防守的将领、身边的亲信、传达信息之人。毛泽东《关于调查地主资产阶级和国民党军官的通知》:“甲、将大资产阶级和民族资产阶级加以区别,以人为单位,每类每省调查数十人至一百人。……丁、将大地主与开明绅士加以区别,亦以人为单位每类调查数十人至一百人。戊、分省调查,请恩来负责调查四川、云南、贵州、湖南、湖北五省,克农负责调查广西、广东、福建三省及香港,小姚负责调查江西、浙江、安徽、江苏四省及上海。……己、每人为立一小传,要有籍贯、年龄、出身、履历、派别、资产活动、嗜好、政治动向、对我态度等项。庚、关于军官调查,总司令、军长、师长、团长四项,每人立一小传,传内亦有履历、派别、资产活动、政治动向、对我态度等项。辛、以上调查统称名人录,先从经济、军事两方着手,将来可发展到政治、文化方面。”刘伯承《关于反“扫荡”的准备问题》:“民兵中要注意培养特等射手。特等射手在反‘扫荡’中着重射杀敌人官长,有重大作用。”

③舍人:宾客,幕僚。

④必索敌人之间来间我者:必须搜寻、发现敌人派来侦察我军的间谍。朱德《加强军队中的保卫工作》:“以美帝国主义为首、蒋介石反动派为骨干,组织特务间谍机关,通过外侨、外商、教会、道门及利用公开职业、群众面目为掩护进行活动,有计划地大量向我大陆与内部派遣特务、间谍,组织所谓‘敌后游击’,进行武装暴乱、窃取情报及暗害等破坏活动,并已给了我们一些危害。”刘伯承《关于反“扫荡”的准备问题》:“情报、戒严与除奸、防谍是不可分离的。今年(1942 年)五月反‘扫荡’前,

师政治部与区党委曾发出联合指示，要军队除奸部门参加地方保卫组织和帮助其工作。这一指示仍要地方各级组织切实执行。敌人特务机关能否在根据地横行，要看我们的工作来决定。”罗荣桓《锄奸工作的几个问题》：“敌人在干什么？敌人依靠其军事优势，并以伪化治安为特务活动之阵地，而进行它的所谓‘谋略战’‘宣传战’‘间谍战’‘扫荡战’一套阴谋的方针。”罗荣桓《依靠群众作好锄奸工作》：“锄奸工作不是孤立的，要依靠于广大群众的基础，如果处于孤立的地位，不但不能打击敌人，相反的会打击自己。锄奸工作过去在部队中形成了神秘化，有些可以公开的，没有去公开，应该去进行教育的也被忽视，结果是秘密的活动，用隐蔽的方式，记帐式的把许多现象反映统计起来，使人难测；对政治机关也保守着严格的秘密，使锄奸工作与整个政治工作没有联系，锄奸工作由此孤立。”

⑤导而舍之：诱导敌国间谍舍弃自己使命。陈赓《关于组织边地游击警备地带的指示》：“强化大众的锄奸防谍工作与经常的备战工作。各级指挥部协同群众团体，应从各方面进行这一工作，组织民兵自卫队与妇女儿童，彻底地进行站岗、放哨、盘查行人与经常的空室清野工作；实行抗日戒严，检举国特、敌特及其嫌疑分子，可采联防村、联环保等方法贯彻执行。指挥部与群众团体须经常注意检查这一工作，或者组织群众自动检查。另一方面，应利用各种社会关系（如抗属亲友等），经常的定期召开各种会议（不要妨碍生产为原则），揭穿敌人阴谋，进行解释教育，巩固群众思想阵地。同时，必须将这一工作深入到敌占区群众中去，使敌区与根据地人心结合起来。”朱德《健全红军的侦察工作》：“反侦察的工作，是蒙蔽敌方耳目最有效的办法。侦察队除本身要选定一部分有经验的同志经常进行破获工作外，还要从支部的系统中（红军中的）委托某些精细的同志，经常帮助调查。”

⑥如期：按照日期。

⑦主：主上，国君。

【译文】

间谍使用的事情尚未实施，事先有人已经听说，间谍和知晓的人都要被处死。凡是准备攻击敌人的军队，准备进攻敌人的城市，准备刺杀敌人的重要人物，必须提前知晓敌人防守的将领、身边的亲信、传达信息之人、守门者、幕僚的姓名，指令我方间谍一定想方设法搞清楚这些信息。而且，必须搜寻、发现敌人派来侦察我军的间谍，借机利用他们，多方设计诱导他们，使他们舍弃自己的使命，因而，就可得到反间，并且为我所用。借助反间就可了解敌人的情况，因而，乡间、内间就可得到，并且为我所用。借助乡间、内间了解敌人的情况，因而，死间散布虚假信息，就可传递给敌人。借助这些间谍了解敌人的情况，因而，生间就可按照日期返回汇报敌人的情况。使用五种间谍的事务，国君必须知晓，知晓用间事务的关键在于反间。因而，对待反间的礼节和奖赏一定要优厚。

13.5 昔殷①之兴②也，伊挚③在夏；周④之兴也，吕牙⑤在殷。故惟明君贤将，能以上智⑥为间者，必成大功。此兵之要⑦，三军之所恃而动也⑧。

【注释】

①殷：商朝。

②兴：兴起，建立。

③伊挚：伊尹。商汤大臣，名伊，一名挚，尹是官名。传说奴隶出身，商汤用他为相，打败了夏桀。

④周：西周。

⑤吕牙：姜尚。又叫吕尚，俗称姜太公。姜姓，吕氏，名望，字子牙。古代著名贤相，辅佐周武王灭商，封于齐。刘伯承《〈孙子〉笔记》：“他（孙武）注重用‘间’，推崇：‘昔殷之兴也，伊挚在夏；周之兴也，吕牙在殷’的故事，认为‘明君贤将能以上智为间者，必成大功’。”

⑥上智：具有非凡智慧之人。

⑦要：关键。

⑧三军之所恃而动也：军队的一切行动都要依赖间谍所提供的情报。恃，依赖，依靠。朱德《健全红军的侦察工作》："侦察工作是组织战斗的第一步工作，是首长下定决心的基点，是完满作战计划的主因，是战斗过程复杂环境中达到机动的先决条件。"刘伯承《〈孙子〉笔记》："孙武主张对敌方地域的广狭，人口的众寡，粮物的库存，军队的状况，以及我方要攻取的城邑，要攻击的目标，都要查个明白。"陈赓《司令部工作的制度建设》："首先，能自动收集并传达敌情报告。如，平时三天一次，临时情报及时传达。但工作经常性很差，始终没有做出什么特殊的成绩。在太岳区时，也只做到平时侦察依靠情报网，战时侦察依靠侦察部队。其次，帮助部队进行调查路线及作社会调查，并可用侦察组进行肃奸工作。"

【译文】

昔日商王朝的建立，是汤任用伊尹在夏朝为间；西周王朝的建立，是周文王任用姜子牙在商朝为间。因而，英明的国君，贤良的统帅，能够任用具有非凡智慧的人作为间谍，必定能够建成伟大的功业。使用间谍，了解敌情，这是用兵的关键之处，军队的一切行动都要依赖间谍所提供的情报。

【评鉴】

《孙子兵法》隐含的保密艺术

孙子《计篇》有言："攻其无备，出其不意。此兵家之胜，不可先传也。"孙子这句话点明，兵家制胜的真谛在于保密工作做得好。无论商业，还是科技，无论国防，还是个人隐私，现实生活中有许多事情都需要保密。

然而，要使保密工作做到周密不暴露，说起来容易，做起来很难。有些事情还没有开始去做，便不知不觉地泄露出去。刘向《说苑》记载了这么一件事情，令人深思。齐桓公与管仲商量伐莒，还没有商量出结果，就被国人知道了。齐桓公对此事感到十分奇怪，便问管仲。管仲认为，国内必有圣人。齐桓公回忆，自己曾在城墙上巡视役人服役，当时有个拿着柘杵的人一直向上注视自己，判断有可能是他觉察到了。后来，得知这个人叫东郭。管仲让人有礼貌地把他迎接来。管仲说："我没有说要伐莒，你是如何推测出来的呢？"东郭回答说，君子善于谋断，小人善于揣测，这是他推测出来的。君子有三种面色：一是当他悠闲自得、宴享喜乐的时候，表现为钟鼓之色；二是当他愁闷悲伤、清静无为的时候，表现为丧服之色；三是当他勃然奋发、踌躇满志的时候，表现为兵革之色。那一天，他望见国君在城台之上，脸色勃然奋发，志得意满，这是兵革之色。国君只是嘴动，而不发出声音，显示出"莒"的口形；国君举起手臂，所指的方向是莒国。于是私下猜测，未臣服的诸侯国只有莒国，所以他认定国君要讨伐莒国。由此可见，当事者的一举一动，稍有不注意的地方，就有可能泄露机密。《孙子兵法》作为"战略圣经"，有关军事战略战术在理论上的阐释，无疑是其他兵书无可比拟的。孙子在那个古老的年代，对保密工作有哪些独特的见解？笔者主要从《孙子兵法》十三篇来剖析孙子的保密意识、保密方法与保密境界，为当今的保密工作提供若干有益的借鉴。

一、《孙子兵法》的保密意识

《孙子兵法》可谓是一部保密艺术的集大成之作，里面渗透着十分浓厚的保密意识。孙子强调军队要尽可能做到全方位的保密，覆盖了许多领域，具体包括战略决策、作战时间、作战地点，以及行军活动、间谍活动等。

1. 战争决策要保密

这种战争决策要保密的指向，更确切地说，是落实在"庙算"这一特定用语上。孙子《计篇》有言："未战而庙算胜者，得算多也；未战而庙算不胜者，得算少也。多算胜，少算不胜，而况于无算乎！"当时的战争决策是在君王的祖庙进行，而君王的祖庙并不是谁都可以随便出入，只有君王和其重要的辅佐人员才有资格进入。因而,在此地进行战争决策,便可以起到保密作用。

2.行军过程要保密

行军是用兵打仗的一个重要环节,《孙子兵法》专门有《行军篇》讲解这一重要问题。行军需要保密,一是为了保证自己的行动万无一失,二是保证自己的军队行军不疲劳。正如孙子《虚实篇》所言:“出其所不趋,趋其所不意。行千里而不劳者,行于无人之地也。”否则,行军过程如果缺乏保密,就会暴露行军的目标,或者是遭遇敌人的伏击,这是因为敌人知晓了我们的行军路线。所以,孙子主张在行军过程中,注意搜索和发现埋伏的敌人:“军行有险阻、潢井、葭苇、山林、蘙荟者,必谨覆索之,此伏奸所处也。”

3.防守活动要保密

进攻和防守是战争当中两种重要态势,无论兵力是否强大,防守活动都需要保密。诚如孙子《形篇》所言:“善守者,藏于九地之下;善攻者,动于九天之上,故能自保而全胜也。”从中可见,“藏于九地之下”就是指防守行动保密。“九地之下”形容隐藏得深不可测,这是防守的最高境界,要求防守者绝不轻易暴露自己防守的布局和力量。一战之后,法国修筑马其诺防线,法国军队的主要防守力量明明白白呈现在德法边境,这显然违背了孙子“善守者,藏于九地之下”这一忠告。二战之初,德军绕道比利时进攻法国,马其诺防线如同摆设一样,没有发挥用武之地。最根本的原因是,法军防守活动已完全暴露。

4.战争行动要保密

战争爆发前夕,战争行动需要保密。孙子《九地篇》是这样说的:“政举之日,夷关折符,无通其使,厉于廊庙之上,以诛其事。”战争行动保密具体表现为:首先,封锁全国重要的关口,严格禁止人员出入与往来。其次,废除先前使用的各种通行证。再次,不允许与敌国使节随意往来。敌国使节往往是善于观察之人,而且是情报收集的高手。最后,君臣要在朝堂上反复秘密地磋商作战计划。总之,这些都是尽可能堵塞和减少有可能泄露战争行动信息的渠道。

5. 间谍活动要保密

间谍活动本来就是见不得阳光的事情。孙子特别强调，间谍活动要做好保密工作，并把间谍活动保密放到三军所有工作的最高地位。正如《用间篇》所言："三军之事，莫亲于间，赏莫厚于间，事莫密于间。"其中，"事莫密于间"这一说法，意味着三军事务当中，间谍活动的保密工作，凌驾于军队的一切事务之上。

二、《孙子兵法》隐含的保密方法

1. 对内保密与对外保密相结合

从《孙子兵法》分析，孙子的保密方法是多种多样的。其中，第一个重要的保密方法就是对外保密和对内保密相结合。由于敌人总是想方设法了解我们的决策、行动等，因而，对外要防止敌人间谍窃取我们的机密，孙子《用间篇》有言："必索敌人之间来间我者"。即注重加强反间谍工作，做好对外保密工作。对内保密表现为，不能使部下知道重要的机密。孙子《九地篇》有言："能愚士卒之耳目，使之无知。"许多人对孙子这一说法持批评的态度，认为这是一种愚兵思想。其实，这种思想主张反映的不是孙子在"愚兵"，而是为了对内保守重要机密，孙子是站在保密立场而言的。

2. 公开行动与隐蔽行动相结合

从《孙子兵法》考察，可以发现，孙子主张的第二个重要保密方法是，要做到公开行动与隐蔽行动相结合。这种保密方法体现在孙子《九地篇》所说的"易其居，迂其途，使人不得虑"。就是有意识地改变军队的驻扎地点，有意识地改变军队的行军路线，让人无法揣测我军真正的驻留地点和行军路线。这是因为军队人数众多，凡是一举一动，都会引起注意，想要掩人耳目非常困难。因而，通过不断改变军队的驻地和迂回曲折的行军路线，来保守军队的机密。

3. 真实信息与虚假信息相结合

从《孙子兵法》分析，孙子主张的第三个重要保密方法是，要做到真实信息与虚假信息相结合。诚如孙子《九地篇》所言:“易其事,革其谋,使人无识。”本来是要做甲事,偏偏装作要做乙事。本来要谋划A目标,偏偏说是要谋划B目标。这样就会使他人考虑不到我们究竟要干什么事情,以及真正进行什么样的谋划。此外,孙子《用间篇》提出使用“死间”来传递虚假的信息,使敌人判断错误,铸成大错。这也是一种以虚假信息掩盖真实信息的实践活动:“死间者,为诳事于外,令吾间知之,而传于敌间也。”

4. 静态行为与动态行为相结合

从《孙子兵法》分析,孙子主张的第四个重要保密方法是,要做到静态行为与动态行为相结合。一方面,孙子《军争篇》强调“不动如山”;另一方面,孙子又在《九地篇》中阐述“驱而往,驱而来,莫知所之”。由此可见,只是保持静态行为是远远不够的,时间长了,敌人就会探知我们行动的规律。所以,孙子主张通过动态行为来迷惑敌人,保守机密。比如来回地驱使军队,使敌人不知我们要到何处去。这是因为有静有动,就会干扰和迷惑敌人,使敌人无法判断我们的行动目的。正如孙子《势篇》所言:“纷纷纭纭,斗乱而不可乱也;浑浑沌沌,形圆而不可败也。”在作战当中,军队表现出的态势是,乱而不乱,圆而不败,无懈可击。

三、《孙子兵法》的保密认知境界

孙子高度重视军事保密工作,从多种角度阐释保密工作。他特别指出,统帅对于保密工作负有极大的责任。孙子《谋攻篇》有言:“夫将者,国之辅也。辅周则国必强,辅隙则国必弱。”在孙子看来,统帅是国君最重要的助手,辅助工作做得周密,国家就会变得强大;辅助工作做得不周密,国家就会变得衰弱。由此可知,统帅在保密工作上扮演非常重要的角色。孙子对保密工作高度重视,另一个观察视角是,孙子对于泄秘者处罚力度之大,令人难以想象。孙子《用间篇》:“间事未发而先闻者,间与所告者皆死。”凡是泄露间谍活动的间谍,以及通过种种途径获知间谍行动的人,全部都要被处死。

孙子如此多角度强调保密工作,那么,怎样才算是把保密工作做到家了呢？其实，这反映出孙子保密工作的认知境界——“无形无声”。孙子《虚实篇》说的再清楚不过了：“微乎微乎，至于无形；神乎神乎，至于无声，故能为敌之司命。”孙子特意指明，保密工作达到如此境界，就可主宰敌人的命运。孙子认为，如果达到这种保密境界，那么我们的意图是敌人永远不可能知晓的。即使是隐藏很深的间谍，也无从窥测，即使敌人有最聪明的谋士，也不能为其谋划：“形兵之极，至于无形。无形则深间不能窥，智者不能谋。”而这一切都是通过种种伪装来完成的，也就是所谓的“形兵”。

综上所述，《孙子兵法》一书特别指出，制胜的真谛在于保密工作做得好，间谍战的核心也在于保密工作做得好。《孙子兵法》一书渗透着浓厚的保密意识，具有自己所追求的独特保密境界。孙子强调全方位、多领域做好保密工作：首先，强调战争决策要保密；其次，强调行军过程要保密；再次，强调防守活动要保密；再次，强调战争行动要保密；最后，强调用间活动要保密。孙子创立了一系列科学而又独特的保密方法：首先，对内保密与对外保密相结合；其次，公开行动与隐蔽行动相结合；再次，真实信息与虚假信息相结合；最后，静态行为与动态行为相结合。孙子主张的保密方法具有鲜明的辩证法特征。《孙子兵法》所追求的保密境界是“无形无声”，最终要达到虚虚实实、真真假假，令敌人迷惑不可知的保密效果。时至今日，孙子的保密意识、保密方法和保密境界，依然具有不朽的生命力，仍然可以为我们今天的保密工作提供有益的借鉴和指导。

[附录一] 孙子本传

孙子武者，齐人也。以兵法见于吴王阖庐。阖庐曰："子之十三篇，吾尽观之矣，可以小试勒兵乎？"对曰："可。"阖庐曰："可试以妇人乎？"曰："可。"

于是许之，出宫中美女，得百八十人。孙子分为二队，以王之宠姬二人各为队长，皆令持戟。令之曰："汝知而心与左右手背乎？"妇人曰："知之。"孙子曰："前，则视心；左，视左手；右，视右手；后，即视背。"妇人曰："诺。"约束既布，乃设鈇钺，即三令五申之。于是鼓之右，妇人大笑。

孙子曰："约束不明，申令不熟，将之罪也。"复三令五申而鼓之左，妇人复大笑。孙子曰："约束不明，申令不熟，将之罪也；既已明而不如法者，吏士之罪也。"乃欲斩左右队长。

吴王从台上观，见且斩爱姬，大骇。趣使使下令曰："寡人已知将军能用兵矣。寡人非此二姬，食不甘味，愿勿斩也。"孙子曰："臣既已受命为将，将在军，君命有所不受。"遂斩队长二人以徇。用其次为队长，于是复鼓之。妇人左右前后跪起皆中规矩绳墨，无敢出声。

于是孙子使使报王曰："兵既整齐，王可试下观之，唯王所欲用之，虽赴水火犹可也。"吴王曰："将军罢休就舍，寡人不愿下观。"孙子曰："王徒好其言，不能用其实。"于是阖庐知孙子能用兵，卒以为将。西破强楚，入郢，北威齐晋，显名诸侯，孙子与有力焉。

注：摘自司马迁《史记·孙子吴起列传》

［附录二］读兵书法

〇读兵书，要活泼泼地，如珠走盘中，无一定之理。

〇读兵书，要下手从实做工夫。若只以口诵过，亦济甚事。

〇读兵书，要将古来名将行过事迹，体贴分晓。何人用此而胜，何人不用此而败，庶有益。

〇读兵法，不可易言之。若易言之，则为赵括之谈兵矣。

〇读兵书，先要识得虚实，后要会用奇正。若不识虚实，虽能用奇正，亦无以制胜。

〇读兵书，要知变，但知常而不知变，犹刻舟而求剑，何益于事？

〇读兵书，要知韩信背水阵，如何取胜。到得高祖背水阵，如何却败了。每事如此校量，方有得。

〇读兵书，未读时，一计不通晓。读了后，又只如此，便是不曾读。

〇读兵书，将“攻其无备，出其不意”两句子细思量。我若无备，敌来必乘我。敌若有备，我如何去攻他。《书》云：惟事事，乃有其备，有备无患。况用兵乎？

〇兵书非异端之言，异端之言，诬民惑众。兵书是戡定祸乱之道，有国者，不可不讲；为将者，不可不学。

〇读兵书，要知甚得是孙吴权诈之兵，甚得是桓文节制之兵，甚得是汤武仁义之兵，将此三者，心融意会，方可为将。

〇读兵书，要知多方以误之之法，我误则彼胜，彼误则我胜。古人为人所误者甚多，此处不可不着意。

〇兵书是许多大事，今人却轻易看过，便要料敌制胜。到得临阵，却不理会得。

〇兵书全在道、天、地、将、法五事，虽汤武亦不难此。孙子将“道”

字，只以"令民与上同意，可与之死，可与之生，而不畏危"言，今人因此看得轻易。"道"字，语大不可载，语小不可破。

〇读兵书，才晓些皮肤，便说道他知兵，只是自欺。

〇读兵书，要晓八阵、六花阵如何用。知得根本，方可学别个阵法。如此则方亦胜，圆亦胜；羊肠亦胜，锯齿亦胜矣。

注：摘自刘寅《孙武子直解》(《孙子集成》第 2 册)

主要参考文献

1.〔春秋〕孙武撰,〔三国〕曹操等注,杨丙安校理:《十一家注孙子校理》,中华书局1999年版。

2.吴九龙主编:《孙子校释》,军事科学出版社1991年版。

3.银雀山汉墓竹简整理小组编:《银雀山汉墓竹简孙子兵法》,文物出版社1976年版。

4.谢祥皓、刘申宁辑:《孙子集成》,齐鲁书社1993年版。

5.〔战国〕左丘明撰,〔西晋〕杜预集解:《春秋左传集解》,上海人民出版社1977年版。

6.〔汉〕贾谊撰,阎振益、钟夏校注:《新书校注》,中华书局2000年版。

7.中国人民解放军军事科学院战争理论研究部《孙子》注释小组:《孙子兵法新注》,中华书局2005年版。

8.〔春秋〕孙武撰,郭化若译:《孙子今译》,上海人民出版社1977年版。

9.吴如嵩:《孙子兵法新说》,解放军出版社2008年版。

10.于汝波主编:《孙子兵法研究史》,军事科学出版社2001年版。

11.于汝波主编:《孙子学文献提要》,军事科学出版社1994年版。

12.李零:《兵以诈立——我读〈孙子〉》,中华书局2006年版。

13.李浴日编著:《孙子新研究》,《民国丛书》(第四编第8册),上海书店1992年版。

14.《毛泽东文集》,人民出版社1993年版。

15.《毛泽东军事文集》,军事科学出版社、中央文献出版社1993年版。

16.《周恩来军事文选》,人民出版社 1997 年版。

17.《朱德选集》,人民出版社 1983 年版。

18.《朱德军事文选》,解放军出版社 1997 年版。

19.《邓小平军事文集》,军事科学出版社、中央文献出版社 2004 年版。

20.《彭德怀军事文选》,中央文献出版社 1988 年版。

21.《刘伯承军事文选(1-3)》,军事科学出版社 2012 年版。

22.《贺龙军事文选》,解放军出版社 1989 年版。

23.《陈毅军事文选》,解放军出版社 1996 年版。

24.《罗荣桓军事文选》,解放军出版社 1997 年版。

25.《徐向前军事文选》,解放军出版社 1993 年版。

26.《聂荣臻军事文选》,解放军出版社 1992 年版。

27.《叶剑英军事文选》,解放军出版社 1997 年版。

28.《陈赓军事文选》,解放军出版社 2007 年版。

29.阎盛国:《〈孙子兵法〉经世致用研究》,中国社会科学出版社 2017 年版。

图书在版编目（CIP）数据

孙子兵法 ：译注评 / 阎盛国译注 . — 武汉 : 崇文书局，2021.10
（中华经典全本译注评）
ISBN 978-7-5403-6427-4

Ⅰ . ①孙… Ⅱ . ①阎… Ⅲ . ①兵法－中国－春秋时代②《孙子兵法》－注释③《孙子兵法》－译文 Ⅳ . ① E892.25

中国版本图书馆 CIP 数据核字（2021）第 167251 号

出 品 人　韩　敏
责任编辑　郑小华
封面设计　甘淑媛
责任校对　董　颖
责任印制　田伟根

孙子兵法译注评
SUNZI BINGFA YI ZHU PING

出版发行　长江出版传媒 | 崇 文 书 局
地　　址　武汉市雄楚大街 268 号 C 座 11 层
电　　话　(027)87680797　邮政编码　430070
印　　刷　湖北恒泰印务有限公司
开　　本　880㎜×1230㎜　1/32
印　　张　7.5
字　　数　200 千
版　　次　2021 年 10 月第 1 版
印　　次　2021 年 10 月第 1 次印刷
定　　价　32.80 元

(如发现印装质量问题，影响阅读，由本社负责调换)

本作品之出版权（含电子版权）、发行权、改编权、翻译权等著作权以及本作品装帧设计的著作权均受我国著作权法及有关国际版权公约保护。任何非经我社许可的仿制、改编、转载、印刷、销售、传播之行为，我社将追究其法律责任。